编委会

顾 问
方晓义　曾宁波

主 任
罗清红　卿子俊

主 编
曹　璇

副主编
杨　伟　杜永丽　罗洪洁

编委单位

（按文中顺序排序）

四川省成都市树德中学	成都市金牛中学校	成都市锦江区教育科学研究院附属小学
四川天府新区华阳中学	成都市第三十八中学校	成都市实验小学
成都七中万达学校	北京师范大学成都实验中学	成都市草堂小学西区分校
四川省成都市七中育才学校	成都市实验外国语学校	成都市武侯科技园小学
成都师范银都小学	四川省成都市龙泉中学校	四川大学附属实验小学清水河分校
成都市行知小学校	成都经济技术开发区实验中学校	成都市华西小学
成都市成华实验小学校	四川省成都市大弯中学	成都市龙泉驿区航天小学校
四川省成都市石室中学	四川省双流中学	成都经济技术开发区实验小学校
四川省成都市第七中学	成都棠湖外国语学校	成都市青白江区实验小学
四川师范大学实验外国语学校	四川省成都市郫都区第一中学	成都市新都区大丰小学校
成都市龙泉驿区第七中学校	四川省成都市郫都区第二中学	成都市双流区实验小学
成都市盐道街小学锦馨分校	四川省成都市郫都区第四中学	四川省彭州市延秀小学
成都市第七中学初中学校	成都市新津区实验高级中学	四川省成都市第五十二中学
四川省成都市石室天府中学	成都市新津区五津初级中学	成都市特殊教育学校
电子科技大学实验中学	四川省简阳中学	成都市建筑职业中专校
四川省成都市玉林中学	都江堰外国语实验学校	成都市蜀兴职业中学
四川省成都市中和中学	邛崃市第一中学校	成都市现代制造职业技术学校
成都市第十二中学	四川省崇州市崇庆中学	成都石化工业学校
成都市田家炳中学	金堂县福兴镇初级中学	崇州市职业教育培训中心
成都市第三十七中学校	大邑县晋原初级中学	四川省大邑县职业高级中学
成都市石室联合中学	四川省蒲江中学实验学校	
成都市铁路中学校	成都师范附属小学	

成都市教育局
成都市教育科学研究院

知心育人
实践德育心智慧
——中小学心理健康教育特色学校建设成果

ZHIXIN YUREN SHIJIAN DEYU XINZHIHUI
—— ZHONGXIAOXUE XINLI JIANKANG JIAOYU TESE XUEXIAO JIANSHE CHENGGUO

四川大学出版社

图书在版编目（CIP）数据

知心育人　实践德育心智慧：中小学心理健康教育特色学校建设成果 / 成都市教育局，成都市教育科学研究院主编. — 成都：四川大学出版社，2022.12
ISBN 978-7-5690-5329-6

Ⅰ. ①知… Ⅱ. ①成… ②成… Ⅲ. ①心理健康－健康教育－教育研究－中小学 Ⅳ. ① G444

中国版本图书馆 CIP 数据核字（2022）第 014749 号

书　　名：	知心育人 实践德育心智慧——中小学心理健康教育特色学校建设成果
	Zhixin Yuren Shijian Deyu Xin Zhihui—Zhong-xiao Xue Xinli Jiankang Jiaoyu Tese Xuexiao Jianshe Chengguo
主　　编：	成都市教育局　成都市教育科学研究院
选题策划：	陈　纯　梁　胜
责任编辑：	陈　纯
责任校对：	孙滨蓉
装帧设计：	璞信文化
责任印制：	王　炜
出版发行：	四川大学出版社有限责任公司
地　　址：	成都市一环路南一段 24 号（610065）
电　　话：	（028）85408311（发行部）、85400276（总编室）
电子邮箱：	scupress@vip.163.com
网　　址：	https://press.scu.edu.cn
印前制作：	四川胜翔数码印务设计有限公司
印刷装订：	四川煤田地质制图印刷厂
成品尺寸：	210 mm×297 mm
印　　张：	19.25
字　　数：	524 千字
版　　次：	2022 年 12 月 第 1 版
印　　次：	2022 年 12 月 第 1 次印刷
定　　价：	138.00 元

本社图书如有印装质量问题，请联系发行部调换

版权所有 ◆ 侵权必究

前 言

成都市作为全国首批心理健康教育示范区，坚持以习近平新时代中国特色社会主义思想为指导，全面贯彻党的教育方针，落实立德树人根本任务，提出了"立德树人，知心育人，实践德育心智慧"的心理健康教育工作理念，逐步形成了先进的、具有区域特色的心理健康教育服务体系，有力地促进了师生身心健康发展，呈现出良好的发展态势。

为进一步贯彻落实《教育部关于印发中小学心理健康教育指导纲要（2012年修订）的通知》（教基一〔2012〕15号）、《教育部办公厅关于实施中小学心理健康教育特色学校争创计划的通知》（教基一厅函〔2014〕14号）、《四川省教育厅关于开展四川省中小学心理健康教育特色学校创建活动的通知》（川教函〔2017〕824号）等文件精神，自2014年起，成都市教育局启动了心理健康教育特色学校创建评选工作，将心理健康教育特色学校创建作为进一步落实立德树人根本任务，提升学校心理健康教育工作质量的重要举措。全市分三批次开展了"成都市中小学心理健康教育特色学校创建评审工作"，共有75所学校被评选为成都市中小学心理健康教育特色学校，5所学校被评为四川省中小学心理健康教育特色学校，7所学校被教育部评选为全国中小学心理健康教育特色学校。其中全国心理健康教育特色学校数量在全国二十个心理健康教育示范区中名列前茅。

为更好地总结推广各级心理健康特色学校的经验成果，充分发挥其示范辐射和特色引领作用，成都市教育局、成都市教育科学研究院组织专业力量，选编了其中64所特色学校的典型经验，集结出版了《知心育人，实践德育心智慧——中小学心理健康教育特色学校建设成果》一书。本书编排上按照教育部、四川省、成都市三级特色学校的顺序依次呈现，涵盖了小学、九年义务教育学校、普通高中、特殊教育学校以及职业中学等各种类型的学校，详细介绍了各所特色学校的心育发展历程、心育理念、心育实践及心育成果等，体现出多元化的管理特色、课程特色、活动特色、文化特色等。

本书是成都市中小学心理健康教育特色学校的经验荟萃，是成都市心理健康教育先进理念和丰富实践的成果总结，是广大心理健康教育工作者的智慧结晶。本书具有以下三个特点：一是指导性，本书内容丰富、案例典型、方法多样、特色鲜明，对学校心理健康教育实际工作具有指导作用。二是实用性，本书详细介绍了各所特色学校从宏观顶层设计到微观实践操作的全过程，无论是对于心育工作刚刚起步的学校，还是对已成体系的学校，都可以从中得到启发，找到发展点和创新点。三是操作性，各学校案例所呈现的心理健康教育工作理念、工作模式、路径方法等实践成果，具有很强的操作性，可以作为学校管理者、心理教育工作者、心理教育研究者的参考用书。

本书的编写和出版，得到了成都市教育局、成都市教育科学研究院各级领导的大力支持，得到了教育部中小学心理健康教育专家指导委员会、四川省教育科学研究院各位专家学者的悉心指导，也得到了各编委单位、各特色学校校长及教师们的大力支持，我们在此表示衷心的感谢！编写过程中，由于篇幅所限，各所学校的成果未能充分展示，且成书仓促，难免有疏漏之处，敬请批评指正。

开展中小学心理健康教育工作是一项基础性、长期性的工作，是落实党和国家教育方针的重要举措，是时代发展的迫切需求。真诚希望本书能为中小学心理健康教育工作提供有益的参考，为我国心理健康教育事业发展做出积极的贡献。

编委会

目 录

全国中小学心理健康教育特色学校

树德树人守初心　德心融合育"心"人……………………………四川省成都市树德中学 / 003

人本关爱　育心育人…………………………………………………四川天府新区华阳中学 / 008

七彩心育助成长　转危为安促健康…………………………………成都七中万达学校 / 015

育人育心　为终身发展赋能…………………………………………四川省成都市七中育才学校 / 021

心育小班化　凝聚心力量……………………………………………成都师范银都小学 / 025

爱满天下　知心而行…………………………………………………成都市行知小学校 / 030

知心育人　幸福成长…………………………………………………成都市成华实验小学校 / 035

四川省中小学心理健康教育特色学校

传承文翁精神　创新"三生心育"…………………………………四川省成都市石室中学 / 043

培育积极心理品质　塑造坚韧创新人格……………………………四川省成都市第七中学 / 048

育人为本　践行幸福教育……………………………………………四川师范大学实验外国语学校 / 055

心悦青春　逐梦笃行…………………………………………………成都市龙泉驿区第七中学校 / 060

关注心灵　构建"心"校园…………………………………………成都市盐道街小学锦馨分校 / 065

成都市中小学心理健康教育特色学校

春风化雨润桃李　深耕心育树英才…………………………成都市第七中学初中学校 / 071

建构学校心育生态系统　滋养学生身心健康成长……………四川省成都市石室天府中学 / 076

做学生心灵成长的守护者…………………………………………电子科技大学实验中学 / 080

用心琢玉　蕴材成林……………………………………………四川省成都市玉林中学 / 085

人本中和聚潜能　向善向上助心梦……………………………四川省成都市中和中学 / 090

打造心理智囊团IP　营造阳光幸福心育氛围……………………成都市第十二中学 / 095

崇实适性　润育心田　助梦成真……………………………………成都市田家炳中学 / 100

规划精彩人生　成就理想自我…………………………………成都市第三十七中学校 / 104

"一站式"服务，定制幸福成长………………………………………成都市石室联合中学 / 108

立足生涯教育　打造"立人"家园的心灵绿洲…………………成都市铁路中学校 / 112

差异发展润心田　快乐成长育栋梁……………………………成都市金牛中学校 / 116

课程融合育心，家校协同育人…………………………………成都市第三十八中学校 / 121

以心沐心　创和谐校园……………………………………北京师范大学成都实验中学 / 126

实心实意做心育　健心育人促成长……………………………成都市实验外国语学校 / 131

"和合"润泽　"驿"路引航…………………………………四川省成都市龙泉中学校 / 135

"三园"里有凤来仪　"心育"下适性扬才……………成都经济技术开发区实验中学校 / 140

育心为本　适佳育人……………………………………………四川省成都市大弯中学 / 144

培积极心理　育阳光少年………………………………………………四川省双流中学 / 148

德心相融助成长　三维课程促实效……………………………成都棠湖外国语学校 / 154

开启"心"旅程　开创"心"局面…………………………四川省成都市郫都区第一中学 / 158

用"心育+"铸就学校教育的底色…………………………四川省成都市郫都区第二中学 / 162

爱的温度　心的色彩　美的校园……………………………四川省成都市郫都区第四中学 / 166

以心育心　润泽生命……………………………………………成都市新津区实验高级中学 / 171

园艺活动缤纷　润心育人无声…………………………………成都市新津区五津初级中学 / 174

构建阳光心育　创造晴朗"心"空……………………………………四川省简阳中学 / 177

幸福青春尽心护　成功人生心奠基……………………………都江堰外国语实验学校 / 181

仁以润心　爱满心灵……………………………………………………邛崃市第一中学校 / 186

正心固本　启智培慧……………………………………………四川省崇州市崇庆中学 / 191

目 录

爱溢乡间　情满福中…………………………………………金堂县福兴镇初级中学 / 195

幸福从此熙熙攘攘………………………………………………大邑县晋原初级中学 / 199

呵护心灵，静待花开…………………………………………四川省蒲江中学实验学校 / 203

德心融合促成长　多样生命竞绽放…………………………………成都师范附属小学 / 206

自助助人小天使　幸福成长看得见…………………成都市锦江区教育科学研究院附属小学 / 210

从心育雅　成就幸福……………………………………………………成都市实验小学 / 214

点亮积极人生，创美未来无限………………………………成都市草堂小学西区分校 / 218

追寻"芯"心相印　呵护每颗心灵…………………………………成都市武侯科技园小学 / 222

育心向善　若水少年乐成长………………………………四川大学附属实验小学清水河分校 / 228

做为学生幸福奠基的心理健康教育……………………………………成都市华西小学 / 233

艺"融"护心　"驿"路花开…………………………………成都市龙泉驿区航天小学校 / 237

育心启智　开启美丽"心"世界……………………………成都经济技术开发区实验小学校 / 242

"班心"联动　借力社团………………………………………成都市青白江区实验小学 / 246

家校"Love"行　共育幸福心………………………………成都市新都区大丰小学校 / 250

建构多元心育课程　成长幸福实小学子……………………………成都市双流区实验小学 / 256

心晴相约　向美而行……………………………………………四川省彭州市延秀小学 / 259

家人同心　特殊陪伴……………………………………四川省成都市第五十二中学 / 263

以生为本　以心拓能　融合发展………………………………成都市特殊教育学校 / 267

构建德育"心"模式　培育建筑好工匠……………………………成都市建筑职业中专校 / 271

以美育心，让尚美之花盛开……………………………………成都市蜀兴职业中学 / 275

"心育+"助力师生心理健康协同发展……………………成都市现代制造职业技术学校 / 279

用爱润心　以训修行　精粹成器………………………………成都石化工业学校 / 283

崇职心智慧　相遇曼陀罗……………………………………崇州市职业教育培训中心 / 287

幸福职教　和谐校园……………………………………四川省大邑县职业高级中学 / 291

全国中小学心理健康教育特色学校

树德树人守初心　德心融合育"心"人

◇ 四川省成都市树德中学

四川省成都市树德中学（成都九中）（以下简称树德中学）创立于1929年，90多年来，树德中学曾荣获全国"五一劳动奖章""全国工人先锋号""全国德育工作先进集体"、教育部首批"全国中小学心理健康教育特色学校"等荣誉称号，为国家培养了数以万计的优秀人才，其中不乏两院院士、文化巨擘、政坛精英、商界领袖。

在"树德树人，卓育英才"的办学思想引领下，树德中学致力于建设"学术思想领先、教育品质一流、以研究和创新为显著特征的现代卓越学校"，追求"为高校输送基础宽厚、品性卓越、具有创新潜质的杰出学生，为培养未来社会的优秀公民、专门人才和领军人物奠定坚实基础"的教育使命，教育教学质量一直位居全省顶尖水平，多项教育改革走在最前列。

成都树德中学校门

一、坚守树德树人，执着育人育心

学校十分重视心理健康教育，以促进人的"身心并健、全面发展"为宗旨，积极探索育人方式的转变，培育人格健全的时代新人。学校从1995年开始开展心理健康教育工作，是成都市最早实施心理健康教育和率先开设心理健康教育课程的学校之一。经过20多年的建设与发展，学校心育机制体制完善、课程样态丰富、实施路径多元，并在多个领域走在全省乃至全国的前沿。学校心育以课程建设为基础、以科学研究为抓手、以特色构建为核心打造出了靓丽的德育品牌。

成都树德中学学生发展中心

学校心育工作追求卓越，不断注重优化内在结构，丰富育心环境。现已建立了功能齐全、学术先进、特色鲜明的学生发展中心。目前学校一校三区，学生发展中心共计占地3000平方米，共有专职心理教师11名。学校构建了覆盖整个中学段的心理健康教育、生涯规划教育和家庭教育课程体系，逐步形成了以"自主心育""园艺心理辅导"和"生涯发展教育"为显著特色的心育模式。新时期，学校心育继续"立足专业引领、打破学科边界、着眼未来教育"的发展目标，实施师生"心能计划"，以更积极的热忱投入为党育人、为国育才的事业中。

二、自主有心耕耘，园艺心田花开

（一）创建自主心育体系

学校"自主心育体系"自2001年正式立项，以积极心理学为理论指导，坚持以"唤醒自我，助人自助"为核心理念，形成了覆盖学生、教师和家长的三位一体系统，强化学生、教师、家长的自主心育能力和同伴合作功能。

1. 构建了从自助到自主的学生"自主"心育系统

学生自主心育系统是以学生发展中心为载体，通过文化建设、活动开展形成的一套自主发展的模式。

首先，学校有多途径的心理健康宣传媒介，通过创办心理校刊《心灵之窗》和微信公众号等途径营造积极心育文化，形成学生遇到问题愿意求助、敢于求助的良好心育氛围。目前心理校刊《心灵之窗》创刊已19周年，曾荣获全国十佳校园刊物荣誉称号。学校公众号定期推出的心育类推文，多次被人民日报、清华大学、北京大学、北京师范大学等媒体和平台转载。

其次，学校让同学们都有意识的成为自己心灵的主人，关护自身心理健康，激发积极的心理力量。2001年学校创建了"校园心理协会"，是成都市中学界率先成立的学生自主心理社团之一，学生的自主自助能力在其中得到了很好的发展。同时，学校还开展了班级心理委员常规培训，通过观察和心理日志的反馈增加了学生了解自己、教师了解学生的有效途径，成为学生个人成长的重要桥梁。

再次，学校有全校学生都参与的心理活动，助力学生自愈力的提升。"5.25"心理健康教育宣传周活动至今已举办22届，校园心理电影和心理剧等作品多次获得全国金奖、省市一等奖，"葵花心语""柚见课程"等心育特色活动已成为每学期特殊的学生心理节活动。

最后，学校更有浸润式的融合体验心育课程，通过与艺术、体育等学科的高度融合，将自主心育的理念不断渗透，帮助学生在潜移默化中调适心理，从而帮助学生心理成长。

通过以上四个途径，树德中学基本形成以"学生为中心，在做中学"的学生自主心育模式，学生通过自主参与、自助服务实现了自我观察、自我反思、自我成长。

2. 构建了从个体到全体的教师"自主"心育系统

教师自主心育围绕"自己健康，传递健康"的理念开展，形成了家庭幸福课程体系和心理专业化课程体系两大类。课程主要分为"教师亲子沙龙""心理班会课研讨""教师心理研修分享会""心灵鸡汤工作坊""心理知识培训"5个主题，目前该课程已开设达百次，受训教师实现了全员覆盖。

3. 构建了从学校到家庭的家长"自主"心育系统

家庭自主心育系统关注家长育心能力的两个关键，一是树立家长正确的成才观念。二是提高家长良好的沟通能力。家庭自主心育依托学校家长委员会展开工作，以"帮助家长解决自身的问题进而解决教育学生的问题，实现真正意义上的教育合力"为宗旨，通过家长学校、家长沙龙、亲子面对面活动等促进家长之间相互帮助，家校之间相互协作，从而实现家庭心育自主。

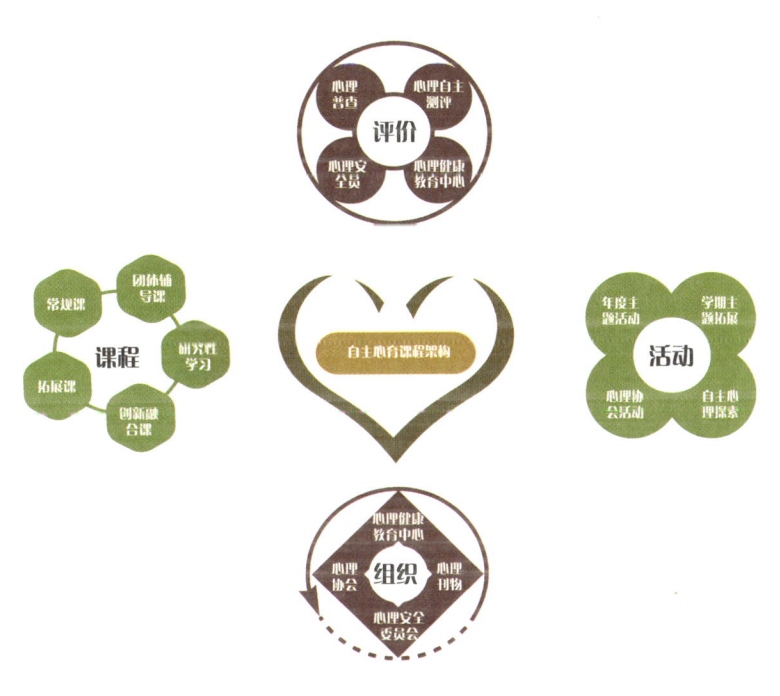

成都树德中学自主心育课程体系

（二）创新中学园艺心理辅导研究

树德中学在2007年率先将园艺疗法运用于学校心育实践，是全国最早开创校园园艺心理辅导技术的中学，并推广至全省。10多年来，树德园艺心理辅导技术形成了自己的特色，得到专家和同行认可。

树德园艺心理不断从有趣的活动到有意义的课程。树德心理老师们观察发现：与植物在一起，同学们能身心放松，于是就成立了学生种植社团、开设了园艺校本选修课，将园艺活动课程化，并组成了园艺师资团队，先后开发出校园园艺四季课程、园艺五感课程、自然体验课程、微园艺微公益课程、树德OTO微公益课程、土豆课程等15个园艺系列课程，超过6000多名师生参与其中，至此课程序列化、常规化逐步形成。

树德园艺心理逐渐从有心的实践到有范的研究。为验证园艺心理辅导技术对中学生心理健康提升效果，学校开展了校级课题《开心农场校本课程实践研究》、市级规划课题《园艺心理辅导提升特殊需求学生人格的研究》、省级课题《园艺心理辅导对中学生心理干预研究》，检验了园艺心理辅导的效果、构建出了心理学取向的园艺心理辅导理论和操作体系，开发出"箱庭园艺心理辅导技术""园艺疗法课程系统"等心理辅导方法和措施。

截至目前，树德园艺心理已从国内的探索走到了国际的交流。树德中学与国内外研究园艺心理辅导的高校、研究机构建立了长期的交流与合作。学校心理教师曾应邀到清华大学、香港理工大学、北京师范大学、广东省珠海市教育局、成都社区大学和台湾大学开设园艺心理辅导工作坊，并在中国香港、日本、中国台湾园艺疗法专业论坛上进行学术交流。同时学校先后接待了尼泊尔青少年灾后疗养团队、中国台湾、中国香港、日本园艺疗法学会、亚洲园艺疗法联盟的到校参访。

不止步于教育，树德园艺心理也从业内的分享到社会服务。截至2020年，学校举办了60多期"园艺工作坊"，积极将树德优势教育资源与社会共享。2018年由成都市教育局主办，树德中学承办的以"园艺心理辅导技术"为主题的全市心理骨干教师培训班在树德中学举行。面向成都市280余位心理教师，推广树德中学的园艺心理辅导工作。这是全国首次由教育行政部门立项的在中小学开展园艺心理辅导的专题培训项目。目前全市中小学开展园艺心理辅导的学校已呈现百花齐放的良好局面。

成都树德中学生涯"五业"理论模型

（三）建构生涯"五业"模型，推进生涯教育特色发展

作为树德中学心育中的重要组成部分，生涯教育秉承"卓越人生始规划，整合育人统发展"的理念，自2013年起全面实施，在高中年级全学段开设生涯发展课程，成立专业的生涯导师团队，指导学生开展理论学习、实地考察、职业体验、学业规划等活动，学生生涯发展教育旨在培养积极而具有前瞻性的生涯态度与信念，在实践探索中培养职业志趣，树立切合个人发展和社会需求、国家发展的职业志向，现已构建了较为完备的生涯"五业"的理论模型，形成

了"一干多支"的实施路径，先后取得了具备一定示范和引领能力的成效。2017年树德中学生涯规划教育获批"四川省教育体制机制改革试点项目"，并获优秀成果奖（最高奖），2018年编著出版了校本教材《遇见·预见》。

三、有心有意有成，共商共建共享

（一）心育团队，专业扎实、科研过硬

树德心育团队以"精致、精心、精品"的工作标准和"爱心、耐心、真心"的职业态度不断砥砺前行，在心育课程、活动、实践等维度取得了丰硕的成果。截至2020年，心育教师团队共获得3次全国心理赛课一等奖，在国际、全国、省、市级公开献课及交流多达百次。学校专兼职心理教师的论文、教学设计、公开赛课获得国家级一等奖6项，二等奖1项；省级一等奖6项，二等奖11项，三等奖8项；市级一等奖35项、二等奖32项。省级课题1项，市级课题3项，国家级课题1项。出版专著3部，参编心理学影响力的著作8部。坚实的专业团队奠定了专业及学术发展的高度。

成都树德中学专职心理教师团队

（二）树德心育，积极创新、辐射引领

树德中学心理健康教育工作坚持创新、开拓进取、成效显著。学校是成都市最早实施心理健康教育和开设心育课程的学校之一，心育课程对所有年级全覆盖。是全国第一个开创园艺心理辅导技术的中学，是四川省、成都市首批"心理健康教育实验学校"和全国首批"中小学心理健康教育特色学校""四川省十佳心育学校"，多位心理教师现已成为省市级心育专家组成员，且在国家、省、市各类比赛中屡屡获奖，在国内外各类心理健康教育研讨会上也经常看见树德中学心育教师的交流身影。

"树德树人守初心，德心融合育'心'人"。未来，学校心育将以更加科学和专业的精神为"优教成都"贡献树德"心"力量。

人本关爱　育心育人

◇ 四川天府新区华阳中学

四川天府新区华阳中学（以下简称华阳中学）自2001年建校，秉持"以人为本，以学生发展为本，开发师生潜能，培养创新型人才"的办学理念，将心理健康教育作为加强和改进德育工作、全面推进素质教育的重要组成部分。以心育作为落实立德树人根本任务的突破口和着力点，运用积极心理学原理，坚持以教育模式而非医学模式开展心育，开发学生心理潜能，构建"三全"心育体系，走出了一条"人本关爱，育心育人"的学校心理特色发展之路。华阳中学于2005年被评为成都市首批"心理健康教育实验学校"，2011年成为中国心理学会、中央教科所"全国心理辅导特色学校"，2015年荣膺教育部首批"全国中小学心理健康教育特色学校"。

一、构建三全心育机制

（一）专家指导、校长领导的教师全员参与机制

四川省首批学术和技术带头人、知名心理教育专家陈安福教授二十年如一日驻守华阳中学，全程指导心育工作。祝长水校长直接担任心理健康教育中心（2016年更名为心理健康暨生涯教育研究中心）主任，全面领导学校心育工作。心育中心副主任兼任学校德育委员会成员，负责心育在德育中的实施与管理，6名专职心理教师全部取得国家二级心理咨询师资格，负责年级心育教学及学生心理辅导工作，90名兼职心理教师协助班主任负责班级心育，173名取得成都市学校心理辅导员B证、205名C证、3名A证的教师协助开展学生心育工作，165名具有"教育

坐落于华阳中学的四川天府新区中小学心理健康服务中心

与发展心理"研究生毕业证的学科教师落实学科教学中渗透心育。学校心育工作以专家指导、校长领导，专职心理教师为核心，兼职心理教师和班主任为骨干，心理辅导员和全体学科教师全员参与的心育工作机制，保证了心育工作科学、持续、深入、有效地开展。

（二）面向全体的三级学生心育组织机制

华阳中学在校和年级团委学生会设立心理部，在各班设立心理委员，构建三级心育组织。建立学校——年级——班级学生心理协会，形成三级心育组织。在专职教师的指导下，三级心育组织面向全体学生广泛开展心育活动，使学生对心理健康教育有了科学的认识，营造了健康向上的心育文化氛围。

华阳中学心育中心专职心理教师团队

（三）关注全程的心理预防与心理教育机制

学校选择《标准瑞文推理》和《中学生心理素质测试量表》等对新生进行心理筛查，建立心理档案；运用绘画心理技术对高二年级和八年级学生进行心理辅导；聚焦考试心理对毕业年级学生进行情绪和行为辅导，运用生涯规划进行分科选科志愿指导等。整个中学期间，都会对学生心理素质发展进行动态跟踪，实施了"五级心理防预工作机制"，即"积极心理教育—早期心理预防—早期心理预警—早期心理干预—严重心理问题转介"的干预机制。五级心理预防以积极心理学理念为基础，关注个别差异，根据学生的不同需要开展多种形式的教育和辅导，提高心理健康水平。

二、开发三类心育课程

学校以培养学生良好的心理素质、塑造学生积极的心理品质为目标,着力开发并实施了必选类、专题类、融合类三类心育课程。

(一)基于国家纲要的校本化,开设必选类心育课程

依据《中小学心理健康教育指导纲要》(2012年修订),华阳中学针对学生心理发展的不同特点,编写了《心路导航》(高中版和初中版)、《中学生心理专题辅导》《心理危机干预手册》《高中生涯规划》《青春导航仪》(生涯规划教师指导用书)、《高中生生涯教育暨学业发展指导课程》(教师指导书)等心理健康教育、生涯教育校本课程,开设心理辅导课(每个年级间周一节),由专职心理教师组织实施。

(二)基于学生常见的心理问题,开设专题类心育课程

华阳中学高考考前女生心理专题讲座

学校坚持针对学生考试容易出现的问题,对高三、初三学生进行考前心理专题讲座;坚持针对女生特有的生理心理现象,开展女生专题心理辅导讲座;坚持针对学生体育常见问题,在运动会期间开展运动心理辅导;坚持针对学生科技创新活动中的常见问题,有计划地进行创新心理和创造性思维、创造性人格的辅导与训练,最大限度地预防和引导学生发展过程中可能出现的心理行为问题。

(三)基于心理教育的普及性原则,开设融合类心育课程

华阳中学5·25心理健康教育宣传活动

学校每年坚持开展"5·25"心理健康教育宣传活动,包括心理剧展演、心理手抄报比赛、户外心理拓展训练等。迄今为止,该项活动已成功举办18届,形成常态化、序列化形态。每月开展一次心理主题班会,心理主题班会融入了新时代德育工作的要求,把学习习近平总书记名言名句、培育社会主义核心价值观、传承中华优秀传统文化等也作为心育的重要内容,融入学校《"十心"教育》(电子科技大学出版社,2010)校本选修课程。

三、开展三大主题教育

学校较早认识到"心是根,德是魂",育德必须育心,德心必须结合。在长期实践中,探索出了育德育心、德心结合、育心养德的有效路径,其基本策略是广泛、深入、持久地开展人本关爱教育、社会主义核心价值观教育、中华优秀传统文化教育三大主题教育。通过这三大主题教育,开发学生心理潜能,培养学生健康的心理、积极的态度、良好的品德和健康的人格,有效落实立德树人根本任务。

（一）开展人本关爱教育，教师关爱学生，学生学会关爱

从2003年开始，华阳中学在教师中持续开展"人本关爱、铸造师魂"活动，把"关爱学生"作为教育理念，作为师德核心，作为教师的基本职责，把"学会关爱学生"作为教师的基本能力。按照习近平总书记做"四有"好老师中"仁爱之心"要求，教师在教育教学活动中应做到关心、尊重、理解、信任、宽容学生。在学生中坚持开展"学会关爱"教育，将关爱内化为学生的心理需求，引导学生学会关爱他人、关爱家人、关爱师长、关爱社会、关爱祖国、关爱自己、关爱生命、关爱自然。教师关爱学生，给学生提供了心理安全保障；学生关爱教师，积极悦纳教师。心理相容的新型师生关系，更能促进学生良好品德的形成。

（二）将社会主义核心价值观教育融入心育，"四情"教育落实情感育人

为落实习近平总书记"要在加强品德修养上下功夫，教育引导学生培育和践行社会主义核心价值观，踏踏实实修好品德，成为有大爱大德大情怀的人"的要求，培养学生符合社会主义核心价值观规范的情感品质，华阳中学让社会主义核心价值观教育进教材、进课堂、进学生心灵的同时，坚持开展以祖国情、师生情、亲子情、友伴情为主线的"四情"教育，以清明节、端午节、中秋节等中华传统节日和国庆节、教师节、母亲节等现代节日为载体，结合日常行为的规范约束与引导，通过争先创优、手拉手结对子、国学经典诵读、学生自主管理、日常行为规范等活动，引导学生自觉做锤炼品德的好学生，以情育情，着力解决学生发展中出现的情感问题、情感困扰、情感冲突，落实情感育人。

（三）将传承中华优秀传统文化与现代积极心育成果相结合，"十心"教育落实文化育人

为大力弘扬核心思想理念、中华传统美德、中华人文精神，华阳中学汲取中华优秀传统文化中的积极德育内容，结合现代积极心育成果，提炼出忠心、爱心、孝心、诚心、信心、雄心、恒心、勤心、虚心、专心十个方面的内容，开发编写《"十心"教育》，作为选修课的校本教材，作为德育的重要内容。"十心"教育中融入家国情怀教育、社会关爱教育和人格修养教育等内容，教育学生学会做人、学会做事、学会学习，引导学生了解中华优秀传统文化的历史渊源、发展脉络、精神内涵，自觉地认同和接受中华优秀传统文化的润养，增强文化自觉和文化自信，落实文化育人，培养学生的健康心理，促进学生积极道德信念的形成。2017年，我校以"十心"教育成果入选教育部第二批全国中小学中华优秀文化艺术传承学校。

四、落实"三维"教育目标

华阳中学在长期实践中逐渐认识到心育必须走进课堂、融入学科教学。为让全体教师自觉地把心育作为基本任务始终贯穿于教育教学全过程，从2009年开始，学校持续开展中国教育学会"十一五"科研规划重点课题《学科教学渗透心理健康教育的实践研究》（2013年获四川省人民政府第五届普教教学成果一等奖），2014年进一步开展了《教学育心深层变革课堂的实践研究》（四川省"十二五"普教科研重点课题），2018年开展《中学生涯规划引导学业规划实践研究》（成都市名师专项课题）。

华阳中学持续开展学科教学中"心育渗透"的实践研究，基本形成了"人本关爱、系统优

化、教学育心、三维七段"的心育渗透策略与路径，不断进行课堂教学改革，从课堂转向、教学转型和过程重构三个方面进行心育渗透，在实现学科教学知识与能力、过程与方法、情感态度价值观"三维"目标的有机统一的同时，落实核心素养。

成都市名师专项课题《中学生涯规划引导学业规划实践研究》

（一）课堂转向，落实"三维"目标，指向核心素养

基于"人本关爱"教育理念，华阳中学重视教学目标中的心理健康教育目标的设计，将新课程三维目标转化为教师"三维"教学和学生"三维"学习。教师通过"三维教学"有效指导学生课堂学习，助其养成良好的心理素质、学习品质和学习能力，即育知、育智、育情。学生通过"三维学习"，实现知识学习、方法学习和情感学习的有机统一，即学知、学智、学情。

（二）教学转型，实施"单元教学"，从知识教学转向育心型教学

基于课堂教学"五系统"理论（课堂教学是一个由认知系统、情感动力系统、管理系统、人际交往系统和信息转换系统构成的复杂系统），从学生学习心理规律角度切入，围绕认知训练、情感动力调节、教学管理、人际交往和信息转换等内容，以"单元"进行整体教学设计和课堂教学实施，便于学生理解和掌握单元知识体系，生成发展认知结构，克服课时教学的不足及课改实施中的形式化、表面化倾向。

（三）过程重构，变革"七段"教学方式，教学过程重视心理学习

基于学生认知规律，教师对单元教学进行了过程重构，形成了"七段"教学方式——学习引导、先学自研、互动探究、点拨讲解、训练内化、诊断反思、辅导提升。教师在"七段"学习中关注学生的认知、情感、意志、个性等心理活动的变化，在"七段"教学中实现育知、育智、育情的有机统一；学生在"七段"学习中培养自主、合作、互动、探究的能力，实现学知、学智、学情的有机统一。

学校以人本关爱为理念，把"育心"作为教学改革的核心指向，在三维七段单元教学实践中渗透心育，以健康的心理有意识地影响每一个教育对象。我们将学生的成长从分数层面提升到生命层面，改变了"知本""教本""师本"课堂教学现状，进行了"育心型教学"改革实践，提升了学生心理品质，促进了学生在道德品质、公民素养、学习能力、交流与合作能力等方面的协调发展。

五、夯实三个心育平台

学校加强心理辅导阵地建设，积极拓宽心育渠道，建立规范的心育服务体系。为有效推进

心育工作，夯实筑牢学校心育基础设施平台、心育服务平台、心育活动平台。

（一）高规格配置心理健康暨生涯教育中心，夯实筑牢心育基础设施平台

学校斥资1000多万元建设心理健康暨生涯教育中心，面积约2000平方米，设专职心理教师工作坊、心理档案室、个别心理辅导室、情绪宣泄室、箱庭辅导室等17间功能室，拥有心理健康教育报刊37种、图书近5000册，专时、专人、专业对全校师生开放，为心育工作顺利开展提供了坚实的阵地和物质保障。

（二）科学规范心理辅导与咨询，夯实筑牢心育服务平台

学校从建校伊始就通过班级、跨班级、性别、游戏、沙盘、心理剧等方式开展团体心理辅导，通过心理辅导室、电话、短信、微信、书信等媒介开展个体心理辅导，逐步形成了专职教师、班主任、学科教师共同参与的三级心理辅导机制。在个体心理辅导和团体心理辅导过程中，主要进行了人际交往心理辅导、学习心理辅导、亲子关系心理辅导、适应性心理辅导、青春期性心理辅导等，逐步形成了多途径、多形式的心理辅导路径。学校还通过班级家委会与班主任协作，将离异家庭、留守儿童、孤儿等学生分类建档并上报心理中心，对有严重心理问题的学生，由心理教师进行有针对性的心理疏导或转介。

（三）多元开展心理社团活动，夯实筑牢心育活动平台

学校积极创新活动载体，通过开展心理征文、心理沙龙、心理剧表演、心理影视赏析等活动，采取角色扮演、音乐陶冶、情境陶冶、活动体验等方式，以行为参与和认知参与的方式进行体验性学习活动，帮助学生逐步形成了正确的心理健康观念，加强了心理自我保健意识，提高了心理行为训练能力。学校高度重视心理健康教育宣传，开展以"我成长，我快乐""架起心灵桥梁，助你健康成长""不忘初心，成就自我"等主题宣传教育活动，编辑出版了《华阳中学心育报》，营造心理健康教育的良好氛围。

正高级教师祝长水校长为高三学生上专题心理课

华阳中学校园心理剧《我想有个家》展演活动

六、优化三类心育环境

健康和谐的校园心理环境，对维护师生健康心理具有独特的作用。学校以物质、课堂、人际三个方面为重点，努力营造，优化健康和谐的校园

心育环境；以心境相融、以心化文的理念，培育师生积极健康的心理，发挥教育人、培养人、塑造人的育人功能。

（一）优化育心育人、心境相融的心育物质环境

学校整体规划校园物质环境，让理念上墙，凸显人文精神；给楼路命名，嵌入华阳中学元素；在走廊石刻，彰显"十心"特色；让音乐悦心，散发美的祥和。用心用情经营校园每一个有限的空间，学校的一花一草一木，一墙一砖一瓦都融入了"育心育人"，使校园自然环境处处显现出悦心、怡心、润心的育人功能，潜移默化地净化师生心灵。

（二）优化良好的课堂心理环境

通过"十心"教育创设楼道心育环境，班级文化打造教室心育环境，寓心育于班级管理之中、寓心育于班级活动之中、寓心育于班级文化建设之中。通过"教学育心"优化课堂心育环境，营造互爱、互动、互促的课堂心理氛围，让学生不仅在压力中拼搏，更在合作中成长，营造了一个充满关爱、互助共进的学习心理环境，成为提高课堂教学质量的重要条件。

（三）构建和谐师生关系，优化心育人际环境

力行人本关爱，深入发掘教学"三维"目标中的情感目标，培育"六心"型教师。构建平等互爱的和谐师生关系，熔铸共同愿景，营造教师共进共荣的群体心理氛围。"思维共振、情感共鸣、个性共扬"的"三共"人际环境，为学生成长提供了心理安全保障，学生也积极地悦纳教师。

学校二十年来持续、深入地开展心育工作，走出了一条"人本关爱、育心育人"的学校特色

祝长水校长在四川省中小学心理健康教育工作会上进行经验交流

发展之路，使得以心理素质为基础的学生综合素质得到全面发展，整体提升了教师的心理健康教育专业素养。近年来，辽宁、广东、广西、湖北、北京、深圳、宁夏等140余所省内外学校到华阳中学考察交流学习，发挥了全国心理健康教育特色学校的积极广泛的示范辐射作用，也为华阳中学的心育工作提出更高要求，让华阳中学心育人不断努力，砥砺前行。

七彩心育助成长　转危为安促健康

◇ 成都七中万达学校

　　成都七中万达学校（以下简称"七中万达"）建于2011年，是一所"高起点、高标准、高水平"公办高中。建校十年，学校始终坚持"立德树人"的教育使命，坚持五育并举、全面发展的培养路径，以课堂和课程为核心，以培养德智体美劳全面发展的社会主义建设者和接班人为培育目标，在"七彩达成教育"思想和课程体系的架构下提出了"七彩心育"理念，围绕从"生命维度拓展"到"生涯教育启蒙"的六年阶梯性心育目标，构建了"多维度可选择"的"七彩心育"课程体系，提出了生命教育与生涯教育"有机融合、同步提升"的新模式，在家校社"三位一体"的全员育人格局下，努力实现"让每一个生命绽放最精彩的自己"。

　　在常态化心育课程和师生阳光心态护航等特色活动的基础上，针对近几年（尤其是后疫情时代）校园心理危机事件频发，学校将更多的关注点放在了较为"隐秘的角落"——校园心理危机预警干预工作，并将其作为心理健康教育工作中的重要环节。建校之初，学校就构建了危机预警转介机制，并在不断的工作实践中，逐渐完善和规范危机预警、转介的工作流程，落实了各环节和部门的工作职责，形成了心理危机预警干预工作的模式和经验。

成都七中万达学校行政楼孔子像

一、全员心育凝聚专业之力，活力校园营造和谐之土

（一）落实组织保障

学校凝聚全员之力，组建了校长负责制的心育工作团队。心理健康教育专职教师师生比1∶800，持有成都市心理辅导员A证1人，B证、C证近50人。成立了心理危机干预工作小组，建立了校长担任组长，以专职心理健康教师为核心，年级主任、班主任为骨干，学工部、教管部、后勤部、保卫处、校医室等共同参与，突发伤害性事件的第一发现人为临时成员，必要时社区及相关心理专家介入的长效工作机制。着力师资队伍培训，专职教师培训年均超40学时，心理健康教育经费投入年均投入50万元左右。

成都七中万达学校学生发展指导中心

（二）加强宣传保障

学校加强校园及周边环境的安保工作，营造和谐、温馨、有活力的校园氛围，为学生的健康成长培育了和谐之土。学校为年级、班级开辟了文化宣传栏，并在宣传栏、校刊、校宣系统、微信公众号中开辟心理健康专栏，展示各类心理健康教育活动，宣传心理健康科普知识。班主任负责创建安全、和谐、温馨的班级氛围，开展班会团队活动，减少班内的欺负、孤立等校园欺凌问题。关心学生的生活境况，留意学生的情绪波动，及时谈心疏导，必要时转介到学生发展指导中心或校外专业的医疗机构。加强家庭教育指导，引导家长关注学生心理健康与全面发展，指导亲子沟通的方法与技巧。

二、七彩活动铺就健康之基，心理课程体悟生命之味

（一）以活动为载体持续助力

学校通过开展丰富多彩的活动，引导师生和家长热爱生命、善待人生，关注心理健康与全面发展，为学生的健康发展奠定了基础，打好了底色。如：文化艺术节、科技体育节、添柚节、花朝节、泡菜节、演讲朗诵比赛、配音大赛、课本剧大赛、心愿卡存放活动、德育大课堂活动、研学活动等；"走进青春期"团体辅导活动、生涯体验日活动、"看见真实的彼此"亲子团体辅导活动，高初三毕业年级写一封信活动，高初三考前心理团辅活动，"5·25"心理健康节，校园心理剧大赛活动等。学校也对教师开展心理健康教育和危机干预培训，增强教师关注心理健康与预防心理危机的意识，提升应对能力。心理老师也为班主任提供有关与学生日常谈心工作的咨询与指导。通过组织家长学校、家庭教育讲座、家长沙龙、亲子团体辅导等形式，开展家庭教育指导。

成都七中万达学校校园心理剧《"小草儿"也有梦想》获成都市校园心理剧一等奖

（二）以课程为主体高位发展

学校将心理健康教育纳入学校"七彩达成教育"课程体系，构建了"七彩心育"课程群，逐步形成"五四三"课程架构——五类课程（心理专题课、心理班会课、心理选修课、学科渗透课、综合实践课）、四个内核（以生存能力培养、生活技能训练、生涯规划启蒙、生命维度拓展为课程内核）、三级表达（通过校、级、班三级表达）。落实发展性心理健康教育，帮助学生培养生存之力，学习生活之技，探索生涯之路，体悟生命之味，陆续打造了一批精品课程，如："活出精彩"心理专题课，"趣玩心理"心理选修课，"筑梦人生""七彩'视'界"生涯课，"绘出生命之树"生命教育礼修课。

三、普查咨询发现危机之苗，访谈评估了解困扰之境

（一）及时筛查 重点掌握

学校针对起始年级开展心理健康普查，形成团体报告向学校、年级、班级反馈。测试结果为"预警"或"无效"的学生，将通过绘画投射测验和访谈进行复测，排除测试结果假阳性。当预警人数众多不能立即安排访谈时，也需要向班主任提示预警学生名单，要求班主任引起关注，并做好保密工作。班主任可以结合学生日常表现、家庭背景等信息及时跟进，如有异常，及时报告转介。

成都七中万达学校"七彩心育"课堂

（二）预防为主　有效甄别

学校心理老师通过接待每日的个体心理辅导，做好预防性干预。心理老师在心理咨询中发现或由班主任发现异常并转介至学生发展指导中心的学生，由专职心理老师通过专业详细的访谈对当事人进行初步评估。评估给了学生宣泄表达的机会，帮助心理老师全面了解当事人的心理状况和困扰程度，以便能更详尽地在预警转介时帮助家长了解孩子状况，避免了通过经验主义给学生贴上心理疾病的标签，这一步是后续预警转介能够顺利实施的关键。

四、四方会谈搭建转介之桥，跟进关注提供支持之源

鉴于在预警转介中由家长不同的认知而可能引发的沟通瓶颈，为使学生的心理问题及时得到家庭的重视和专业的诊治，阻断危机风险增加的可能性，学校探索出四方（校方领导、班主任、家长、心理老师）会谈转介模式。

（一）专业评估

通过专业访谈评估发现确属于超出学校心理咨询范畴、有心理疾病倾向、有自伤自杀风险的，心理老师向危机干预工作小组报告，启动危机预警程序，并将情况反馈给班主任，初步给出可以安排四方会谈预警转介告知家长的时间段。心理老师根据评估访谈提纲出具危机预警转介告家长书，打印一式三份。

（二）及时报告

班主任向学生发展指导中心分管主任和该年级的年级主任报告，并和家长沟通，选定四方会谈时间，并反馈给各方。

（三）四方会谈

各方在约定时间进行四方会谈，由班主任联络家长到校，由学校领导强调问题重要性，告知家长学校在该问题上的重视和处理流程，由心理老师根据潜在危机个体周边系统访谈提纲先对家长进行访谈，再向家长反馈孩子情况，进行预警转介，强调就医、请假、休学复学流程和注意事项等事宜。班主任辅助提供孩子在校表现等信息。最终家长在知晓情况后在危机预警转介告知家长书上签字。转介书家长保留一份，其余在学生发展指导中心存档。

（四）反馈跟进

预警转介后，班主任负责与家长联络交流、个案病情跟进及诊断结果反馈。心理老师负责将情况添加至危机转介预警个案跟进记录表中。

五、七彩心育播撒希望之光，七万心育收获安康之果

（一）全员心育大格局，制度完善、职责明确、流程规范

学校形成了全员心育工作模式，确立了心理危机干预工作团队，建立了三级全覆盖危机预警干预模式。

（二）扎实推进常态课程，创新开展生命教育

学校创造性开发了特色课程和专题活动，如："绘出生命之树"的生命教育礼修课，"生命一叶""向死而生"的死亡教育课，《防疫复学心理指南》专项读本、"四格漫画"、减压罗盘、减压上上签等活动。

（三）危机预警突破瓶颈，身心安全保驾护航

在转介流程中突破了预警转介中与家长沟通困难的瓶颈，探索出四方会谈的具体操作模式和职责分工，从筛查、发现、报告，到评估、预警、转介、跟进规范流程。形成并完善了心理危机预警干预操作流程和可供复制、学习推广的潜在风险个案访谈提纲、转介告家长书模板、危机预警转介个案跟进记录表，提高了工作效率，完善了档案记

成都七中万达学校生命教育礼修课之"绘出生命之树"

录。对潜在心理危机个案进行了及时干预和转介，有效预防了恶性心理危机事件发生，为学生身心安全保驾护航。

（四）七彩心育做实做细，开放交流扩大影响

学校被评为教育部第二批心理健康教育特色学校。七彩心育工作在常态化做实做细的扎实开展中，总结出经验，取得了成果，形成了广泛的辐射影响力。教育实践成果、教育案例、论文等成果荣获各级各类奖励近40次；学校心育工作接受四川省教育科学研究院调研并在省级会议上做经验交流，参加成都市心理健康教育发展规划（2019—2022年）意见征求及论证

《假如我可以活一百万次》获得成都市心理健康教育优质课赛课一等奖

工作；多次承办成都市、金牛区心理健康赛课决赛；荣获成都市校园心理剧大赛一、二等奖；心育工作先后被《教育导报》《成都商报》等众多媒体深度报道；每年接待跟岗、参观及来访上千人次。学校专职心理教师多次受邀，为区内多所兄弟学校开展心育工作跨校指导和培训。

七彩心育助成长，转危为安促健康。身心健康是生命之基，生涯发展是终身之业，德达天下、志成卓越是七中万达人的奋斗方向，"七彩心育"将为七中万达学子一路保驾护航，助力成长。

育人育心　为终身发展赋能

◇ 四川省成都市七中育才学校

四川省成都市七中育才学校（以下简称"七中育才"）自1997年建校以来，高度重视心理健康教育，秉承"卓尔不群，大器天下"的学校精神，坚守"重德育才、面向未来、最优发展"的办学理念，坚持"健康、高雅、聪慧、大气"的育人目标，切实回应国家对教育的要求："立德树人、五育并举、全面发展"，将每个学生的全面发展作为教育的第一要义，高度重视学生的身心健康，将心理健康教育作为学校品质提升、内涵发展的重要抓手，常做常新。

一、"学校文化"滋养心理教育内涵

在学校厚重的办学文化滋养下，形成了具有丰富内涵和育才特色的心理健康教育理念："为学生终身发展赋能"。

这一理念有三个关键词：学生、终身发展、赋能。

"学生"体现着心理健康教育的育人观，"学生"是教育的主体，一切基于学生、为了学生、发展学生。

"终身发展"体现着心理健康教育的时间观：心育不仅要解决学生当下面临的心理冲突，更为重要的是面向未来的心理潜能，指向学生的终身发展。

"赋能"体现着心理健康教育的质量关：从"减少心理冲突"到"赋能心理成长"，更注

成都七中育才学校"卓尔不群　大器天下"文化墙

重学生内源性力量的激发和自主性动力的增强,在赋能中实现"自助"。

"为学生终身发展赋能"这一理念落实到具体心理工作中体现为"心理发展知识的丰富""心理冲突应对能力的提升"和"成长型思维的培养"三个方面。

二、"实践特色"赋能学生终身发展

七中育才心理健康教育以"三型"心育课程建构为途径培育学生学科核心素养;与"双色"德育深度融合共促学生生命精彩;坚持"五化"育人(参与全员化、教育活动化、活动主题化、主题序列化、实施特色化)积淀了卓有成效的心育特色经验,赋能学生终身发展。

(一)"三型"心育课程引领生命发展

在学校"多元建构,自主选择"整体课程建设思想的指导下,心理健康教育以人本主义、积极心理学为理论支撑,建构起了"三型"心育课程体系。

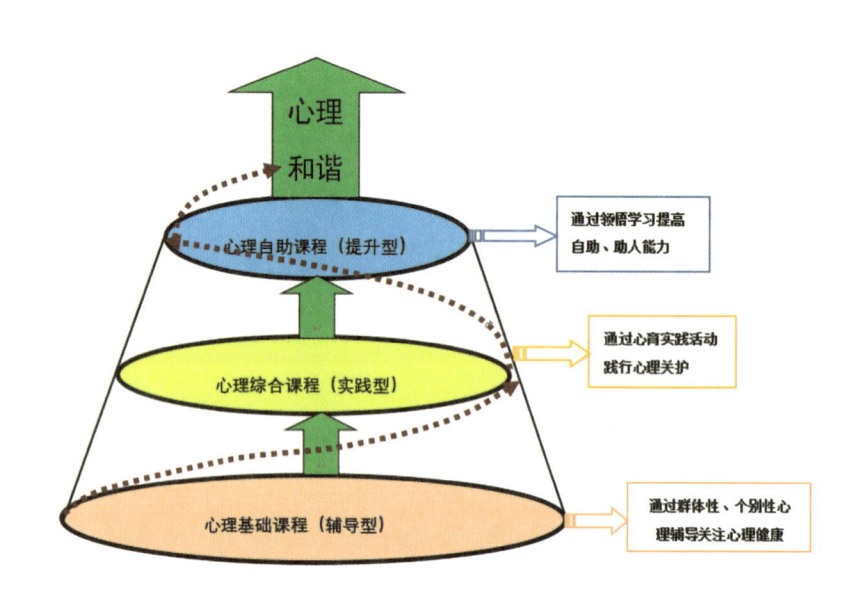

成都七中育才学校"三型"心育课程结构图

心理基础课程(辅导型)指向学科核心素养中的"双基层"。在实施中以"课堂"为主阵地,遵从"面向全体"与"关注个体"相结合的原则,通过"心理辅导课""心理选修课""心理游戏体验课"等多样课堂达成"调整认知、转变思维、习得技能"的课程目标。

心理综合课程(实践型)指向学科核心素养中的"问题解决层"。以趣味性、育人性并重的心育综合实践活动为载体,引导学生在深度参与中拓宽视野、加深体验,形成个性化的直接经验,提升自我成长的内在动力,能主动将所学知识运用在生活中,在"知行合一"中逐渐达成"心理和谐。"

心理自助课程(提升型)指向学科核心素养中的"学科思维层",通过"项目式自主探究""主题式朋辈辅导""体悟式编辑研发"三种路径,实现"领悟内化、经验输出、能量增长"的课程目标,促进学生主动将习得的心理知识提炼、内化、输出,达成心理关护从自知到自觉到自助的理想状态。

(二)"五一"心育模式强韧生命力量

七中育才在心育过程中,坚持以生为本,把舞台还给学生,充分体现学生的自主性、自助性,探索出一套颇有成效的"五一"心育培养模式。"五一"分别为:一个专业心理社团、一支"班级心理关护员"队伍、一本学生自编读物、一次社会实践体验、一月主题心育活动。"五一"合力,强韧学生生命力量。

(三)"生长型"教师队伍注入生命活力

学校非常注重教师的可持续发展,成立"教师发展学苑",专注教师身心健康及专业发展,增强职业幸福感、集体归属感、自我效能感,让每一个教师都成为"生长型"教师,为学校教育注入源源不断的创意与活力,以自己蓬勃、热情、积极的生命状态润泽学生心田,以教师的全面发展促进学生的全面发展,以教师的健康成长促进学生健康成长。

(四)"科研式"心育提升育人品质

心理健康教育既需要有浸润人心的温度,也需要有联结时代的广度,还需要有探究本质的深度。学校通过"课题研究""论文撰写""校本开发""模式探究"等方式发展"科研式"心育,从"方向把握""规律探寻""途径丰富""成果提炼"等方面提升育人品质,保障学校心理健康教育可持续发展。

成都七中育才学校"实践型"心理课程

三、"生态发展"彰显心育卓著成效

教育的成效最终体现在学生、教师、学校三位一体的"内生性""协同性""持续性"的"生态发展"上。

(一)学生呈现出追寻"心理和谐"的美好样态

"心理和谐"是一种理想状态,没有人能始终处于"心理和谐",但对"心理和谐"状态的追寻就是生命最美好的样态。在心育工作中,我们时时被学生这样美好的样态感动着、激励着。在心理调查中能看到学生的心理韧性与适应力,在心理漫画的创作中能感知学生的思考力与敏锐力,在积极心理品质培育中能发现学生内心的柔软与温暖,在心理活动的开展中能感受到学生生命蓬勃向上的生长力……这些,都是学生在努力追寻着生命与自我、他人、环境的和谐,呈现着生命最美好的样态。

同时,学生也展现出对学校心育越来越高的认可与接纳。每项心育活动都能得到学生的热烈响应。学生心理社团"心语社"已成为学生心目中的明星社团,每年招新均可收到几百份申请表,每年都被评为学校"卓越团队"。心理选修课"趣味心理学"被评为最受学生喜爱的十大选修课之一。在学生写的"给心理老师的一封信"中,很多学生都提到学校心理健康教育对

023

自己成长的促进与帮助。在浓厚的心育氛围下，学生对"心理咨询"有了科学的了解，知道这是帮助自己走出困境的专业方式。心理中心每学期接待学生咨询60余例，平均每周3~4例，学生对心理健康呈现出更为积极的关注度。

（二）教师展现出追求"事业精进"的持续生长

校园心理剧《期望》获成都市校园心理剧大赛一等奖

成都七中育才学校心育特色课程

心理健康教育指向学生，但其影响又不止于学生，教师也呈现出积极向上的生长力，事业精进、生命精彩。教师对心理健康教育的认识度、接纳度、使用度越来越高，仅2019年，就有11位教师在成都市心理健康教育优质成果评选中荣获一、二等奖；心理班会赛课连续四届荣获市、区一等奖；心理老师与学科教师联合拍摄的心理剧《期望》获成都市校园心理剧大赛一等奖，《青春迷雾化为阳》获锦江区特等奖，心理微电影《神奇的孩子》获四川省校园节目金奖。班主任叶德元荣获"全国最美教师"荣誉称号，《光明日报》《中国教育报》《成都商报》《工人日报》《天津卫视》《教育导报》等数十家报刊媒体曾对其班级管理中的心育文化进行专访，并受邀在全国一百多所学校进行交流。此外，还有众多班主任创办班刊、设立班级心情日记、组织亲子拓展、开设班级讲坛等，展现着班级和教师良好的发展势态。

（三）学校呈现出着力"品质提升"的高位发展

学校形成了系列化、主题式的校本心育读物，如《心晴》《给梦一把梯子》《心灵变奏曲》《静听心语》《趣味心理学》《心聆》《心语晴空》等。其中，心育报刊《心晴》获全国中小学优秀报刊评选一等奖；《心聆》获成都市心育校本特色课程评选一等奖，学生心理案例集《心晴》获成都市优秀德育研究成果评选二等奖。

学校心育课题研究也屡获佳绩。市级课题《初中心理健康教育课程开发的实践研究》阶段性报告分别荣获成都市教育科研成果一、二等奖；课题《新冠疫情下基于"三段式"学生需求的心理关护策略研究》荣获成都市教师小课题一等奖、疫情专项课题二等奖。

同时，学校多次在省、市、区各级会议中分享心育特色成果，数十次接待来自全国各地的学术交流团队，深度交流心育工作经验，广受赞誉。学校也先后被评为"四川省心理健康教育研究基地""成都市心理健康教育实验学校""成都市首批心理健康教育特色学校""全国中小学心理健康教育特色学校"，展现了学校蓬勃的发展力。心理健康教育助推学校的高位发展，彰显名校应有的使命担当和引领辐射。

心育小班化　凝聚心力量

◇ 成都师范银都小学

成都师范银都小学（以下简称"银小"）自2000年建校伊始即高度重视心理健康教育，以《中国教育改革与发展纲要》和教育部《中小学心理健康教育指导纲要》为指导，将心理健康教育纳入学校中长期发展规划，育人方针和校训都将心理健康教育摆在首位，尊重人的身心发展和生命成长规律，充分开发学生潜能，促进个体身心全面健康和社会适应的可持续化发展。

一、尊重生命　彰显个性

银小秉承"尊重生命，彰显个性"的办学理念，"顺自然、强基础、重创新、促发展"，努力培养"健康、聪慧、高尚、快乐""有民族精神、能走向世界的现代人"。学校始终将心理健康教育作为加强和改进德育工作、全面推进素质教育的重要内容，自觉落实立德树人的根本任务，20年来常抓不懈，成效显著。学校在全国小班化教育领域卓有声誉，是全国一流示范学校，是联合国教科文组织成员学校、教育部中小学校长培训实践基地学校、中国青少年素质教育研究基地、全国德育实验学校、中国STEM教育2029创新行动计划领航学校、全国中小学心理健康教育特色学校。

成都师范银都小学紫薇校区一景

银小心理健康教育领导小组，由校长亲自担任组长、分管校长担任副组长，德育处直接督导相关工作，生均年投入达150元，给予有力的软硬件设施及条件保障。心育团队专职2人，兼职75人，核心成员8人，可谓人才济济，各有所长。心理教师优势资源交替组合成强有力、不可替的"心力量"品牌。小班化教育，人人育心，心育人人，呈现出鲜活、专业的发展势态。

二、三课联动　全域育心

银小心理健康教育，以课题为引领，以课程为载体，以课堂为主阵地，全程、全员、全面开展心育工作。

（一）推行小班化教育，以科研为引领，构建全员心育模式

银小全面推行小班化教育，在心理健康教育方面具有先天优势，师生比1∶10.2，每个学生都能充分而平等地共享各种优质教育资源。学校构建了以心理教师为核心、班主任为骨干、学科教师为补充、教辅和后勤团队为支持的全员心育模式，全面关注每一位学生的心理发展。

银小以科研为引领，持续推进心理健康教育发展。既有学校层面全面推进、全员参与的序列课题引领心育工作，如：国家级课题《小班师生关系优化策略研究与实践》、四川省教育科研资助项目《小班化教育环境下学生个性发展研究》和《儿童"爱的习惯"养成教育研究》；也有国家、省、市级心理课题进行专项研究，还有24个教师微型课题，人人争做研究型教师，专业成长充满活力，全员教师身心更加和谐，助推心理健康教育研究向纵深发展；更有心理专项课题作为心育工作的支撑，如：国家级课题《小班化教育环境下心理健康教育校本教材》和市级课题《"沙盘游戏进课堂"培养儿童良好心理品质的实践研究》等。

（二）践行人文化德育，以课程创设为核心，促进学生身心健康发展

银小深知教师、学生心理健康对教育教学具有积极促进作用，始终将师生的人文关怀纳入学校发展规划纲要，让"尊重生命，彰显个性"的办学理念在人文化德育的实践中落地生根。校园内30人的教室宽敞、温馨、和谐。每一间教室都是心理辅导室，每一位老师都是心育工作者。学生在教师的人文化关怀下，爱学习、会思考、明事理、善创造，呈现出"健康、聪慧、高尚、快乐"的精神风貌。

学校以生为本，遵循学生身心发展规律，坚持科学性与实效性相结合；发展、预防和危机干预相结合；面向全体学生和关注个别差异相结合；教师主导性与学生主体性相结合的原则，充分利用小班化教育优势，形成了完善的心理健康教育课程体系，如右图：

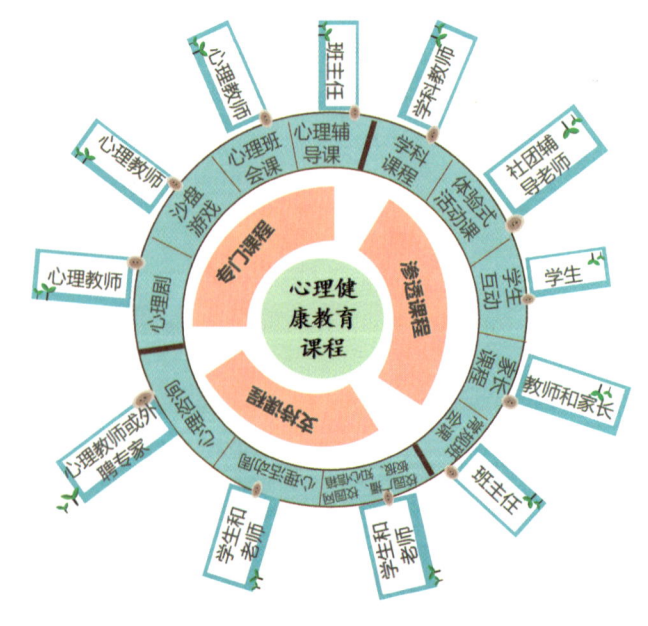

银小心理健康教育课程图谱

学校首创的每班30个抽屉式小沙盘的"沙盘进课堂"特色课程，突破了传统沙游仅用于个体咨询，创造性地恰当、有效地迁移进课堂教学，让每个学生都能在课堂上使用沙盘，发挥想象力、创造力，增进师生、生生以及学生自我的沟通与了解，从而有效地促进每位学生的身心发展。

银小"沙盘进课堂"特色课程

（三）注重以文化人，凸显班级心育文化，促进师生个性发展

银小在班集体建设中注重以文化人。教师充分发挥自身优势，结合学生特点自觉落实、主动选择心理健康教育活动。遵循儿童成长规律，学校通过环境文化、制度文化和精神文化的个性化创设，班级文化呈现出低段儿童化、中段规范化、高段自主化的特点，让学生在班级制度中受到感染与导向、规训与内化，从而形成和谐的班级；做到班级管理精细化、习惯培养循序化、合作交往生活化、心理辅导及时化；对个体的超前关注、及时关注、全面关注促进了学生个性化发展，同时教师个性也得到彰显。

成都师范银都小学专著汇总

	专著名称	出版社	日期	积极心理品质
学校发行专著	银小印象——学校发展与小班化教育	四川教育出版社	2008.8	开放思想 有视野
	小班化教育——课堂教学	四川大学出版社	2009.3	热爱学习 好奇心
	小班化教育——班集体建设	四川大学出版社	2009.3	团队建设 领导力
	小班化教育——爱的故事	四川大学出版社	2011.5	社会智慧 友善 爱
	仁爱育德 泽被生命	四川大学出版社	2015.7	信仰 感恩 爱 谨慎
	小班化教育——体育与艺术教育	四川大学出版社	2020.3	热爱学习 创造力
学生发行专著	福娃使命	成都时代出版社	2008.8	真诚 勇敢 坚持
	古蜀部落历险记	四川科学技术出版社	2012.5	热情 公平 创造力
	牧羊犬亚力	四川少年儿童出版社	2014.6	宽容 爱 希望 勇敢
	云上的孩子	四川少年儿童出版社	2015.10	洞察力 审美 谦虚
	螳螂博士	光明日报出版社	2016.5	勇敢 坚持 友善
	会说话的小布猴	光明日报出版社	2016.5	真诚 友善 幽默
	被风吹响的喇叭	新疆青少年出版社	（略）	好奇心 创造力
	时间旅行者	四川少年儿童出版社	（略）	洞察力 热爱学习
	成长时光	四川少年儿童出版社	2016.11	热爱学习 爱
	和儿子同班	天地出版社	2017.4	好奇心 真诚 爱
	寻	电子科技大学出版社	2018.5	感恩 爱 创造力

三、阳光普照　花开七彩

银小心育在课题研究、课程开发、师生个性化发展方面卓有成效，本土生长出有特色、有新意、有突破的创新境界，师生在个性化发展的滋养中幸福成长。

（一）课题研究显成效，领航心育工作

银小以国家级课题《小班师生关系优化策略研究与实践》引领心育工作，《小班化教育环境下小学生个性发展研究》获得四川省人民政府教学成果二等奖，四川省教育科研资助项目《儿童"爱的习惯"养成教育研究》获四川省教育厅优秀成果二等奖，《小班化教育环境下心理健康教育校本教材》获全国一等奖，市级课题《"沙盘游戏进课堂"培养儿童良好心理品质的实践研究》获成都市科研课题阶段评选优秀成果奖。

银小心理老师在成都市心理教研活动中展示沙盘游戏课"放松与减压"

（二）课程开发重实效，普照心育领域

银小心育课程的开发历来注重实效，体现出体系化、有梯度、高颜值、重创新、有特色。课程主题内容丰富，包括：积极心理、危机预防、疫情辅导、家庭教育、理财教育、感恩教育、品德与思想教育。

教师	主题	主要类型	心理支撑	年段建议
刘　桂	植物标本制作	动手制作+图文赏析	园艺疗法	学前班
王秀萍	"蛋"定时刻	静心游戏	专注训练	一二年级
裘　索	居家生活　居家学习	《虫子》绘本	学会断舍离	
刘惠玲	自我鼓励　健脑健心	照镜子+手指运动	心理暗示	三四年级
刘　桂	居家园艺　趣乐多多	动手制作+图文赏学	园艺疗法	
李慧娟	尊重自然崇尚科学	科学知识+《星月》绘本	消除恐惧和偏见	五六年级
冰　洁	青蛙与时间大盗	（纯音频）时间管理方法	时间管理	
李慧娟	安全岛指导语	（纯音频）冥想训练	冥想训练	
廖晓莉	亲子游戏　趣味多多	亲子游戏指导+游戏类型推荐	亲子关系	家长及五六年级

银小还注重顺应时势，疫情期及时推出"自强心理课程"，九辑齐发，作为菜单式自选课程，让空中学习充满了质感；银小还汇编了校本课程集《银悦心理 向阳花开》，全出自本校公开课、示范课、赛课等高品质作品共三册60篇。

每学期末的考前辅导课程也"五花八门"：国旗下心理调适的宣讲，各班考前策略的推

广，校园心理剧的展演，全校拓展游戏、师生共创心理健康操等。银悦心理、银杉健美操、银晓合唱团三大社团联合推出改编歌舞《坏心情走开》作为心理健康操，风靡全校师生，让考前放松技巧躲在歌词里，藏在动作中，师生边唱边跳，好心情自然来。

银小心理剧《体胖心宽》获成都市校园心理剧大赛一等奖及四川省电视台"春蚕提名奖"

《爱跳舞的阳光少年》彰显银小学子积极向上的个性化发展势态

（三）师生发展个性化，全域花开七彩

20年的全域育心，银小学生身体健康、心态向阳。他们爱生活、爱学习，自信从容地面对各项挑战。他们爱学校、爱老师、爱同学，校园就是温馨的家。他们积极向上悦纳自己，在银小教育沃土上全面而有个性地发展，实现生命成长、花开七彩。

银小教师积极阳光，以饱满的热情教书育人，真诚关护每一个孩子，自身也得到个性化发展。心理组教师各有建树，先后承担参加区、市、省、国家级培训主讲。老师们以赛促教，区、市、省、国家级赛课获奖项达30人次。全校教师获奖或发表论文近700篇，其中心理论文60篇。

银小先后承办了6次全区示范活动，4次全国成果交流，10次省外考察团专题讲座，接待省市学校考察参观数十次。省市电视台等多家媒体为银小心理健康教育工作多次做专题报道。

未来的银小将继续发挥着全国中小学心理健康教育特色学校的示范引领作用，"尊重生命，彰显个性"，致力于每一个生命的健康成长和个性化发展。

爱满天下　知心而行

◇ 成都市行知小学校

蓉城西，花照壁，有一所植根生活、呵护孩子成长的乐园——成都市行知小学校（以下简称"行知小学"）。学校追寻陶行知先生"爱满天下"的教育理想，以"知己行远，心心相印"为心育理念，注重心育课程创新，把心理健康教育作为落实"立德树人"根本任务的重要内容和路径，成效显著。

成都市行知小学校花照壁校区校门

一、三步规划，引领心育可持续发展

凡事预则立，不预则废。成都市行知小学校坚持规划先行，确立了科学发展的路线图。16年来始终坚持"育人健心"目标，并确立了三个五年发展规划：第一个五年规划以活动、培训为抓手，让师生、家长了解心理健康的重要性，建立心育理念；第二个五年规划以课程为导向，逐步将学校心理健康教育由零散走向规范化，激活心理健康教育活力；第三个五年规划以创新为动力，系统提升心理健康教育内涵，由常态走向项目化。以行政主导、专业指导、家校共育"三轮"驱动方式纵深推进学校心理健康教育的发展，逐步形成具有学校特色的品牌课程。

二、三种方式，构建心育长效机制

（一）全员参与，形成"金字塔"式参与机制

成都市行知小学校目前已形成了校长引领、骨干支撑、全员参与、社会融合机制。作为"塔尖"的校长，积极致力于学校心理健康教育的推进，负责学术引领和教师、家长培训。"塔颈"为10名"健心俱乐部"成员，负责学校心理健康教育的规划、实施、心理疏导等。"塔腰"为44名班主任，按照健心俱乐部列出的年度心育计划，开展心理健康教育，每期至少安排两次班级心育活动。全体科任教师为"塔基"，以学科渗透、加入项目组等方式参与。

（二）自上而下，完善"关心关爱"工作机制

学校行政班子高度重视心育工作的开展，构建"学校—年级—班级"三级工作网络，集结"社会、学校、家长"三方力量成立家校专班，积极制定关心关爱工作方案，明确人员职责分工，细化关心关爱工作流程，实施关心关爱课程，构建完善的关心关爱工作机制。

（三）点面结合，构建"三级"预防机制

学校坚持"预防和发展为主，矫治为辅"的原则，为新生建立心理档案，定期对学生进行心理筛查。根据学校的实际情况，构建了"积极心理教育—早期预防—早期预警—早期干预—严重心理问题干预处置"五级心理教育与预防机制。在积极心理教育的基础上，关注个别差异，根据学生的特点开展多种形式的教育和辅导，系统提高学生的心理健康水平。

三、三大条件，集聚心育运行力量

（一）高标准建阵地

学校按照全国心理健康教育一类学校标准投入建设了功能齐全、温馨美丽的健心俱乐部，占地约260平方米，设有个体辅导室、家庭辅导室、团体心理辅导室、音乐放松室、宣泄室、资源教室、沙盘室及爵士乐室、陶艺室等艺术治疗室。

行知小学心理辅导中心——健心俱乐部内景　　　　行知小学"果果和朋友"心理公开课现场

（二）高水平配师资

健心俱乐部共有专职心理教师2名，兼职心理教师8名，其中4名持有国家三级心理咨询师资格证，2名持有二级心理咨询师资格证。学校另有38名教师持有成都市学校心理辅导员B证，44名教师持有成都市学校心理辅导员C证。另外，学校自2015年起，引入社工团队驻校服务，有效协助和补充学校心理健康教育工作。

（三）高要求提素养

学校以"人人都是心理健康营养师，人人都是家庭教育指导师，人人都是生命成长设计师"为目标，教师培训面达100%，专兼职教师每年培训均超过24学时。

四、"三维"课程，推进心育多元发展

课程建设是学校心理健康教育内涵品质提升的重要因素。行知小学着力开发学生心育课程体系，系统建设"三维"心育课程。

（一）心理健康课，培育智慧心灵

学校根据学生的年龄特点和心理特征制定了心理健康教学计划，研发校本课程集《心灵智慧》。全校44个教学班每周均开设了一节心理课，开课率100%。《心灵智慧》内容涵盖自我认识、学习能力、人际交往、情绪调适、生活和社会适应、生涯规划、性教育以及生命教育等方面。2015年开始，参与中国教育科学研究院"果果和朋友"儿童情绪健康与人际能力发展项目，在低段实施"果果和朋友"课程，帮助学生提升应对负面情绪的能力。课程得到专家、学者的高度认可，受到家长、学生的广泛喜爱。

（二）心理班会课，牵动心心相会

我校以班主任为执教主体，心理班会课为载体，结合班主任工作和班级建设的实际，通过对班级共性的心理问题的解决，以整体提高学生的心理健康水平和心理素质。专职心理教师指导班主任进行教学设计以及课程实施，最后形成可借鉴的心理班会课例。班主任教师多次获得市级心理班会赛课奖项，其中温雪莲老师执教的心理班会课"爱我所爱"，获得成都市第四届中小学心理健康教育活动课优质课一等奖。

行知小学心理绘本剧多次获得成都市校园心理剧大赛一等奖

（三）心理综合实践课，促成心心相连

学校积极探索"心理综合实践课"外延，比如：指导学生将身边故事编写成心理剧、将绘本改编成心理绘本剧，《我的情绪小怪兽》《成长变奏曲》《大脚丫跳芭蕾舞》先后三次获得成都市中小学校园心理剧大赛一等奖；运用表达性艺术疗法开展了"我的情绪需要你看见""心视界"等活动；以园艺活动为媒介，通过园艺活动对学生进行心理训练及教育，促进其成长。这些丰富多彩的形式引入课程中，形成了独具特色的心理综合实践课程。

除了学生的心育课程体系，我们同时还积极构建教师、家长心育课程体系，促进教师、家长关注孩子的心理健康，提升深入理解孩子的能力。

五、三类活动，拓展学校心育实效

（一）扎实开展心理健康教育活动

主题心理活动周：每年的5月25日前后为学校心理活动周。学校会围绕主题开展丰富的学生、教师、家长的相关心育活动，让学生在活动中展示风采、体会成功、释放自我、获得快乐、学会合作、培养自信，如开展了"幸福的味道"活动，让学生发现身边的小幸福；"生命，不一样的色彩"活动，关注身边的"特殊学生"，为自闭症学生举办《星星的孩子画出我世界》的画展；为视障学生举行"敢梦想飞"音乐分享会；为SOS儿童村的学生举办《快乐天使的彩色世界》画展。

特色心理运动会：每年我们会运用团辅技术设计教师、学生的心理运动会，如搭桥过河、背靠背心连心、勇于承担责任、信任之旅、幸福千千结、人体多米诺等让全体师生在活动中放松身心，促进人与人之间的沟通和同学彼此之间的情感交流，提升团队合作能力，养成阳光乐观的心理。

行知小学丰富多彩的心理健康教育活动

多彩心理专题活动：我们开展了爱的孕育、口足画家、生生不息、护蛋行动、给蛋宝宝做个家等专题活动，学生在活动中体验生命的珍贵，发现自我的价值。

（二）创新开展"德心结合"心理主题活动

学校还结合社会主义核心价值观教育、中华优秀传统文化教育等主题教育从学校到班级，举行了一系列活动，比如每周升旗仪式的"红领巾颂祖国"班级风采展示，融合了全纳教育的"唱响家国情共筑行知梦"红歌会、"花照绿道行，最忆是初心"绿道活动、"你笑起来真好看"心理活动操等。通过这些活动的开展，探索育德育心、德心结合、育心养德之路径。

（三）积极探索"信息化+心理健康教育"模式

学校充分利用网络媒体拓展心育活动路径。在疫情期间，学校通过问卷星进行了全校师生小调查，了解大家的情绪状态和心理变化，积极通过学校微信公众号、班级群发布了护"心"战"疫"，"心理能量加油站"等系列推文，开展了"妙音呵护我的心""时间都去哪里了"等线上活动，以此方式缓解学生和家长紧张、焦虑等负面情绪。

作为全国首批中小学心理健康教育特色学校的行知小学，一支积极向上、大气包容、乐业敬业的教师队伍已经形成，一群快乐、健康的儿童已成长起来，家长们也在心育的氛围下提升了生命品质。未来我们将继续追求并实践行知人的愿景：让众人都拥有追求幸福的能力和技术，能使自己变得更快乐更健康，拥有一段激动人心、硕果累累的成长历程，有智慧、有能力去体验生命的丰盛。

知己行远，心心相印！

知心育人 幸福成长

◇ 成都市成华实验小学校

成都市成华实验小学创办于2000年，是成都市优质名校集团龙头学校，先后荣获全国心理健康教育特色学校、全国语言文字示范学校、全国少儿足球特色学校、四川省实验教学示范校、四川省阳光体育示范学校、成都市艺术教育特色学校等荣誉称号。

学校从建校开始就以"知心育人，幸福成长"为办学理念，以"做阳光少年，享成长快乐"为培养目标，以内涵发展、特色发展为实践路径，坚持"全人、全纳、共生、共赢"的基本主张。

成华实验小学校门

学校心育在积极心理学理论指导下，在学校、家庭与社会有效协同下，在了解学生身心发展规律的基础上，合理优化教学资源，恰当选择教育教学方法，坚持实践探索"知心教育"，促进学生心理健康发展，提高学生学习、实践与创新能力。

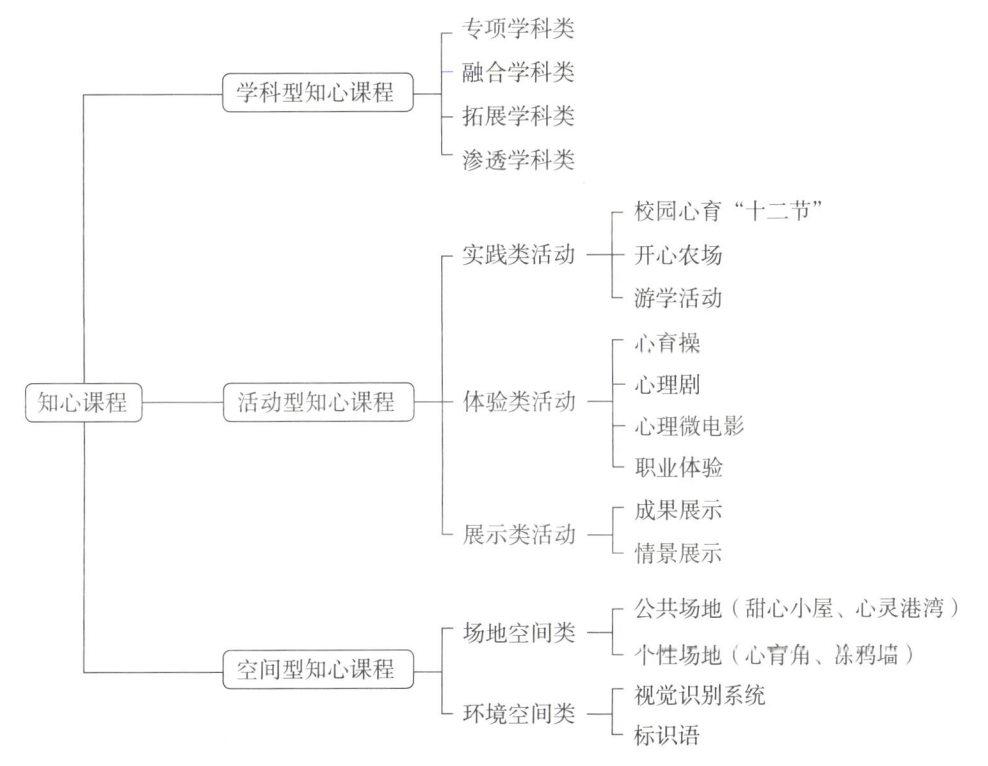

知心课程
- 学科型知心课程
  - 专项学科类
  - 融合学科类
  - 拓展学科类
  - 渗透学科类
- 活动型知心课程
  - 实践类活动
    - 校园心育"十二节"
    - 开心农场
    - 游学活动
  - 体验类活动
    - 心育操
    - 心理剧
    - 心理微电影
    - 职业体验
  - 展示类活动
    - 成果展示
    - 情景展示
- 空间型知心课程
  - 场地空间类
    - 公共场地（甜心小屋、心灵港湾）
    - 个性场地（心育角、涂鸦墙）
  - 环境空间类
    - 视觉识别系统
    - 标识语

成华实验小学"知心课程"框架体系

一、"知心教育"有滋有味

（一）建构促进学生心理素质发展的"知心课程"体系

针对以往小学心理健康教育课程系统性不强，难以满足学生心理素质培养的现实问题，学校把心理健康教育融入学科教学与学生日常生活活动中，构建由学科型知心课程、活动型知心课程、空间型知心课程组成的"知心课程"体系，为学生心理素质优化发展提供有力的学校课程支撑。

（二）建构"知心课堂"实践模型

针对学科育心课堂动力与活力不足、学生潜能开发和心智能力培育薄弱等问题，学校在课堂教学中把"立心铸魂，启智润心"作为突破育心难题和现实困境的核心价值与发力点，建设"识心""入心""悦心"三重境界，围绕教师、学生、教学内容、教学方式、教学评价五要素分别提出措施，形成践行"知心课程"的"知心课堂"实践模型，使课堂在优质高效地培育学生心理素质的同时，激发课堂动力与活力，促进学生学习力、创造力和精神生长力的优质生长，实现课堂的学科育人价值。

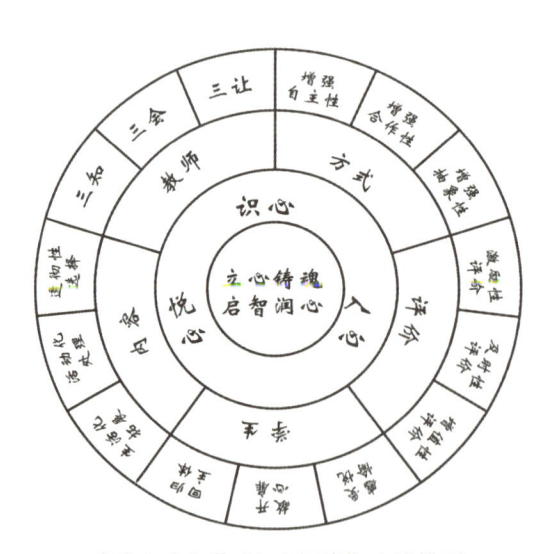

成华实验小学丰富多样的"知心课程"课堂

成华实验小学"知心课堂"实践模型

（三）创建"学生心理素质"和"知心课堂"评价量表

学生心理素质评价是制约学校心理教育发展的一道学术性和实践性难题。长期以来，学生评价以终结性学业考试评价为主，缺乏聚焦心理素质发展的评价，难以通过评价有效促进学生心理素质发展。学校自主制定了"学生心理素质评价量表"和"知心课堂"评价表，据此对标展开阶段性的学生心理素质评价和凸显心理要素的课堂教学评价，促进学生心理素质发展与课堂育心水平。

成华实验小学学生心理素质评价量表（部分）

维度	行为	自己评	同学评	教师评
认知维度	元认知： 1. 你提问了吗？——在每科的学习中提出不同的问题 2. 你准时了吗？——在阅读、做题时，关注时间，调整阅读、做题节奏 3. 加油！我一定能认真完成！——做题时，告诉自己认真仔细 4. 我会检查啦！——做完题后，认真检查 5. 预习一点也不难。——做好各学科的预习 创造性： 6. 我会让自己放松！——调整心情，让自己在放松的状态中学习 7. 我再想想办法！——对不同的问题我要运用不同的方法解决 8. 我是这样思考的。——思考问题时，将思考的过程写下来 9. 我会变废为宝！——每月一次废物改造 10. 我有奇思妙想！——每天写出一个千奇百怪的想法			

（四）建构"知心课程"的教师培育课程

学校从理论导引、问题研究、案例分享、文化滋养四个方面，构建知心教师培育课程，建立分类实施、沙龙碰撞、情景体验等路径，加强同理接纳、角色扮演、辨明优势、行为宽容、幸福体验等教师心理教育能力培训，为有效实施"知心课程"提供了坚强的力量保障。

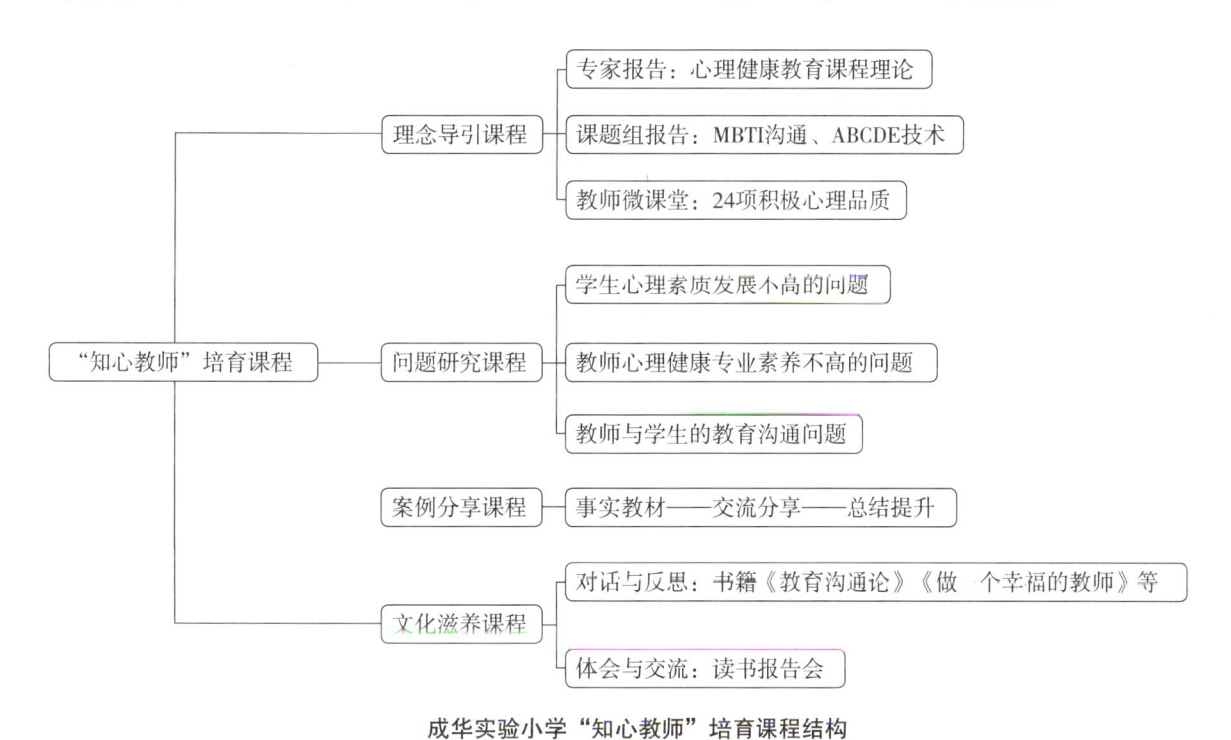

"知心教师"培育课程
- 理念导引课程
  - 专家报告：心理健康教育课程理论
  - 课题组报告：MBTI沟通、ABCDE技术
  - 教师微课堂：24项积极心理品质
- 问题研究课程
  - 学生心理素质发展不高的问题
  - 教师心理健康专业素养不高的问题
  - 教师与学生的教育沟通问题
- 案例分享课程
  - 事实教材——交流分享——总结提升
- 文化滋养课程
  - 对话与反思：书籍《教育沟通论》《做 个幸福的教师》等
  - 体会与交流：读书报告会

成华实验小学"知心教师"培育课程结构

二、"知心教育"有声有色

（一）走出校外交流

2010年至今，学校在全国中小学生命教育年会、四川省小学教育教学改革共同体第二十届校长论坛、成都市心理健康教育特色学校成果推广现场会、成都市综合实践活动课程专题教研

活动、成都市心理剧研讨活动、成都市心理健康教育现场会等10余次活动中进行成果交流。

（二）接待到访学习

学校先后接待智利、英国等国际参观团，北京、上海、台湾、香港、广州、深圳、青岛、重庆等国内参观团，以及德阳、大邑、泸定、九寨沟等省内参观团，合计50余个教育考察团到校考察与学习。英国巴顿山学院老师到校参观后给予高度赞誉："我们感受到这所小学浓厚的心育文化，孩子们爽朗的笑声与灿烂的笑容给我们留下了深刻的印象。"

成华实验小学每年一度的"学校心育节"

（三）建立实践基地

学校研究成果先后在重庆市荣昌区联升小学、重庆市荣昌区盘龙镇第二中心小学、广西壮族自治区梧州市苍海小学、海南省海口市琼山第十二小学、攀枝花市仁和区东风小学、遂宁市中区晓兰希望小学、凉山州昭觉县大坝乡中心小学等20余所学校进行了一至八年的推广，其中区内的一所小学从建校开始就推广"知心课程"，促使学校快速发展成为市区新优质学校。

三、"知心教育"有花有果

（一）奠基学生终身发展

1. 学生心理健康发展

"中国中小学生积极心理品质量表"测评表明，认知、情感、人际等六大维度高于全国常模0.84以上。在2018、2019年学习潜能检测中，学生以111.7、110.9分居全区第一。

2. 学生全面发展

学校学生不仅学习成绩长期在成华区名列前茅，而且个性发展良好。13年来，获市级以上奖励1828项（国际6项、国家级509项、省级571项、市级742项）。曾赴悉尼歌剧院、央视少儿春晚、第六届中国诗歌晚会演出。毕业生获四川省理科高考状元、"非常6+1"四川总冠军、

"全国快乐童声"季军、全国小梅花十佳奖、美国总统人文艺术奖等。

（二）锻造优秀教师团队

通过知心课程的建构与实践，教师的育心意识增强，教师在积极心理学的引领下，利用知心小屋、心育角等个性化场地来缓解学生成长中的压力和困惑，采用多样化的心理教育技术激发学生的生命活力，在这个过程中教师的育心能力得到明显提升。促进了教师心理素质发展，进而提升了教师的综合素质。学校教师获得了快速、高质量发展，78名教师成为区级以上骨干教师，16名教师成为市、区学科带头人。13年来，获得省级以上的奖项102项，市级282项，区级656项，有85人次在区级以上赛课中获奖，有42篇论文在《基础教育参考》《中国德育》等刊物发表。一批教师曾到美国、文莱及中国香港任教，均获好评。

成华实验小学"脑科学与教育"核心学习力测评

（三）推动学校高质量发展

《中国教育报》进行了《坚守知心教育，守望幸福成长》的报道，《让教育的种子在心灵深处萌芽生长》作为四川省典型案例编入公开发行的《走向高品质学校实践案例篇》；《中国文明网》《华西都市报》《成都商报》《成都日报》《四川文明网》《四川教育新闻网》、四川电视台、成都电视台等多家媒体报道学校"知心课程"相关活动。《中国德育》《教育科学论坛》《四川教育》《爱书法》等教育杂志多次刊载学校的"知心"成果。中国心理学会副理事长兼心理学会教学工作委员会主任、西南大学教授、当代心理学家黄希庭给予高度评价："促进小学生心理健康发展的'知心教育'实践探索，为小学开展心理健康教育提供了有益的

成都市心理健康教育特色校成果推广现场会在成华实验小学召开

探索和较好的样例，为我国心理健康教育的实践重构提供了一个重要启示"。当代教育名家顾明远先生到校听了学校"知心教育"汇报后，欣然写下"爱，是信任，是理解，是沟通，是用心灵塑造心灵"……美国著名心理学家、俄勒冈大学教授朱利安·泰普林来校考察时，盛赞学校"心育氛围浓郁、心育特色鲜明"。

学校的心理教育特色得到优质彰显，知心教师开启了学校育人方式变革，实现学校高质量发展之路。以心理健康教育特色开辟知心课程的建构，推动立德树人，五育并举的高品质学校发展。学校获得全国心理健康教育特色学校等15项省部级及以上荣誉，成都市心理健康教育特色学校、成都市"脑科学与教育试点学校"等36项市级荣誉称号，区德育先进集体等80余项区级荣誉称号。

成华实验小学将继续探索"知心育人"的心理健康教育实践，不断发挥全国心理健康教育特色学校的示范、引领作用，为优教成都贡献力量。

四川省中小学心理健康教育特色学校

传承文翁精神　创新"三生心育"

◇　四川省成都市石室中学

文翁化蜀，润泽千年。四川省成都市石室中学（成都四中）（以下简称石室中学）是我国地方政府创办的第一所学校。自西汉景帝末年（公元前141年）蜀郡太守文翁创建"石室精舍"始，迄今已有两千多年的历史。时任蜀郡太守文翁深感蜀地偏远仍有蛮夷之风，便"立文学精舍讲堂作石室"，大兴教化。从此，巴蜀学术文化勃然兴起，人才辈出，比肩齐鲁中原。

成都石室中学校门

开教育风气的文翁石室，纵然时局艰难，社会动荡，时移世易，仍弦歌不辍，薪火相传，生生不息。虽校名多次更改，校址从未变动，被世界誉为具有"中国标本"意义的"千年名校"。千百年来，文翁石室培养了一大批杰出的人才。古代有司马相如、扬雄等，近代有彭端淑、刘光第、郭沫若等，当代有钟山、沙国河、陈懋章等，他们如同璀璨星辰，映照四方。季羡林先生为石室中学题词"古今一校，扬辉千秋"，正是对文翁石室无可替代的特殊地位和影响力的最好概括。

一、特色工作理念——三生心育 助力成长

近年来，在"继承优良传统，打好素质基础，培养创造能力"的办学思想引领下，学校确立了"追求品质卓越，实现高位引领，创建有中国特色的世界领航中学"的办学目标，提出了"培养有家国情怀与世界格局的领军人才"的学生培养目标。学校多年来坚持大德育观，始终把德智体美劳全面发展作为学生培养的方向，将"立德树人、育人育心"作为德育工作的目标，形成了教书育人、活动育人、环境育人全方位育人模式。

学校心理教育工作坚持专业发展，不断锐意创新，与时俱进，树立了"三生心育，为学生幸福成长助力"的工作理念，确立了"三生"工作内容，构建了"三体"工作模式，力求为学生营造有深度的生命教育、有温度的生活教育、有宽度的生涯教育，提升生命价值感、生活幸福感、生涯掌控感，促进学生成人成才。

二、特色工作模式——三体合一 齐心聚力

（一）自上而下的"整体"构架

石室中学历来重视心理健康教育工作，是成都市乃至四川省较早有专岗专人开展心理教育工作的中学之一。学校自1993年成立心理健康教育工作小组，并纳入德育工作体系；2000年开设心理健康教育课程并纳入学校校本必修课程体系；2002年成立心理备课组，开设心理必修课程和选修课程；2005年开展生命教育特色心育，2011年成立石室中学心理教育中心，2015年起将生涯教育纳入学校心育工作体系。2019年石室中学北湖校区心理教育中心正式扩建完成。20多年来，学校心理教育工作形成了课程建设为基础，活动开展为载体，课题研究为导向，特色发展为核心的工作思路和工作机制。

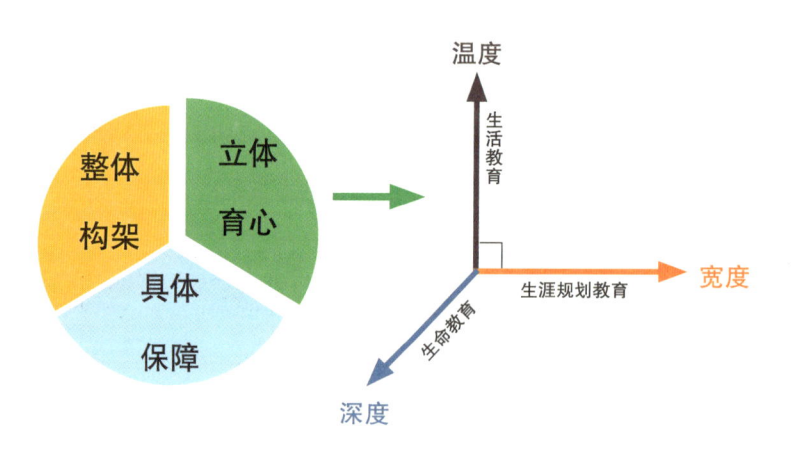

成都石室中学"三体"工作模式和"三生"教育内容

（二）各级联动的"具体"保障

石室中学文庙、北湖两校区均建有心理教育中心，面积共1050平方米，功能室共计17间，内部环境舒适温馨，配备多项专业设施，提供1000余册心理书籍供师生借阅，由专兼职心理教师轮流值守，运行有序。每周开放值班45小时，保障全校师生需要。

成都石室中学心理教育中心

学校组建了一支由学生发展中心干部、心理教育中心专职教师以及全体班主任组成的心理健康教育队伍，将心理健康教育列入学校师资培训内容，建立起全员心育机制。两校区现有学生4700余名，有专职心理教师6名，其中硕士学历4人，高级教师2人，全部持有国家二、三级心理咨询师证书和生涯规划师等专业证书，其中4人参培成都市学校心理辅导员A证。全校100多名老师参培成都市心理辅导员B、C证，班主任做到持证上岗。

学校现开设有初一、初二、初三和高一每周1节心理必修课，初一、高一每学期16节心理选修课，初三、高三年级分层分班开展心理团体辅导活动，做到年年有课程、人人有活动，班班有导师。

心理教育中心严格遵守职业规范，为学生提供心理辅导服务，坚持通过面谈、电话、网络等方式开展形式多样的个体咨询。心理教育中心建立心理危机干预制度，预防心理危机事件的发生；建立心理普查制度，通过专业心理测评手段，全面掌握新生心理健康状况，完善学生个人心理健康档案；建立心理安全员制度，对各班心理安全员进行系统培训，旨在及时发现并帮助学生有效处理心理问题。

（三）多维渗透的"立体"心育

1. 以生命教育为基础，挖掘心育的"深度"

以科研活动和学科渗透为依托，学校构建了"三维生命教育"理论体系，通过"两课"（心理活动课、心理班会课）实施生命教育，内容包括认识生命过程、感受生命美好和探索生命意义等,让学生对生命进行"活着、活好、活出价值"的深层次领悟,强化生命的存在感,提升生命的价值感。

2. 以生活教育为核心,营造心育的"温度"

将校内学习和校外实践相结合,学校开展了针对初、高中六个年级学生和家长全方位、全覆盖的生活教育,内容包括适应环境、自我认识、情绪管理、人际沟通、高效学习及青春期性教育等。课程设计的范围包罗万象,课堂展示的内容精彩纷呈,学生能够从中发现生活之美,感受生活之丰,提升心理幸福感。

3. 以生涯教育为导向,拓展心育的"宽度"

以生涯课程引领和学科课程渗透为契机,学校将生涯意识、自我探索、生涯准备、专业调研、职业探索和生涯决策六个方面的内容贯穿中学六年,开展系统的生涯规划教育课程,旨在启发学生生涯意识,提升自我生涯规划能力。开展多样化的生涯规划社会实践活动,帮助学生认识职业环境;举办各行各业专家讲座,帮助学生了解职业前景;组织高校实地参观访谈,帮助学生明确升学规划。心理教育中心还坚持对有需要的学生进行一对一生涯辅导,帮助学生了解自己的能力优势和个性特征,做出适合自己的学业、专业和职业发展选择,找准发展方向,提高生涯掌控感,成为有能力追求幸福的人。

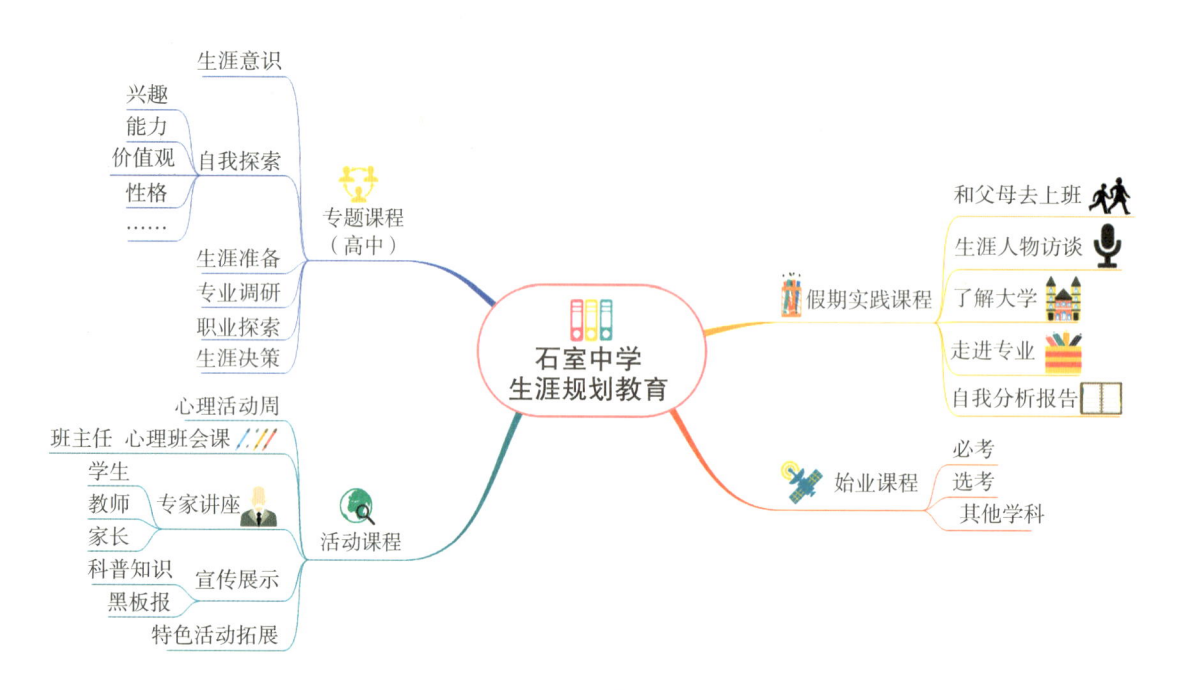

成都石室中学生涯教育课程框架

三、特色心育成果——播种幸福理念 铸就卓越人生

(一)从课题研究出发,优化育人目标

学校先后开展《中学生命教育实践与研究》《普通高中中学生生涯规划教育课程建设及实践研究》《新冠肺炎疫情下学生学业情绪与职业价值观的调查研究》和《普通高中开展心理健康特色班级活动的实践研究》等五个省级、市级课题的研究,其中《中学生命教育的实践与研究》被评为全国优秀教育科研成果一等奖、四川省第四届普教教育教学成果一等奖。教师在课题研究中科研水平不断提升,有30余篇心育论文获四川省、成都市优秀心育成果评选一、二等奖。

（二）从课程建设出发，完善育人内容

学校始终将课堂作为心育工作主阵地，将课程研发作为心育工作的落脚点。多年来，坚持教研组指导下的学科专业发展模式，备课组围绕学情开展教学研讨，定期组织研究课，积极承担展示课，鼓励原创设计，提倡团队合作，注重成果固化。备课组在2010年组织编写校本心理课程教材《心理学与我们的生活》，2017年又组织编写校本心理课程教材《遇见人生——石室中学生涯规划教育》，2015年和2019年学校受邀参加四川省普通高中地方课程教材《心理健康与生涯规划》的编写工作，原创教学设计有5篇入选。其中杜永丽、苏洋、宋玥和高丽君老师先后获得成都市和四川省心理健康教育赛课一等奖，并多次承担省、市级示范课展示及教师培训主讲工作。

（三）从氛围营造出发，拓展育人方式

校园文化建设注重心育渗透，校园活动开展体现心育特色。校级心理社团20年来持续运行，在心理教师的指导下，学生自发组织丰富多彩的社团活动。学校专门开设心理橱窗，宣传心理健康知识，并在校园电视台、校园网和公众号等平台上展示心理健康教育内容，充分营造温馨的心育环境；定期举办"5.25"心理健康活动周、职业梦想秀、生涯规划团体辅导等特色活动；积极参与校园心理剧大赛，其中师生原创心理剧作品《单翼的翅膀》《繁星点点》和《寻·她》均获成都市校园心理剧评选一等奖，并参加市级展演。

成都石室中学特色心育活动

石室中学先后被评为成都市首批心理健康教育实验学校、成都市首批心理健康教育特色学校、四川省首批心理健康教育特色学校。20多年来，学校心理健康教育工作扎实推进，成效显著，成果丰硕。我们将继往开来，积极进取，传承文翁精神，创新"三生心育"，为学生的幸福成长助力，为学生的卓越发展奠基。

培育积极心理品质　塑造坚韧创新人格

◇ 四川省成都市第七中学

四川省成都市第七中学（成都中学）（以下简称成都七中）始建于1905年，是一所全国著名并具有一定国际影响力的全日制完全中学，是基础教育改革的一面先锋旗帜。学校在学生综合素质培养、课程改革、拔尖创新人才基础培养、推进教育现代化和国际化等方面成果卓著。成都七中现有林荫和高新两个校区，学校以突出的办学成绩和良好的社会声誉先后获得全国"五一劳动奖状""全国教育系统先进集体"、首批"全国科技教育创新十佳学校"、教育部"拔尖创新人才培养基地学校"、首批"全国文明校园"、团中央"全国中学生志愿服务示范学校"等多项荣誉和称号。成都七中秉承"启迪有方，治学严谨，爱生育人"的办学传统，凝练出了"以人为本，重在发展"为核心的"三体"教育思想，确立了"建设为拔尖创新人才和领军人才奠基的卓越高中"的办学目标、"人文滋养，个性成长"的育人价值追求及"全球视野，中国脊梁"的培养目标。

成都七中林荫校区校门

一、心育理念：培育积极心理品质，塑造坚韧创新人格

成都七中在"全员育心、四心一体、三级指导"工作机制下开展"表达性艺术疗法"的特色心育，致力于实现"培育积极心理品质，塑造坚韧创新人格"的心理健康教育目标。学校从1997年开始开展心理健康教育工作，经过20多年的发展，学校被评为首批省级心理健康教育特色学校、四川省第一批心理健康实验校，曾两次被评为"成都市示范家长学校"，是全省最早的心理健康教育窗口学校之一。

学校有三大心育特色："表达性艺术疗法"心理团辅的学校心育特色教学模式；资优生积极心理和创新思维培养研究；整合八大资源，汇聚全面心育合力。

成都七中学生发展中心

二、心育工作机制：全员育心，四心一体

（一）"全员育心"的成长导师工作机制

学校高度重视心理健康教育，通过组织架构的设立，促进提出"全员育心"目标的达成，通过学校心理健康教育委员会的顶层设计，在教育教学活动中培养"全员育心"的意识和能力。学生发展中心通过教师沙龙、"心理学+"的学科融合、"表达性艺术疗法"的"1+12"心理团辅模式推动心育的专业性发展。

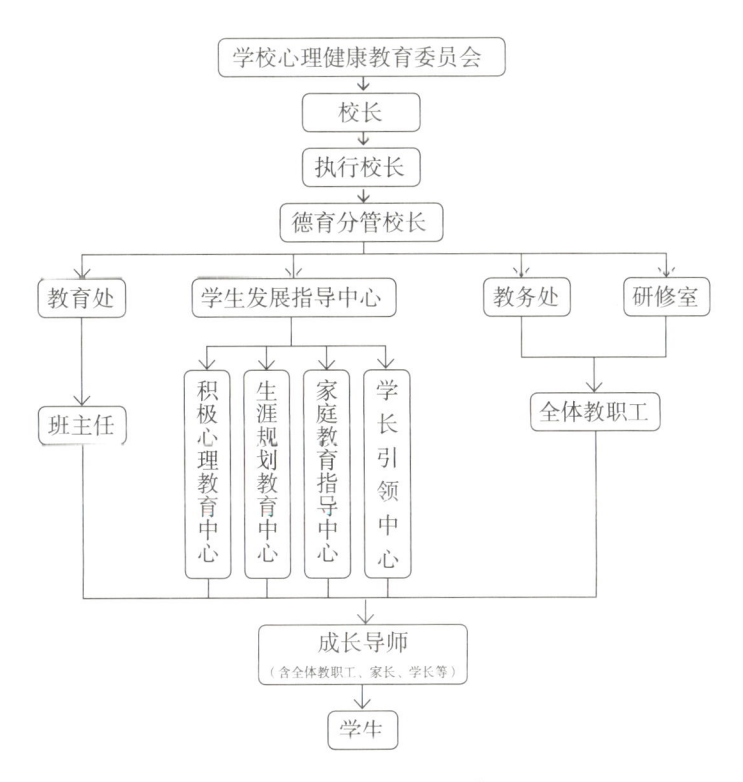

成都七中心育组织架构

（二）"四心一体"的工作机构

经历多年的思考与改革，在学校心育委员会的指导下，形成了"四心一体"模型的工作机构，创立积极心理教育中心、生涯规划教育中心、家庭教育指导中心和学长引领指导中心，加强家校共育和同辈互动，全面培育学生积极品质，塑造坚韧创新人格。

三、心育体系：覆盖整体，全面关护

（一）"三级内容体系"：覆盖整体、关注个体

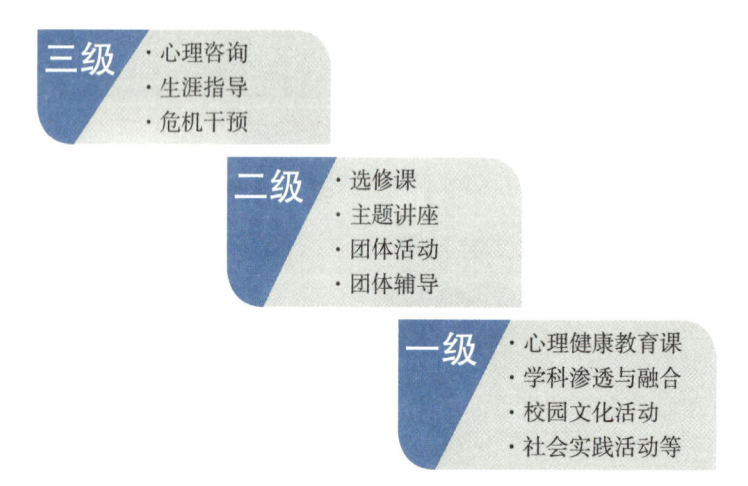

三级
- 心理咨询
- 生涯指导
- 危机干预

二级
- 选修课
- 主题讲座
- 团体活动
- 团体辅导

一级
- 心理健康教育课
- 学科渗透与融合
- 校园文化活动
- 社会实践活动等

成都七中心育"三级"指导模型

根据学生心理发展规律的不同，为了兼顾普适性和个别性，学校实施三级指导体系。一级面向全体学生开展发展性心育活动，进行普识教育；二级面向部分学生，学生根据其特殊的成长需要，有选择性地参与心育活动；三级面向个别学生，有针对性地深入解决个别学生的困惑和问题。

（二）"六级课程体系"：层次分明，内容丰富

心理健康教育课堂是心理学科教师的主阵地，心理健康教育课程是传播心理学理念与方法的重要依托。按照《纲要实施意见》，学校根据不同年级学生的年龄特点和心理需求，开设了完备心理健康教育活动课，形成从初一到高三心理健康教育"六级课程体系"，解决不同阶段学生发展性的心育任务。

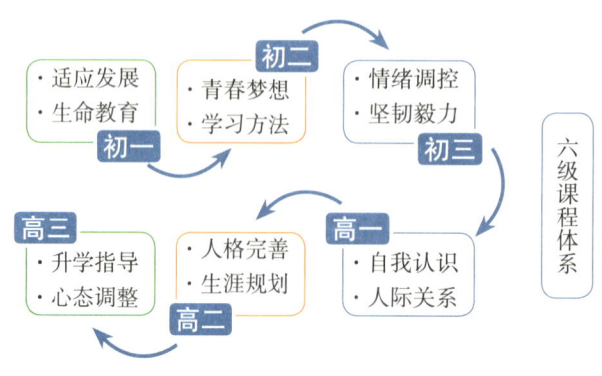

初一：适应发展、生命教育
初二：青春梦想、学习方法
初三：情绪调控、坚韧毅力
高一：自我认识、人际关系
高二：人格完善、生涯规划
高三：升学指导、心态调整

成都七中心育六级课程体系

（三）"六级"家长学校体系

学校重视家校共育，家长学校从1999年举办至今已有20届，研发出6个年级的"六级"家长学校体系。每学年举办讲座约32次，家长沙龙约5次，接待家长咨询约70余次。学校聘请四川大学华西医院、西南民族大学、西华师范大学等家庭教育专家成立家长学校专家组，全面参与学校家长学校工作。从1998年至今已印发《心理视界》简报共65期，并编写家长读本《和孩子一起成长》，曾两次被评为"成都市示范家长学校"，心理老师被聘为成都市妇联家庭教育指导专家。

四、心育特色：守正创新，特色鲜明

（一）以"表达性艺术疗法"心理团辅推动积极心理教育、青春期教育、生涯教育三大特色课程体系

1. 创立"1+12"心理团辅的教学模式

为了克服心理教师力量不足和班级授课制的局限，最大限度地因材施教，关注到每一个学生的心理状态和心理需要，学校于2007年创立了"1+12"（1位专业心理老师+12名左右学生，每班分成4~5个小组行课）师生成长心育教学模式。每年邀请3~4位专业心理咨询师，协助学校2位心理老师开展深度的心理团辅。

成都七中运用"表达性艺术疗法"开展心理团辅

学校心育课程以"表达性艺术疗法"为理论依据，通过沙盘、绘画、卡牌、团体游戏、舞动、鼓圈、戏剧等形式开展多样化教学，每个班级开展每周一次的心理成长团辅，关注自我认识、情绪管理、适应、优势能力、支持系统、人际交往、边界冲突、考试焦虑、目标管理、生涯规划、家庭沟通等主题。其中，2017年开展"联动式生涯教育"心理团辅；2018年以积极心理资本提升（心理资本四要素：自信、坚韧、希望、乐观）为主题开展"表达性艺术"心理团辅；2019年开展"身心舞动"心理团辅；2020年开展"人际关系"心理团辅。学校的心理团辅数量达90多个，促进了学生心理健康水平和导师心育水平的提高，参与学生认可度达91%。

2. 开展积极心理教育、青春期教育、生涯教育三大特色课程体系

为培养拔尖创新领军人才，学校明确了"塑造坚韧创新人格，培育积极心理品质"的心育目标，以"表达性艺术疗法"为理论依据，推进积极心理学、青春期心理学、生涯教育的三大心育课程，进一步打造适合成都七中学生特点的高效、专业课程。

成都七中心育特色课程

- **青春期课程**
  - 青春期必修课程
  - 青春期心理社团
  - 青春期讲座
  - 青春期校本读本

- **积极心理学课程**
  - 积极心理课
  - 积极心理社团
  - 积极心理校本读本

- **生涯规划教育课程**
  - 生涯课堂教学
    - 开学 —— 生涯规划课
    - 升学指导 —— 学科渗透课、生涯测试、高一大衔接、专家讲座
    - 职业规则 —— 职业体验
    - 人生规划 —— 校园活动、校本课程
  - 生涯实践活动

成都七中心育三大特色课程体系

（二）资优生积极心理和创新思维培养研究

成都七中属于普通高中里的学术高中，承担着为国家培养英才的任务。七中学生的人生内涵，不仅要为自己，还要为国家的强盛，为民族的复兴，为人类社会的进步而奋斗。成都七中要培养有责任感的，有独立人格的，有思想的学生。

为此，学校积极开展资优生积极心理培养研究、学生创新思维培养研究。学校创设创新实验班，寒暑假开展创新冬令营和夏令营，并联合积极心理中心探索成都七中学生群体独特的心理特质，如人格特质、认知方式、学习方法、家庭教育等方面，发现资优生的成长规律；研究拔尖创新人才和领军人物需要具备的心理品质，发掘培养拔尖创新人才的途径和方法，以培养资优生积极心理品质和坚毅人格。2015年至今，学校已经成功举办了三届"成都七中资优生家校共育论坛"。

（三）整合八大资源，汇聚全面心育合力

为落实心育目标，学校整合多方力量：校区力量、校内力量、兄弟学校力量、教育集团力量、家长力量、高校力量、医疗力量及校友力量等八大资源，搭建高平台、多维度的关系网络，形成全面心育的合力。与西南民族大学、四川师范大学等专业机构签订合作协议，与四川大学华西医院精神卫生中心合作，专门为学校学生开设心理危机干预绿色通道。

学校心理健康教育课程整合社会资源，以七中本部心理健康教育为基础，邀请四川师范大学应用心理学系和西南民族大学应用心理学系研究生共同为学生开展"联合动力体系式生涯教育"的心理团辅；以及外聘西华大学、四川师范大学、西南大学等单位教授为学生开展"1+12"心理资本提升课程。整合大学资源，学生立志成才活动根据兴趣走进四川大学、电子科技大学进行专业体验；整合家长资源，学生依兴趣分30余小组到社会各单位进行职业体验；

整合校友力量,成立校友联络办公室;整合校区校内力量,促进心育学科渗透等。

成都七中生涯教育之学生职业体验活动

五、心育科研:成绩斐然,影响深远

学校注重实证和实效,根据学校办学特色和育人目标,大力推动特色课题研究,引领心育水平再上新台阶。

成都七中心育科研课题成果

序号	级别	课题名称	获奖情况
1	国家级	普通高中生学习思维品质的跨学科实践研究	在研
2	国家级	学校心理教育与学生心理辅导研究	省二等奖 市一等奖
3	国家级	高中阶段拔尖创新人才基础培养课程	国家二等奖
4	国家级	高中阶段拔尖创新人才基础培养的课程设计与实施	省一等奖
5	国家级	高中生涯规划教育课程体系建设与应用研究——以成都七中为例	在研
6	省级	探索创新人才培养机制	在研
7	省级	高中建立促进学生身心健康全面发展的长效机制改革试点	在研

学校注重心育成果积累,公开出版1本心理健康教育专著——《高考,心态决定成败》,自编4套校本教材——《和孩子一起成长》《向着幸福出发》《青春旅行》《心理视界》,班主任老师撰写1本心育手记——《倾听爱绽放的声音》,公开发表2篇心理健康教育科研论文——《高三学生考试心态团体辅导的实验研究》和《高三学生的心理辅导策略——基于PERMA理论的分析》。此外,学校教师的30余篇心育论文获国家省市优质心育论文一、二等奖,参编省级普通高中地方课程教材《心理健康教育》《心理健康与生涯规划》。

经历了20多年心理健康教育的实践和探索，在传承优秀经验和做法的基础上，学校心理健康教育再出发，重点推进拔尖创新人才和领军人物心理品质的研究，进一步践行成都七中特色的心理健康教育模式。

育人为本　践行幸福教育

◇ 四川师范大学实验外国语学校

　　四川师范大学实验外国语学校（以下简称川师大实验外国语学校）是一所集小学、初中、高中为一体的十二年一贯制学校，在发展历程中，践行"修身尚善、卓尔不群"的校训精神，追求"培养具有中国情怀和国际视野的世界公民，为孩子的幸福人生奠基"的育人目标，获得中国十佳民办教育先进学校、全国教育改革创新示范校、四川省中小学心理健康特色学校、成都市普通高中优秀学校、成都市民办教育先进集体等荣誉称号。

四川师范大学实验外国语学校校门

一、依托积极心理理念，打造幸福关护体系

　　育人先育德，育德先育心。学校紧紧抓住"心育"这个支点，确立了"以积极心理学为指导，为孩子的幸福人生奠基"的心育理念，面向全体学生，根据学生的身心特点开展心育工作，关注学生的幸福感，塑造学生的积极人格品质，让他们的人生更加幸福、更具有价值和意义。

　　近年来，学校建设了占地近1500平方米的心理健康教育活动基地，包括10间功能室：心理辅导室、沙盘游戏室、情绪疏导室、梦想舞台、心理测量室、团体活动室、心理健康课教室、心理素质拓展活动室、心理剧场、361°书院。同时，打造了"四维一体"的幸福关护体系（幸福课程体系、幸福心育活动、幸福心理辅导、幸福家校共育），形成了幸福心理教育的特色发展，确立心育在学校全面渗透的"四度"（以爱为源，增加德育的温度；以德为先，提升教学的高度；以师为重，拓展科研的广度；以人为本，挖掘管理的深度），实现了心育工作的全员参与和全面渗透。

二、建立四维关护体系，为孩子幸福成长护航

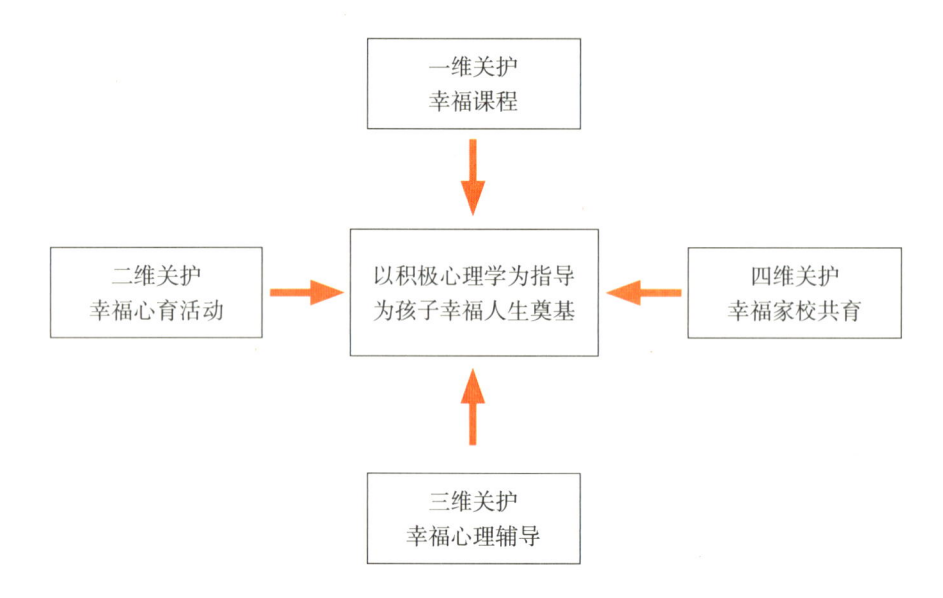

四川师范大学实验外国语学校"四维一体"幸福关护体系

（一）一维关护——构建幸福课程体系，护航学生幸福成长

学校践行"以生为本"的新课程理念，推进课程改革，在开齐国家课程的前提下，开发促进学生学会做人的基本素养、适应社会的基本素质、持续发展的基本能力的"三基"选修课程，并在此基础上，形成了涵盖立德优品、人文积淀、科学探究、艺体修养、综合实践、国际理解六大类别的特色校本课程，打造别具一格的"幸福课程体系"，提升学生综合素质奠基，护航学生幸福成长。

1. 心育必修课程：实现幸福教育全覆盖，引导学生幸福观

幸福课程体系里的心理健康教育必修课程是起始年级全体新生的必修课，以幸福教育为基本服务方向、以积极心理学为统领、以培养幸福品质和心理健康素质为主要任务，旨在引导学生关注心灵成长与幸福。

2. 心育选修课程：丰富学生感官体验，提升主观幸福感

每学期，学校根据各年级情况，在非起始年级开设不同主题的心理选修课，其中人际关系团体训练、团体沙盘游戏、冥想练习等课程深受学生喜爱，同学们深刻地体验到了心理知识的趣味性、与日常生活的相关性，纷纷赞叹心理世界的神秘与奇妙。

心理教师与艺体教师合作，利用学科融合，开设了陶艺课、绘画疗愈课、校园心理剧、舞动体验等活动。在提升学生艺术修养的同时，渗透心理健康教育的精髓；在艺术实践的过程中，实现学生心理的放松、调适和升华。

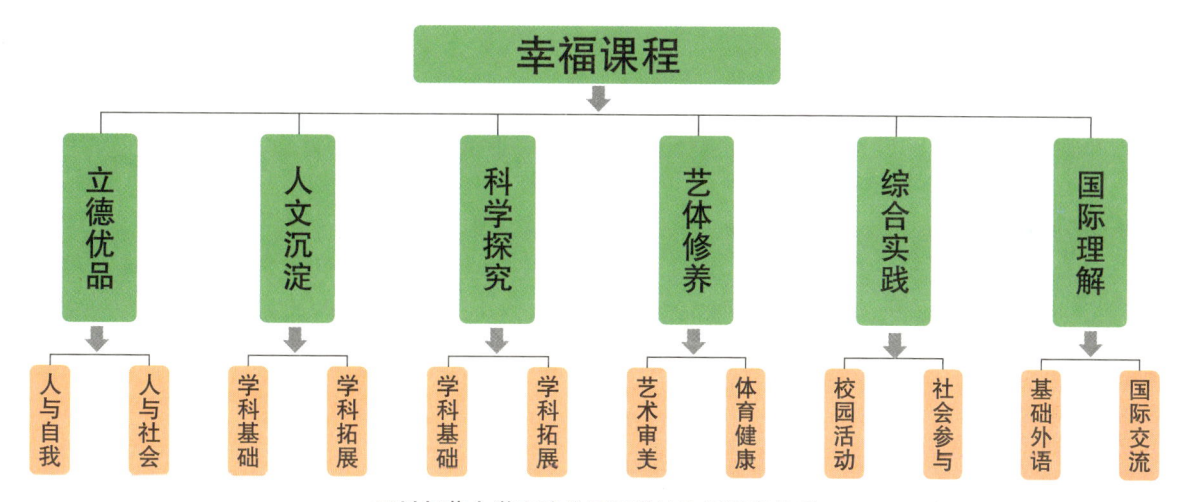

```
                        幸福课程
    ┌──────┬──────┬──────┬──────┬──────┬──────┐
   立德   人文   科学   艺体   综合   国际
   优品   沉淀   探究   修养   实践   理解
   ┌┴┐   ┌┴┐   ┌┴┐   ┌┴┐   ┌┴┐   ┌┴┐
  人 人  学 学  学 学  艺 体  校 社  基 国
  与 与  科 科  科 科  术 育  园 会  础 际
  自 社  基 拓  基 拓  审 健  活 参  外 交
  我 会  础 展  础 展  美 康  动 与  语 流
```

四川师范大学实验外国语学校幸福课程体系

3. 心育成长共同体：实行异质组合，加强朋辈辅导

各班按照"异质组合"原则组建好班级学生"幸福成长共同体"，制定"幸福成长共同体"公约，拟定适合本班学生、行之有效的班级及小组两级评价机制，包括评价方法与评价细则。"幸福成长共同体"不是普通的合作小组，他们除了一起学习，还一起生活，一起玩耍，一起分享成长的喜怒哀乐，相互支持，一起幸福成长。

（二）二维关护　　开展丰富心育活动，营造幸福校园氛围

以心理健康为着力点，开展各具特色的系列活动，增进师生心理健康，优化心理品质，开发心理潜能，协调心理行为，构建幸福氛围，引导师生更好地关爱自己、珍爱幸福。9月，新生心理健康普查和建立心理档案；10月，新生适应性团体辅导及心理委员培训；11月，关爱教师心理健康专家讲座及心理沙龙；4月，青春期主题讲座及团辅；5月，校园心灵文化节大型系列活动（专家心理讲座、心理素质拓展活动、心理电影展评、大型现场心理测量与咨询、心理班会、心理黑板报比赛）；6月，毕业班考前心理团体辅导；7—8月，生涯教育相关活动（生涯访谈、生涯实践等）。

校园各处设置有关心灵的名人名言、标语、橱窗；每学期，均安排心理健康主题的国旗下讲话；每周二，校园广播站有一个固定节目《相约星期二》（心理美文、故事播报、音乐赏析），深受学生的欢迎。

心灵文化节之素质拓展活动　　　　心灵文化节之现场咨询与测量活动

学校公众号、校园网上心晴驿站及时更新内容，新浪网上开设的"川实外青春藤"心理博客，面对家长、老师、学生普及心理健康知识、观点，让心理健康教育持续而有效进行。

（三）三维关护——用专业与爱，提供个体心理咨询与团体辅导

幸福人生课程之团体沙盘游戏

亲子沟通的心理沙龙

每天中午12点到14点，心晴驿站的10个心理功能室向全校师生开放：个体咨询服务由三名专职教师负责；其他功能区，如音乐放松、情绪宣泄、心灵书吧等由八名兼职教师负责。截至目前，学校累计提供心理咨询服务超过6000小时。为来访的师生提供心理援助，为他们的健康与幸福保驾护航。

幸福团体辅导：每学期根据各年级情况，开展相关主题的团体辅导（如新生适应、人际关系团体训练、青春期悄悄话、考前辅导、未来规划、亲子沟通等主题）。近年来，学校开展了针对各年级学生、家长和教师的幸福主题系列团体辅导活动，帮助大家悦纳自我，建立幸福的人际关系，明晰自己的幸福观。根据活动经验，学校将四个比较成熟的主题团辅活动方案，汇编成册：《人际关系》《幸福人生》《亲子关系》《生涯规划》。这些团辅活动得到了大家的认可，取得了很好的效果。

（四）四维关护——家校共育，为家庭幸福助力

以年级为单位，定期开展家长学校培训活动。邀请家庭教育专家，开展指导家庭教育的心理讲座。家长自愿报名，参加系列"亲子沟通心理沙龙"。

三、主要成效：共创幸福人生，师生幸福感显著提升

（一）实现全面渗透，共建健康幸福校园

1. 深化三思课堂改革，实现心育全员参与

学校"三思课堂"明确地把"立德育心"放在了育分之前，将各学科教学的三维目标设定为"思想道德教育、思维能力训练、反思习惯养成"，在教学中充分渗透心理健康教育。学生幸福成长共同体的建立，自主型课堂模式的运行，培养了学生良好的心理品质及积极的心理状态，为学生生涯规划和幸福人生提供了保障。

2. 推动跨界融合，实现心育学科渗透

在学校"三思课堂"教学改革中，三维教学目标之一必须设定为心育、德育目标。各学科教师在教学活动中，要积极渗透心理健康教育，以良好的师德师风和积极的精神风貌影响学生心理，塑造健康人格，以实现学校"培养具有中国情怀和国际视野的世界公民，为孩子的幸福

人生奠基"的育人目标。

学校在管理过程中以促进教师的发展、学生的健康成长为目标，把尊重人、关心人、发展人贯穿管理工作的全过程，体现在管理工作的方方面面，致力于让学生享受幸福教育，让教师享受教育幸福，追求教育的"幸福度"，逐步成为有尊严、幸福的教育人，营造"包容大气、和谐共荣"的学校管理文化氛围。

（二）收获累累硕果，发挥示范引领作用

学校开展心理健康教育20年，先后获得"四川省心理健康教育特色学校""成都市心理健康教育特色学校""成都市心理健康教育实验学校""青羊区心理健康教育工作优秀学校"、中国教育学会"十二五"科研规划重点课题"积极心理学取向的中小学心理健康教育应用研究"示范校等荣誉称号。心理健康教育队伍中，多名教师被评为"成都市优秀德育工作者""青羊区优秀德育工作者""青羊区优秀心理健康教师"。心理论文、案例、教案、课例共获奖37项，其中国家级一等奖1项；省级一等奖2项，二等奖2项；市级一等奖5项，二等奖15项；区级一等奖4项，二等奖8项。学生校园心理剧获奖5项，心理健康校本教材获奖3项，参编心理教材3本。

学校心育工作获得了全体师生和家长的高度评价，在区域内较好地发挥了示范引领作用，形成良好的社会效益。多次承办市区心育示范活动、教研活动，接待省市学校考察参观数十次，《成都晚报》《时代教育》等媒体为学校心理健康教育工作做报道。学校将不断培养学生憧憬幸福的初心，提升学生创造幸福的能力，帮助学生成就幸福的人生。

心悦青春　逐梦笃行

◇ 成都市龙泉驿区第七中学校

成都市龙泉驿区第七中学校（简称"龙泉七中"）秉承校训"厚德 博学 尚美 笃行"，在"全面发展 知行合一"的办学理念指导下，积极开展心理健康教育工作。学校高度重视心理健康教育工作，并致力于结合本校实际情况不断探索心育内容，力图彰显学校特色。2007年，学校成为四川省学校性健康教育推行计划项目学校，加入《四川省学校性教育实施及推行计划——幸福人生》课题，逐步开展青春健康教育；2008年，挂牌"青爱工程"（全称青少年艾滋病防治教育工程）的"青爱小屋"，从此进一步专业化地开展青春健康教育；2010—2016年，学校先后被四川省计划生育协会确立为"四川省青春健康教育项目点"，被中国计划生育协会批准为国家级青春健康教育基地，在政府的支持下全面实施青春健康教育；从2014年至今，学校加入中国计划生育协会青春健康家长培训项目，从教育学生到培训家长全面开启了拓展青春健康教育的新局面。

一、"心悦青春"彰显学校心育特色

学校经过十多年的不懈努力，形成了以"一切为了师生心理健康"的心理健康教育指导思想；以"助人自助"为心育工作的宗旨；以"心悦青春"为心育的特色理念；以"强内涵蓄力发展，搭平台普及推广"为心育的操作模式。

龙泉七中心灵成长中心

二、"逐梦笃行"实践特色育心育人

龙泉七中秉持"以制度保障心理健康教育、以课堂推进心理健康教育、以课题深化心理健康教育、以整合发展心理健康教育"的特色工作格局，以青春健康教育为特色和支点，全面开展心理健康教育，为学生幸福人生奠基。

（一）成立工作机构，建立保障制度

学校成立以校长为组长，分管副校长为副组长，各科室负责人为成员的心理健康教育领导机构；由分管德育副校长为组长，德育处主任为副组长，心理健康教育专兼职教师、年级组长、班主任为成员的心理健康教育执行机构；由成都大学苟萍教授、龙泉教科院周兆伦副院长作为学校心理健康教育顾问，学校教科室牵头，部分专兼职教师代表组成的心理健康教育学术机构。建立专门经费保障制度，设立心理健康教育专项经费，纳入学校年度经费预算，以保证学校心理健康教育经费的投入，保障专职教师的配备及待遇。

（二）组建教师团队，构建特色课程

1. 建立了高效合作的心育教师团队

学校成立心理健康教育教研组，教研组长负责制订每学期心理健康教育教学工作计划，组织开展每周一次的心理健康教育教研活动，通过集体备课、组内听评课研讨、参加市区教研等方式提升教育教学和专业能力，由教科室进行考核。兼职教师以班主任为主，通过每年的成都市心理辅导员B证培训平台，提高兼职教师心理健康教育水平。通过学校每月一次的德育研讨会开展学生心理健康教育的交流和相关学习。

2. 开发了四类特色课程体系

课堂是进行心理健康教育的主阵地，除了按要求开展常规的心理健康教育课程外，学校还通过心理专题课、学科渗透课、主题活动课和种子家长培训课四类课型实施青春健康教育。

（1）心理专题课由学校邀请专家或者指定团队的教师为学生进行专题培训和指导，力求使学生系统地掌握某一方面的知识，如青春期的身心变化和自我保护、艾滋病的科学预防等。一般一学期开展1~2次不同主题的专题课。

龙泉七中心理健康教育教研组

（2）学科渗透课由学校的思想品德教师、生物教师、心理健康教师和班主任开展。基于学科内容的特点，思想品德学科侧重于性文明和性道德知识的渗透；生物学科侧重于性生理和性保健知识的渗透；心理健康教育学科侧重于性心理、性别角色、自我保护等内容的渗透；主题班会课侧重于异性交往、责任教育等方面的渗透。老师们按照课标在完成教材内容的同时，自然地把可渗透的青春健康教育知识传授给学生，巧妙地解决了师资缺乏、课时不够、内容不固定、缺乏系统性等问题。

（3）主题活动课以社团为载体开展。学校每周开展一次兴趣社团活动，通过游戏体验、角

色扮演、阅读分享等学生乐于参与的活动，将具有相同兴趣爱好的伙伴聚在一起，使其相互帮助、相互提高。每年举办一次心理活动月活动和"12.1"艾滋病预防周活动，通过启动仪式的节目表演、心理手抄报评比、心灵小故事分享比赛、走进社区宣传防艾知识、参观禁毒教育基地等活动，在潜移默化中增长了学生们的心理健康教育知识，培养了良好的观念和行为。

（4）家长互助课是借助中国计划生育协会青春健康家长培训项目，利用中国计划生育协会编著出版的《沟通之道》对家长开展的一种参与式培训。从2014年开始，学校德育处便定期组织本校教师利用周末时间对各年级部分家长分批次开展六个主题12课时，为期一个半月的培训。通过种子家长培训提升家长地沟通和心育能力，更好的实现了家校共育。

学生心理健康教育主题活动

龙泉七中青春健康教育家长培训活动

（三）参与科研课题，深化教育成果

参与课题研究是紧跟时代发展保持教育常新的关键，也是提炼方法、积累成果的重要途径。因此，学校搭建各种平台，积极参与课题研究，以课题研究促进教师成长、深化心育成果、带动学校发展。截至目前，学校参与了多个国家、省市区级课题，都获得了较好的评价。其中省级课题"初中阶段实施性健康教育途径和策略的研究"和市级课题"家校合作开展性健康教育的实践研究"已经结题，并在促进学生身心健康水平的提高，培养性健康教育师资队伍，探索我校实施性健康教育途径方面取得了良好的效果。

三、成果丰硕声名远播卓有成效

学校以"青春健康教育"为特色的心育成效不仅惠及本校师生和家长，也为兄弟学校提供了可借鉴和学习的资源和经验。

（一）引领学生成长，助力家庭教育

通过学校的青春健康教育，学生获得了科学学习青春健康知识的渠道，能坦然面对青春期的困惑，爱的能力得以提升。2016年，成都大学对龙泉七中和成都市一所同质学校进行的一项对比调查结果显示：相对于间断零散的实施青春健康教育，龙泉七中长期系统的青春健康教育对于学生的性心理所有指标、心理健康主要指标的改善都有较好的效果。

初2018届1班一家长在参加"沟通之道"青春健康家长培训之后说："我很赞同老师教给我

们家长和孩子的沟通方式。是的，沟通应该建立在良好的关系基础上，要做到认真、耐心。是内心真实情感的流露，不掩饰，不说假话，建立在信任、接纳、关切和爱护的基础上。只有做到这些，我们才能走进孩子的心里，触摸他们的内心世界，让他们成为健康阳光的中学生。"

（二）经验积累沉淀，校内成果丰硕

1. 建设了一流的硬件环境、软件资源

学校建设了"青春驿站"软件网络平台，形成了青春健康教育的立体网络，建构了青春健康教育校本课程体系。

（1）学科渗透式青春健康教育校本课程教材——《花季导航 青春飞扬——初中学生青春健康教育教学活动设计》，由光明日报出版社出版。

（2）主题班会序列化校本德育课程教材——《初中学生成长30阶梯》，融品德教育、性健康教育、责任教育与爱的教育为一体，由光明日报出版社出版。

龙泉七中开发并出版的校本教材

（3）《青春健康家长培训汇报集》3册，汇报集里涵盖了开展青春健康教育家长培训的具体操作程序、详尽的培训课程内容以及授课教师和参与家长的心得体会。

2. 培养了一批青春健康教育兼职教师

学校通过请专家进校培训、送教师外出学习等方式，打造了一支强大的心理健康教育师资队伍。现在共有专职教师3名，兼职教师30余名。在学校提供的良好保障条件下，这一批专兼职教师专业精进、积极向上，成为学校心育的中坚力量。其中，有10位教师接受过省市区级电视台的采访；有5位教师参加了由四川省性教育基地组织的中学性教育课程标准资源库开发等。

（三）示范辐射引领，校外声名远播

每年学校接待来自全国各地同仁参观考察上百人次。其中，2009年，美国福特基金项目官员李文晶女士，2012年，国际计生联亚大地区官员Salina女士，2015年全国人大常委会委员、全国人大教科文卫委员会副主任委员、青爱工程首席顾问王佐书分别到龙泉七中参观考察，均对学校在青春健康教育工作上的探索和努力给予了高度的肯定和赞赏。

国际计生联官员Salina女士考察龙泉七中青春健康教育工作

每年学校的专兼职老师应邀到各地交流青春健康工作经验。如，前任校长罗登远老师应邀参加在北京全国政协礼堂举行的第二届中国青少年艾滋病防治教育工作座谈会，并在会上做经验交流；前任德育副校长陈小洪老师应邀到遂宁做青春健康教育讲座，并多次在区级心理健康教育教研会上介绍学校青春健康教育工作经验；专职教师也应邀到云南、宜宾、遂宁、乐山等地做青春健康教育讲座和专题课，并多次上区级示范课。

学校在踏实践行心理健康教育的过程中也逐步打出了品牌，收获了荣誉。龙泉驿区电视台为学校制作并播出专题片《爱的教育》；四川电视台科教频道为学校制作并播出专题片《龙泉七中青春健康教育》；学校先后被评为成都市心理健康实验学校、四川省性健康教育示范学校、龙泉驿区青少年心理活动中心；成都市二级心理健康教育维护中心、国家级青春健康教育示范基地、成都市心理健康特色学校、四川省首批心理健康特色学校。

"心悦青春，逐梦笃行"，龙泉七中继续承担搭建学生健康成长桥梁的重任，为学生的幸福人生奠基。

关注心灵 构建"心"校园

◇ 成都市盐道街小学锦馨分校

成都市盐道街小学锦馨分校立足"人的发展",在科学分析学生、学校、社区的基础上,秉承盐道街小学的办学理念,提出"繁花似锦,馨香四逸"的办学追求,希望把学生培养成阳光、明理、笃行、善思、乐群,具有良好社会适应性的现代小公民。

学校基于生源、社区、文化积淀、师资等因素,选择了"心理健康教育"作为学校特色发展项目,通过构建学校心理健康组织领导机制、落实心育后勤条件保障、构建学校"心灵润育"课程等途径,将心理健康逐步渗透到学校工作的方方面面,并逐年丰厚。2018年学校先后评为成都市心理健康特色学校、四川省首批心理健康特色学校。

成都市盐道街小学锦馨分校校门

一、多头并重,促进学生健康快乐成长

(一)健全心理工作机制

心育工作重点围绕学生培养目标,梳理学生所需心理支撑打造"大白帮"品质学校。大白是一位温暖、智慧、正义、有能量的卡通人物,取名"大白帮"主要是希望学生们通过品质学校的内容培养自己的优势心理品质。"大白帮"品质学校建立"扁平式"工作机制,以积极心理学为理论支撑,重视心育学科研究,引领学校心育向纵深发展,构建学校"心灵润育"课程,营造学生心理品质发展的良好氛围。

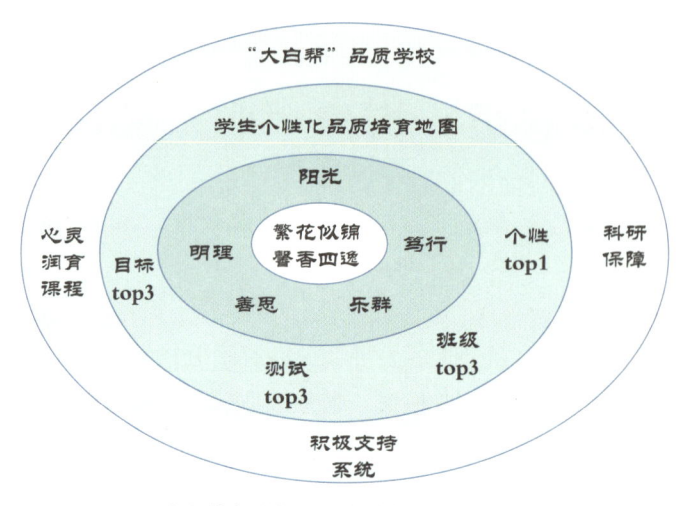

盐小锦馨分校心理健康教育工作机制

（二）重视师资队伍建设

学校成立学生心理发展中心，全面负责学校心育工作开展，由校长室直接领导。

1. 配齐配好教师

学生心理发展中心配有心理专职教师3名，兼职心理教师36名。学校现有36个教学班级，教师中有2人取得国家心理咨询师二级资格证，1人取得国家心理咨询师三级资格证，班主任全员持B证上岗，为学生心理健康发展提供师资保障。

2. 加强教师的培养培训

为心灵赋能。积极组织教师参与各级各类培训及比赛，每月结合班主任例会时间，根据校内实际情况开展师资提升的研讨和辅导活动。

盐小锦馨分校教师心理团辅"舞出我名字"

3. 保障教师待遇

通过制定相关的《心育工作制度》以及激励老师工作的《教师工作考核制度》《教师绩效方案》等绩效考核制度或方案确保心理教师专岗专用及各项待遇，由教导处将心理老师值班、团辅计入工作量，年底进行考核，同时，在评优、工资、职务、职称评聘方面享受班主任同等待遇，加强教师培养培训。

（三）提升心育课程实效

学校以学生心理品质发展为出发点，以积极心理学为理论指导，在借鉴并整合四川省地方教材《生命·生态·安全》热爱生命、呵护心灵内容两个板块的基础上，结合区级教研、心理品质课展示以及心理老师个人实践经验及思考，初步梳理出"心灵润育"主题课堂内容，根据学生需要，设置学生成长小组、班级心理团辅、心理讲座、校园心理剧、心理社团等支持性活动。在

盐小锦馨分校学生心育活动"吸引力游戏"

2020年疫情期间，心育组针对学校学生长期宅家出现的消极情绪，结合现实情况，开展线上情绪疏导的学生成长小组活动，让同学们愉快地度过宅家时光。

（四）创设集体心育文化

加强校园文化建设，时刻关注学生心灵。除了心育人文文化，我们还重视打造环境文化。我们以学生支持发展中心为核心区域，打造了分班级、年级、学校不同功能的校园心理文化功能区。例如：我们将心育文化及活动深入各个班级，在班级后墙打造"大白心语"文化墙；结合积极心理学，以故事和名人名言，打造24个积极品质的操场文化墙；以每位教师照片和座右铭打造具有增强幸福感、归属感功能的教师文化墙；以优秀学生照片和座右铭打造具有增强效能感、发挥榜样功能的学生文化墙。在低段设置适合其身心的感官练习"平衡大王"、满足中段交往需求的"大树的秘密"，针对高段学生感恩品质培养设计完成的"毕业墙"。文化墙营造一种浓厚的心育气氛，起到了渗透性、暗示性的作用，使学生受到了潜移默化的影响。

盐小锦馨分校的沙盘活动室

（五）重视特教工作

学校关心随班就读特殊需要儿童的发展，从组织管理上学校有分管行政和主管行政；从人力上师资上学校配备了具有心理和特教专长的专职教师，目前有全校6名特需儿童涉及的47名随班教师的支持团队；从经费后勤保障上按成都市示范性资源室标准配备专用的资源教室和学生发展支持中心，并在硬件软件上给了保障；从辐射指导上，资源室对所辐射指导的其他9所学校进行随教育局视导、巡导、申请指导形式的具体个案跟进、资源室建设工作指导，对牵手涉藏地区进行工作交流。

随班就读特需学生的小组心育活动

二、多元发展，呈现积极向上的样态

在积极心育理念下学校成立了心理中心，开发"心灵润育"课程，开展科学研究，重视心理个辅，以课程及科研为抓手开展各类心育活动，从学生的发展来看，逐渐呈现出阳光自信的学习、生活样态。他们愿意参与，乐于展示，以更加自信、积极的态度投入到学习和生活中去，例如在班级活动、集体朝会、锦馨达人秀、毕业季、心理剧等活动中，大胆地表达自己、展示自己、提升自己。我们通过数据前后对比发现，学生的积极心理品质得分均有所提升。

从家长反馈来看，新的理念及方法的了解让家长可以选择更优的教养方式，提升亲子关系；从教师样态来看，通过参与各项心理健康教育课程，将习得的心育方法渗透到课堂和育人过程中，更善于调试自己的情绪，调动更多的资源处理教学中遇到的困境，更好地辅导学生和与家长沟通。

三、多方交流，提升心育工作高质发展

盐小锦馨分校正向教养家长成长小组

自2009年以来，学校先后开展"学科渗透""适应性培育"等课题，2015年"小学生积极心理品质行为评价指标体系构建及实效性研究"再次成功申报为市级课题。学校"适应性培育"课题获2015年成都市教育成果二等奖。2020年"小学生积极心理品质行为评价指标体系构建及实效性研究"课题获得锦江区一等奖。

学校先后接待了绵阳市的班主任培训班、乐山B证培训班、阿坝藏族羌族自治州教育局主办的培训班的教师，分享了学校心理健康教育经验，加深了对心理教育的理解，为自己学校心理发展提供新的思路。在区教研中，多次分享学校开展的心理活动，相互学习，促进区域心理健康发展。

锦馨心育因材施教，打造学生个性化成长菜单，着眼于积极心理品质的发展，用生命影响生命，助力学生成长，成就自我成长。

成都市中小学心理健康教育特色学校

春风化雨润桃李　深耕心育树英才

◇ 成都市第七中学初中学校

成都市第七中学初中学校成立于2008年9月，是经成都高新区管委会、成都市教育局决定，由成都高新区社会事业局和四川省成都市第七中学联合举办的公办初级中学。学校传承成都七中百年办学传统、弘扬"以生为本，重在发展"的"三体"教育思想，以"审是迁善，模范群伦"为核心价值追求，努力创造最适宜学生的教育，以"滋养卓越气质，陶铸领袖精魂"为培养目标，构建"是范"课程体系，全力培养学生的领导力、生存力、创造力和跨文化学习与交流的能力，使学生成长为具有"好奇、独立、机智、关怀"特质的完整个体，初步形成了适宜学生未来发展的教育生态。

成都市第七中学初中学校校园风貌

在"创造最适宜学生的教育"办学理念指引下，心理健康教育中心经过探索，以学生的身心发展特点为根本，提出了以"创造最适宜学生发展的心教育"为培养理念，心理健康教育工作走出了一条以积极心理学为指导，以心理健康基础课程为依托，以生涯规划课程为特色，全方位、多渠道开展心理健康教育工作的特色发展之路。

一、探索小团体模式，关注学生心理发展

学校积极构建了小团体心育模式，具体做法是将每个班48个学生分成两部分，每个小团体24人，每节课由两个专职教师同时开展心理健康教育课程。这种小团体心育模式，有利于因材施教与个性化辅导，师生之间、生生之间的交往密度与频率提高，从而有效地促进了学生良好个性品质的形成与最优化发展。

二、开发校本心育课程，滋养学生心灵

成都市第七中学初中学校以生为本，遵循学生身心发展规律，坚持科学性与实效性相结合，发展、预防和危机干预相结合，面向全体学生和关注个别差异相结合，教师主导性与学生主体性相结合的原则，形成了较为完善丰富的心理健康教育课程体系。

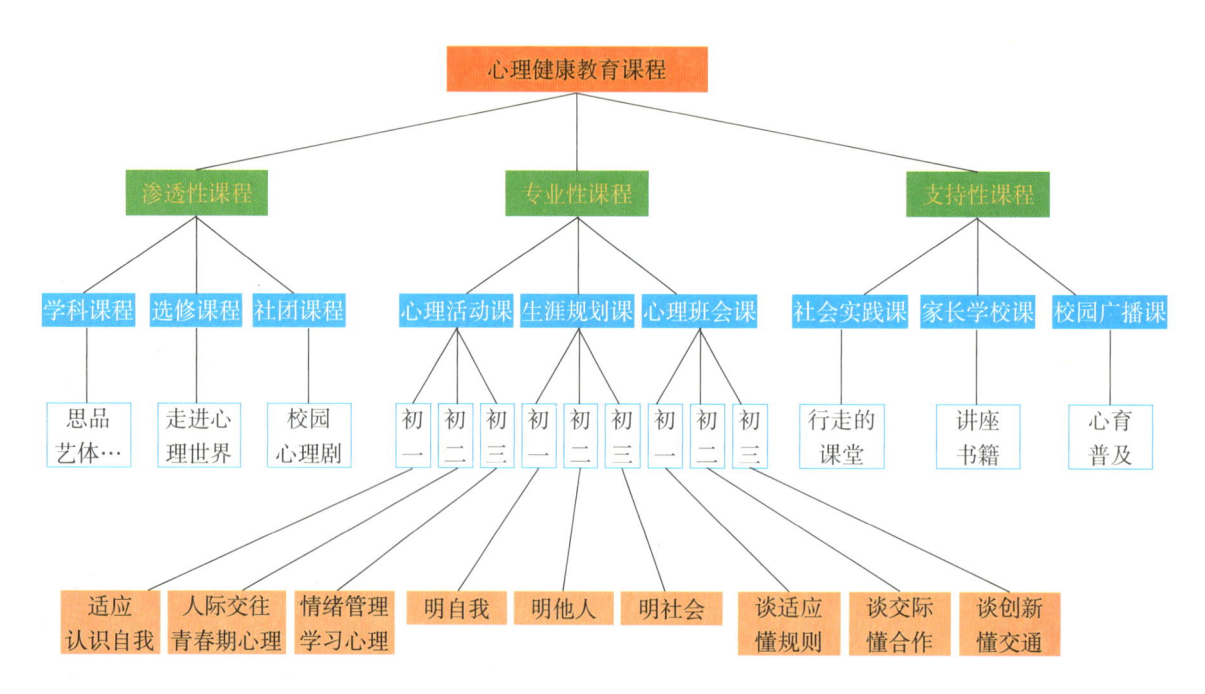

成都市第七中学初中学校心理健康教育课程体系

（一）以"发展性心育"为主导的心理健康教育基础专业课程

建校初，学校就将心理健康教育课程作为学校的重要课程之一纳入课表。初一每周一节，初二与初三每月一次团辅课程。初一以"适应"和"认识自我"为主的辅导课程，初二以"人际交往"和"青春期心理"为主的辅导课程，初三以"情绪管理"和"学习心理"为主的辅导课程。

除了常规课程，学校还在每年5月25日，由心理健康中心牵头策划，开展宣传周活动。活动形式丰富多彩，包含校园心理广播、校园主题黑板报评比、主题演讲比赛、户外特色闯关活动等。

（二）以"创造最适宜学生发展的心教育"为主导的生涯发展课程

2014年，学校率先在初中开设生涯规划课程，将心理健康基础教育课程与生涯规划课程有机融合，研究确立了以"审是迁善，模范群伦"的校训理念为起点，以"创造最适宜学生的心教育"心育理念为指导，以"明自我、明他人、明社会"为课程核心目标，结合创新创业的社会背景，以"创新性、系统性、科学性、可行性、灵活性"为原则的生涯规划体验式课程，形成学校特色的心理健康教育新模式。

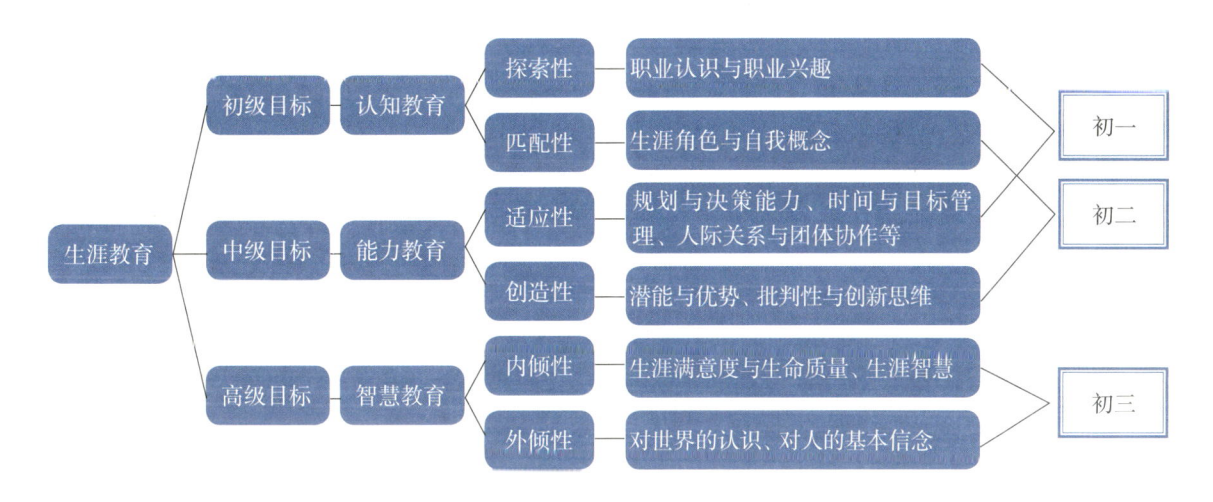

生涯教育	初级目标	认知教育	探索性	职业认识与职业兴趣	初一
			匹配性	生涯角色与自我概念	
	中级目标	能力教育	适应性	规划与决策能力、时间与目标管理、人际关系与团体协作等	初二
			创造性	潜能与优势、批判性与创新思维	
	高级目标	智慧教育	内倾性	生涯满意度与生命质量、生涯智慧	初三
			外倾性	对世界的认识、对人的基本信念	

成都市第七中学初中学校生涯规划体验式课程

在此基础上，学校开发了生涯规划校本教材，以激发发展动力和促进心理成长为核心，以丰富多彩的学生活动为载体，以培养学生自我觉察能力、决策能力、应变能力、人际互动能力、自我管理能力为目标，引导学生增强对自身性格、兴趣、价值观、能力、生涯角色等的认知，启蒙未来职业规划。该教材对帮助学生确立生涯发展目标，明细生涯发展路线，优化个性品质，提升心理能力，开发内在潜能有重要的指导作用。该教材在成都市中学心理健康教育校本特色课程集评选活动中荣获市级一等奖。

（三）以"拓宽视野、关爱心灵"为目的的社团选修课程

学校选修课程多达35门，"走进心理世界"的沙盘课程和心理剧社团课程都是学校的特色课程，心理剧社通过在课堂上征集个案，分享成长故事，角色表演，讨论成长与收获来达到心灵自我疗愈的目的。"走进心理世界""趣味心理学"选修课获得学校优秀选修课程称号，心理剧社获得学校明星社团称号。心理剧社代表学校参加高新区、成都市心理剧原创剧本比赛和心理剧展演，均获得一等奖。

（四）以"自然体验、社会实践"为载体的职业规划课程

在生涯规划课程社会实践学习方面，学校采用体验式教学和实践考察相结合的方式。学生走出学校，到都江堰、青城山、四川博物院、成都博物馆、建川博物馆、成都大熊猫繁育研究基地、可口可乐成都公司、青白江垃圾发电厂、川菜文化体验馆、郫县丹丹豆瓣厂等地，开展社会实践课程，让学生对社会、对机关企业事业单位、对职业有一定的感知和认识，为学生了

解社会、了解行业职业现状及前景，进行有效的外部世界探索提供高质量的平台，对未来的职业生涯起到了重要的规划作用。

职业生涯体验之消防灭火　　　　　　　　　　　户外拓展训练之"跨越天堑"

（五）以"心灵自我疗愈和提升"为目标的学科渗透课程

学科教师坚持以人为本，以学生为主体的教学，在学科教学中，有意识地渗透心理健康教育，并将发展学生心理潜能作为教学目标写进助学案。学校每学期组织心理班会课赛课或献课活动，积极参加区市级心理班会课赛课活动，均取得了优异的成绩。同时将优秀课例提供给全体教师学习交流，为全员心育工作提供了借鉴和示范作用。

（六）以"培养综合心理素质"为目标的户外拓展课程

为鼓励学生更好认识自我、挖掘自身潜力、充分展现自我以及达到调节身心、磨炼意志品质的目的，学校每年举行一次大型的户外心理素质拓展训练活动，在全区专职心理健康教师中招募教练，开展培训，设计活动，反复打磨，为学生带去全新的活动体验。

（七）以"运动强身健心"为目标的身心融合课程

学校每年一届的"心理趣味运动会"是为了贯彻"身心健康第一"的指导思想，积极响应"每天锻炼一小时，健康工作五十年，幸福生活一辈子"的阳光体育运动。同时为了丰富校园文化生活，开展形式多样，轻松活泼的心理趣味体育活动，使学生活跃身心，丰富校园生活，共同感受校园生活的快乐，同时培养队员团结合作的精神，增强队员集体荣誉感。

（八）以"支持性心理教育"为目标的学校共育课程

学校每学期开展家长学校课程，每个年级每学期设置两次以上的课程，指导家长树立正确的教育观念，学习与掌握科学的家庭教育知识和有效的教育方法，为子女健康成长营造良好的家庭教育环境。同时通过校园广播《心灵有约》栏目，开设心理小课堂，普及心理健康知识。支持性课程让家长、老师、学生都学会关注心理健康，关注你我的明天。

三、研讨教育新模式，带动心育发展

成都市第七中学初中学校自2008年建校以来，持续深入开展心理健康教育工作，被评为"成都市中小学心理健康教育特色学校""全国生涯规划教育工作先进单位"，在成都市、四川省乃至全国都发挥了良好的示范引领作用，形成了良好的社会效益。

学校专职心理教师在"英国积极心理健康教育国际研讨会"、四川省心理教师沙盘治疗培训会、成都市心理健康教研会、高新区德育工作研讨会、高新区心理健康教研会、高新区心理健康中心组等各级会议上，分享交流了学校心理健康教育工作经验和做法，受到了各级领导和同行的好评。学校心理健康教育工作在科研、各级赛课、论文及著作刊物等成果方面都全面开花，取得了喜人的成绩，曾多次获得成都市一、二等奖。全体教职员工积极参与到学校心理健康教育工作中，让每一位学生的心理发展都得到了帮助，学校师生对校园生活满意度高，全体师生和学生家长对心理健康工作评价良好。

走过12年峥嵘岁月，学校还将稳步坚实地继续深耕心理健康教育，为学生的心理健康成长保驾护航。

建构学校心育生态系统　滋养学生身心健康成长

◇ 四川省成都市石室天府中学

四川省成都市石室天府中学(以下简称"石室天府")于2011年创建,是由成都高新区管委会全额出资与四川省成都市石室中学(成都四中)强强联合,倾情打造的"高起点、高标准、高品质"十二年一贯制公办学校。自2011年建校,十余年间,学校形成了"一体三翼"的办学格局,两个中学校区和一个附属小学,实行一体化管理,享受统一资源,三校区均位于美丽的锦城湖畔,是天然的湖景学校。在"荣耀石室,榜样天府"的办学理念和"愿为每一个孩子的人生幸福奠基"的育人愿景指引下,学校立足实际情况,积极创造建构能够滋养每一个孩子的学校心育生态,力图让心理健康教育融合到学生学习、生活的每一个细节之中,成为学校运转、学生成长的"底色"。通过不断的探索,学校建立了"三维五助一核心"的心育工作模式,搭建了让每一个孩子都得以与彼此相联结、相互看见、相互滋养的心育生态系统。在"石室天府"校园中,心育如春雨,润物细无声。

四川省成都市石室天府中学校园

一、搭建心育生态系统,滋养每一个孩子幸福成长

生态系统指在自然界的一定时空内,生物与环境构成的统一整体,在这个统一整体中,生物与环境之间相互影响、相互制约,形成相对稳定的动态平衡状态。生态系统中的各生物群落在这样的良性互动中,既收获、也付出,在循环和流动中得到了适宜而长足的发展。相应地,十二年一贯制学校的心育工作,也不应等于小学、初中和高中心育工作的简单累加。通过有意识地设计一套学校心育生态系统,将不同学段的孩子有机地整合、联结在一起,形成一个彼此依靠、相互帮助的整体,让每个学段的孩子都能够在其中付出和收获,健康发展,最终实现学校心育生态系统1+1+1>3的目标。

（一）建构"三维"心理预警体系，奠定心育生态系统的基石

学生心理危机事件是学校心育工作的底线。近年来，校园危机事件呈明显的上升趋势，在后疫情时代，校园心理危机预防、预警和干预工作更是成了学校心育工作的重点和难点。

学校积极建构并完善了以班级为点，以年级为线，以学校为面的"点—线—面"三维心理危机预警网络体系。该体系以学校领导及学生心理危机干预及预防工作小组为一级网络，各年级为二级网络，各班级为三级网络，通过各级网络专人负责，定期向上一级网络报告情况，学生心理危机干预及预防工作小组接收其上报的有关信息，整理和评估危机的严重程度，选择心理危机干预方案进行处理。同时，学生心理危机干预及预防工作小组会根据校园实际情况，组织特定的学生心理健康教育活动，或是班主任、科任老师、班级心理委员的培训等。同时，班主任老师、值周教师和生活老师等密切观察，以定期检查、随时反馈的方式作为三维心理危机预警网络体系的补充，力求在第一时间掌握危机信号，预防危机于未然。

成都市石室天府中学心理健康教育教师团队

（二）创建"五助"心育模式，搭起心育生态系统的雏形

马克思曾说："人是社会关系的总和。"每个人都无法脱离其身处的各种社会关系而存在，良好的社会支持系统是学生心理健康发展的保护性因素。因此，学校创建了家庭支助、学

成都市石室天府中学大气高雅的心理健康教育活动中心

生自助、同伴互助、教师辅助、社会援助的"五助"心育模式，以期给每一个孩子搭建坚实而温暖的支持系统。

1. 家庭支助，营造温暖港湾

学生的心理健康深深植根于家庭，为了开展家庭层面的心育工作，学校积极使用天府大讲堂、家长课堂、家长会等平台，开展针对家长的心理健康教育。在此基础之上，学校针对有特别需求的家庭，利用每周五下午的时间开展亲子教育沙龙活动，力图为家庭提供个性化地帮助，让家庭成为学生心理健康发展的支柱。

2. 学生自助，促进自我发展

"助人自助"是心育工作的基本思路，心育工作者期望通过其帮助增加孩子的独立性和自主性，而不是增强其依赖性，以能够在日后遇到类似的生活挫折和困难时，可以独立自主地加以解决。学生自助的理念贯穿于心理健康教育课程、心理团体辅导和心理咨询等常规工作之中。

成都市石室天府中学班主任团辅、家长沙龙和学生心理委员培训活动

3. 同伴互助，实现协同成长

朋辈群体能够直接影响孩子的认知、行为、情绪甚至是精神追求，尤其是对于进入青春期后的学生，朋辈群体的影响力可能远高于师长。因此，来自朋辈群体的帮助，往往可以更直接地走进孩子内心。学校为此在各学段初期，都安排了2课时的课程帮助学生在关键时期结交朋友，得到同伴支持。

4. 教师辅助，实施渗透引导

除了学校德育分管领导及干事、班主任和心理教师，学校的每一位教师、职工也是学校心育工作的践行者。面对处于心理困境的孩子，每一个任课教师都要发挥其辅助作用，成为孩子克服困难、实现成长的助力。

5. 社会援助，建立多方护航

面对超越学校心理工作范畴的心理问题，学校积极为孩子、为家庭打通了获取社会资源的渠道，"家校医社"四结合，护航中小学生心理健康。

（三）坚守幸福教育为核心，发挥心育生态系统的力量

学校心育工作将积极心理学作为理论指导，以幸福教育为核心，力求让学生接受幸福的教育，让教师享受教育的幸福，让学校在幸福中提升价值，深度发挥心育力量。基于理论的思考和实践的反思，学校将幸福教育落实为彼此的联结、积极关系的建构：通过课程和活动将小学一年级到高中三年级12个年级联动起来，采用"心理健康+"的思路，让心育成为照耀在学校各项活动中的阳光。

学校设计了联结各个年级的特色心育活动：高中年级明星学长、明星学姐的真人图书馆，为初中和小学的学弟学妹开放；初中的哥哥姐姐为小学学生谈自己的"经验教训"；小学一年级的弟弟妹妹给高三学生分享他（她）眼中的高考……通过一系列的创新活动，创设一个流动的、有生命力的学校心育生态系统，让其间的每一个孩子彼此联结、彼此滋养。

除了学校心理健康活动中心牵头的工作，心理健康教育作为学校各项工作开展的基本理念和方法，也全面地渗透在了每一个细节之中：升旗仪式上的班级展示，是增强班级凝聚力、归属感的心育活动；"原来是ta呀！——老师的漫画像"是增进师生关系的心育活动；"文翁化蜀，韵赏传承——2021石室天府新春庙会"是增强文化认同的心育活动；"石室天府学子化身法官，为《宪法》代言"是生涯规划的心育活动，等等，心理健康教育融合在学校各项活动中的例子不胜枚举。

二、激活心育关键要素，流动校园中的"每一颗心"

（一）顶层设计，立体多维，让心育成为校园运转的底色

在"愿为每一个孩子的人生幸福奠基"的育人愿景的指引下，学校将心理健康教育的理念融入学校顶层设计：从心理健康的学科融合，到德育活动的"心"智慧，再到创设适于学生成长发展的校园环境，力图建构一个充满生命力的学校心育生态系统，滋养校园中的每一个孩子。

（二）学科融合，学段融通，用心育建构K12的成长网络

作为成都市首个小学、初中、高中一体化管理的12年制公办学校，学校全面实行"学科融合""学段融通"的课程体系，给学生更全面、更长远的培养。心育工作也由此得以拓宽视野，更深入地理解中小学心理健康教育工作：每一个孩子的自我发展都实现于关系互动之中，学校心育生态系统是将学生有机联结起来的成长网络，每个孩子能在付出和奉献中体验价值，在收获和支持里获得力量。

（三）培育心育有生力量，以心育推动"心理健康+"

成都市石室天府中学心理健康教育特色活动

学校专兼职心理教师多次主持、主研各级各类课题；多次承担国家级、省、市、区级心理健康教育课堂教学观摩研讨活动、中小学心理健康教育国培活动、成都市心理健康教育骨干教师跟岗培训活动，多次送教四川省地、市、州；是中国心理网特邀专家、四川省教育发展研究会特聘专家、四川师范大学特邀讲师、四川智慧教育联盟特邀讲师、《育儿周刊》"好家长"特聘讲师、成都市未成年人心理成长中心专家库成员；承担四川省《心理健康教育》教材编写工作，开展考前心理辅导活动以及对学生、学生家长的心理讲座活动，并辐射到社区，对社区开展家庭教育讲座、现场心理咨询等活动，受到广泛好评。

学校将以心育生态系统的视角建构心育工作，采用"心理健康+"的思路，坚持以幸福教育为核心，用心育的理念指导学校各项工作及活动，从更高位审视、思考、设计，让校园中的"每一颗心"流动起来，相互看见、彼此滋养，让校园布满心育的阳光。

做学生心灵成长的守护者

◇ 电子科技大学实验中学

电子科技大学实验中学自2009年建校以来,高度重视心理健康教育。秉承"学为教纲"的办学理念,在建设"高品质现代化名校"目标引领下,围绕立德树人根本任务,全面推进素质教育,坚持一切工作以学生为主体,以学生发展为中心,注重培养学生强健的体魄、健康的心理、健全的人格、优异的学业。在学校办学理念的指引下,学校心理健康教育中心经过探索,以学生的身心发展特点为根本,提出了以"健康心理、健康成长、健全人格、良好品质、三力突出"为培养理念,形成了以CZD为核心素养体系的心理教育特色。

电子科技大学实验中学校园风貌

一、为健康成长为目标,覆盖全过程

学校建立健全了涵盖学校、临近高校、家长、社区等不同层面的心理健康教育工作网络;成立了由校长任组长,分管副校长、相关机构领导任副组长,心理健康教师、班主任及相关机构成员为组员的心理健康教育工作领导小组。

学校坚持制订与学校工作五年发展规划同步的心理健康教育工作发展规划;间周各班级开设心理健康教育课;心理咨询室每天坚持开放;每学年开展心理健康节;心理健康教育宣传多元辐射,常换常新;把落实心理健康教育要求作为各学科课堂评价标准之一,以评价考核促全员参与,等等。工作机制"覆全面""真运行",确保了全员参与的"真同频",使心理健康教育有效落在实处。

（一）在骨干教师队伍建设上"聚力"

学校共有专职心理教师3名，均持有国家三级心理咨询师资格证。学校另有17名教师持有国家高级家庭教育指导师，23名教师持有成都市学校心理辅导员B证，班主任100%持C证上岗。同时学校特聘请中国心理学会会员何平、华东师范大学青少年发展研究中心副主任王鹏为学校心理健康工作的特聘专家。

（二）在班主任队伍建设上"着力"

班主任是学生全面发展的引导者，组织者，特别是对学生健康心理的形成发挥着至关重要的作用。学校加强对班主任心理健康教育业务知识培训，真正让心理健康教育在班级落地生根。

（三）在学科教师队伍建设上"用力"

为了增强全员参与心理健康教育意识，提高全员实施心理健康教育的能力，学校利用教师集中学习时间，请校内外的专兼职心理教师或专家进行心理健康教育知识培训，利用教研活动时间开展"在课堂教学中如何渗透心理健康教育"的研讨，利用学校课堂教学评价标准表对关注渗透心理健康教育情况予以赋分值，等等，促进学科教师在教学中发展学生健康心理自觉意识与实践能力的形成和提高。

二、以阵地建设为抓手，营造良好氛围

（一）高标准的阵地建设

学校投入近40万元组建了占地150多平方米的心理健康教育中心，分别设有办公接待室、个体咨询室、团体活动室、情绪疏导室、沙盘游戏活动室、放松室、家长沙龙室等功能室。两个团体室除小班化授课与团体辅导外，也是教师心理沙龙、学生心理协会、心理社团活动的快乐天地。学校心理健康活动中心从建成投入使用后就一直受到学生和家长的欢迎。

（二）良好的校园心育氛围

学校每学期的黑板报都会涉及学生心理健康教育这一内容，要求各班级能围绕中学生的心理特点、心理健康教育等方面内容进行板报宣传。学校充分利用宣传栏、校刊校报等宣传阵地，多渠道向师生宣传心理健康知识。学校图书室有专门的心理类图书资料，供全校师生查阅。通过国旗下讲话、校园广播、微信公众号等多渠道的心理健康辅导，培养学生良好个性和心理品质，营

电子科技大学实验中学心理健康教育中心

造积极的心理健康教育氛围。

三、以教学为阵地，预防与发展并举

学校心理健康教育是一项系统工程，课堂教学作为学校教育的主阵地，在学生的心理健康教育中是不可被忽视的。因此，学校针对学生年龄特点，面向全体学生，分阶段有层次地开设心理健康教育课程，保证每班间周一节心理健康教育课。

（一）校本课程满课堂

学校确立以"CZD生涯领航"为核心的心理健康教育新理念，将心理健康基础教育课程与生涯规划课程有机融合，研究确立了以"健康心理、健康成长、健全人格、良好品质、三力突出"心育理念为指导，结合创新创业的社会背景，以"创新性、系统性、科学性、可行性、灵活性"为原则的生涯规划体验式课程，形成本校特色的心理健康教育新模式。

（二）沙盘游戏入课堂

学校首创提出了沙盘游戏疗法家庭化、教育化和游戏化的思路，创造性地将沙盘游戏引入心理课堂中，让沙盘既成为心理治疗的工具，也成为预防心理疾病的工具。通过沙盘游戏课程，达成4Z（自我概念形成、自我形象塑造）之自我认识（自尊）、自我发现（自信）、自我认同（自觉与接纳）的目标，让学生在沙盘游戏中释放自己的同时学会助人自助。

（三）学科渗透在课堂

学校特别关注心理健康教育与课堂教学相互促进的关系，在课堂教学中，将课堂教学内容与学生良好心理品质的养成结合起来，积极鼓励教师注重为学生营造良好的学习环境，培养学生良好的学习心理，培养学生的合作能力与创新精神。

伴随着学校心理健康教育推进力度的加大，同学们对心理健康教育的认知发生了极大的变化，心理健康教育的重要性逐渐被同学们认可，积极响应学校开展的形式多样、内容丰富的心理健康教育活动。学校心理健康教育中心近三年接待家长咨询200余人次，学生个体咨询500余人次，团体辅导60余次。心理健康教育及活动的开展，营造了良好的心理文化氛围，构建了完善、规范、持续的心理健康教育体系，学生的适应能力、抗挫折能力和心理调节能力得到了提高。自建校以来教育教学质量也得到稳步提升。

电子科技大学实验学校丰富多彩的心理健康教育活动

四、以活动为载体，参与和体验并重

（一）发挥心理健康节的作用

在每届心理节期间，学校开展了"心理手抄报比赛""心理知识竞赛""讲励志心理故事比赛""克服困难我能行巡回宣讲""朋辈心语墙""心理小博士评比""给未来的自己写一封信"等活动，让学生通过形式多样的主题活动，既长知识，又激兴趣，更提能力。

电子科技大学实验中学家庭教育讲座

（二）发挥心理社团朋辈辅导作用

学校特别注重学生社团的作用。心理社团成员来自学生中间，他们往往会在第一时间发现问题、了解问题，从而有利于解决问题。通过沙盘游戏、心理健康讲座、座谈会，或者看一本书，看一部电影，自编自导自演心理剧等方式对社团的孩子们进行心理知识的普及及对一般心理问题的鉴别，回到学校、班级、宿舍，更好地帮助自己，帮助其他同学，一起共同成长。

（三）针对性的举行讲座

根据了解到的问题，针对初、高一年级开展新生生活、学习适应性、角色定位、自我、家庭、父母认同、情绪管理讲座；对初、高二年级学生开展学习动力、人际关系、情绪管理讲座；对初、高三年级学生做目标管理、人生规划、考试焦虑和抑郁调节讲座等，帮助学生们认识问题，提高解决心理问题的水平。

四、以家校配合为契机，推力与引力并有

学生健康心理的形成离不开家长的正确引导和做法得当。因此，学校每学期编印资料《心理指导手册》（家长篇）发给家长学习，同时利用家长会、家长学校、家长开放日等阵地和活动，进行发展学生健康心理知识的宣传和指导，引导家长学会理解孩子，学会与孩子沟通，学会肯定鼓励孩子，学会与老师配合，逐步提升家长参与发展学生健康心理的意识和能力，有效"助力"，强化"补位"。

五、以科研为先导，理论和实践并进

在创建心理健康教育特色学校的过程中，学校始终坚持"实用、受益"的原则，结合学生的年龄特点和身心发展规律，开展有益于学校心理健康教育工作的应用研究。以科研促进心理健康教育，已成为学校全体教师对心理健康教育工作的共识。

经过不断的培训和反复的实践体会，教师们心理辅导方面的知识不断丰富，能够更加有针对性的应对学生各种心理问题，更好地承担起学生成长的引领者和指导者的重任。近几年学校的心理健康教育活动，边探索，边总结，摸索出了专门教育与学科渗透相结合，集体指导与个案疏导相结合，课堂教学与主题班会活动相结合，学校指导与家长配合相结合等方法，促使学校心理健康教育水平的提高。区级课题《CZD生涯领航课程》获两次阶段成果奖，申报"十二五"教育部规划重点课题《积极心理学取向的中小学生心理健康教育应用研究》获国家教学成果三等奖，申报成都市《新冠肺炎疫情与成都教育应对》专项课题并顺利结题。

多年来，学校持续深入开展心理健康教育工作，在成都市、四川省乃至全国都发挥了良好的示范引领作用，形成了良好的社会效益，实现资源共享和优质资源的辐射作用。学校专职心理教师在"中外青少年心理论坛"、四川省心理教师沙盘治疗培训会、成都市德育研讨会、高新区德育工作研讨会、高新区心理健康教研会、高新区心理健康中心组等各级会议上，分享交流了学校心理健康教育工作经验和做法，受到了各级领导和同行的好评。学校心理健康教育工作在科研、各级赛课、论文及著作刊物等成果方面都全面开花，取得了喜人的成绩。全体教职员工积极参与到学校心理健康教育工作中，让每一位学生的心理发展都得到了帮助，学校师生对校园生活满意度高，全体师生和学生家长对心理健康工作评价良好。

用心琢玉　蕴材成林

◇ 四川省成都市玉林中学

　　四川省成都市玉林中学（以下简称"玉林中学"）建校于1988年。30年来，通过一代又一代玉林人的不懈努力，玉林中学实现了从"普通"到"突出"、从"突出"到"示范"的历史跨越，成为四川省一级示范性普通高中、四川省校风示范校、四川省实验教学示范校、四川省新课改校本示范校，获得全国AFS项目金牌学校、全国安全教育示范学校、全国青少年篮球特色学校、四川省阳光体育示范校、成都市普通高中教育教学优秀学校、成都市优质特色项目领航学校等众多荣誉。

　　学校在30年的发展历程中一直遵循"人本·和谐"的办学思想，秉承"艰苦奋斗，勤恳奉献，科学严谨，共创一流"的玉林精神，追求"琢玉成器，育才成林"的教育理想，以优化生命成长为目的，塑造玉林学子"文明、多才、奋进"和"自律、勤奋、阳光"的精神风貌。

成都市玉林中学琢玉广场

一、创设"最适宜学生成长的生命场"

　　学校一贯重视心理健康教育工作，将其作为新时期立德树人的重要工作常抓不懈，不断提高学生的健康水平和心理素养。学校心育经历了2005—2009年心理实验校创建、2010—2015年积极心理学理论指导下学校心育、2016至今的生涯发展指导视角的学校心育探索三个阶段。在

"人本·和谐"办学思想的指导下，秉承创"最适宜学生成长的生命场"的心育理念，经过多年的摸索，逐渐形成了以"五心"发展性预防为基础，以三维生涯教育活动为抓手引导学生多元成才的心育特色。

二、构建"五心""三维"，引导多元成才

（一）"五心"基础心育进行发展性预防

1. 环境润心

玉林中学校园文化建设注重人文关怀和心理疏导，积极创设符合心理健康教育要求的物质环境、人际环境和心理环境。走进学校就感到这是一个充满向上向善、能进行"自我修身养德"的"生命场"，这个"生命场"充分调动每个人内心的精神动力，提醒师生在美丽的校园做最好的自己。学校每学期通过宣传展板、网络自媒体平台、校刊等校园媒介宣传心理健康教育知识，营造良好的心理健康教育氛围。

成都市玉林中学心理健康教育中心

2. 课堂导心

学校将心理健康教育课作为学校课程的重要组成部分之一纳入课表，高一年级1节/2周、高二年级1节/2周，同时面向高一高二年级同学开设心理选修课。两个年级的心理课内容有交叉，但又各有侧重。起始年级侧重于学习与环境适应、同伴及亲子关系、情绪管理、时间管理、自我概念与自尊等成长过程中的发展性困惑，高二年级侧重于生涯探索。面对学生在成长过程中的共性心理需求，心理课能够提供专业引领、缓解焦虑恐慌。

3. 档案探心

持续开展心理普查并建立心理档案。每年9月利用"心海"平台对起始年级新生进行心理健

康普查并建立学生心理档案，全面掌握新生心理健康状况。检出异常的同学，专职心理教师会通过平台约谈，进行深入沟通。遵循专业伦理，对学生个人心理档案严格保密，防止被不恰当使用。

4. 咨询舒心

全面开展个体咨询辅导。心育中心每天开放8小时，师生可以通过面谈、电话、网络等多种渠道寻求校内心理咨询。单次咨询结束后，接个案的专职或兼职心理教师填写"学生心灵沟通记录"。对于超出学校心理咨询范畴的个案，及时联系家长，并转介到四川大学华西医院、成都市第四人民医院等专业机构。

5. 辅导护心

扎实开展毕业年级考前心理辅导。心育中心与毕业班班主任保持密切联系，根据班上实际情况，为同学们提供自助读物、设计心理班会课、联系专家讲座分享、链接外部志愿者资源开展考前大型心理团体辅导。近三年，为高三年级准备多场心理专家讲座，每年招募并培训20~30名校外心理志愿者在毕业年级开展考前减压团体心理辅导，帮助同学们放松、找到内在的力量，促进其平稳甚至超水平发挥。

成都市玉林中学考前心理讲座和心理团辅

（二）三维生涯教育引导学生探索多元成才

2016年，四川省出台《四川省深化考试招生制度改革实施方案》，将逐步推行综合改革，建立基于统一高考和普通高中学业水平考试成绩、参考综合素质评价的多元录取机制。为了适应新形势，更好地指导学生发展、促进学生多元成材，学校因地制宜的搭建了三维生涯教育体系：生涯基础课+iDream生涯榜样系列课+校内外生涯体验课。

1. 生涯基础课

生涯基础课分课堂教学和生涯测评两部分。课堂教学由认识自我（知己）、了解职业&大学&专业（知彼）、生涯决策及行动三大板块。自我探索的部分又细分为兴趣、性格、能力、价值观等；了解职业、大学及专业，要让学生掌握如何做生涯访谈、如何查找大学及专业信息；生涯决策及行动需让学生学会使用决策平衡单、生涯彩虹、初步了解CASVE决策流程、能够分解目标并用SMART原则将目标转化为可操作的行动。生涯测评作为课堂教学的重要参考，主要使用SDS霍兰德职业兴趣测评、MBTI、价值观排序等有代表性的工具。

2. iDream生涯榜样系列课

iDream生涯榜样系列课是我校与抱抱熊公益组织合作开展的校本特色职业理想教育课，每学期邀请多位不同行业的精英人士为同学们分享自己成长、求学、就业的生涯探索历程及感悟。近三年，该系列课的分享嘉宾包括美国科学院院士哈佛大学萧庆伦教授、ID3梦想飞公益组织创始人区文中、现任中国顶级家族办公室Venturous创始人兼董事长谭秉忠、成都古建筑设计研究所副所长汤诗伟、华为总裁教练张继立、国际摄影师肖戈、淘课CEO秦俐、中国商飞四川分公司陈晓侠、海洋保护志愿者潜水教练申剑等多领域的杰出人才。生涯榜样人物亲自分享筑梦、逐梦（生涯发展）历程，能激励学生们勇敢追逐梦想。

3. 校内外生涯体验课

校内生涯实践课以兴趣为导向，让学生在实践中发展相关能力。校外体验课则让学生通过不同途径认识行业、职业与高校。校内生涯实践包括校学生会、学生自管自育服务活动、校刊编辑部、JA学生公司，以及创客社、模联社、电视广播社、微电影社、戏剧社、电声乐队、书韵社、合唱团等等丰富多元的学生社团活动。校外体验课通过社会实践与游学活动让学生接触外部职业世界、走进高校。

成都市玉林中学校内外生涯体验实践课

三、基于特色发展，促进资源整合

（一）鼓励学生自主发展

学校的生涯教育增强了学生了解自我、设计自我、自主发展的意识，杜绝了因学生心理问题引发的极端恶性事件，学校学生呈现出文明、多才、奋进的精神风貌，在科创发明、各级各类艺术节、体育赛事中屡获大奖。

（二）建立社会合作支持

历年的毕业年级考前团体心理辅导与iDream生涯榜样系列课都离不开热心志愿者们的支持。每年考前团体心理辅导，我们会招募20~30名专业志愿者，其中有医院的心理医生、学校心理老师、心理咨询从业者、系统学习过心理学且有团体带领经验的志愿者。在他们无私陪伴和爱的滋养下，同学们得到了放松、找到了内在的力量。

（三）形成三维生涯教育体系

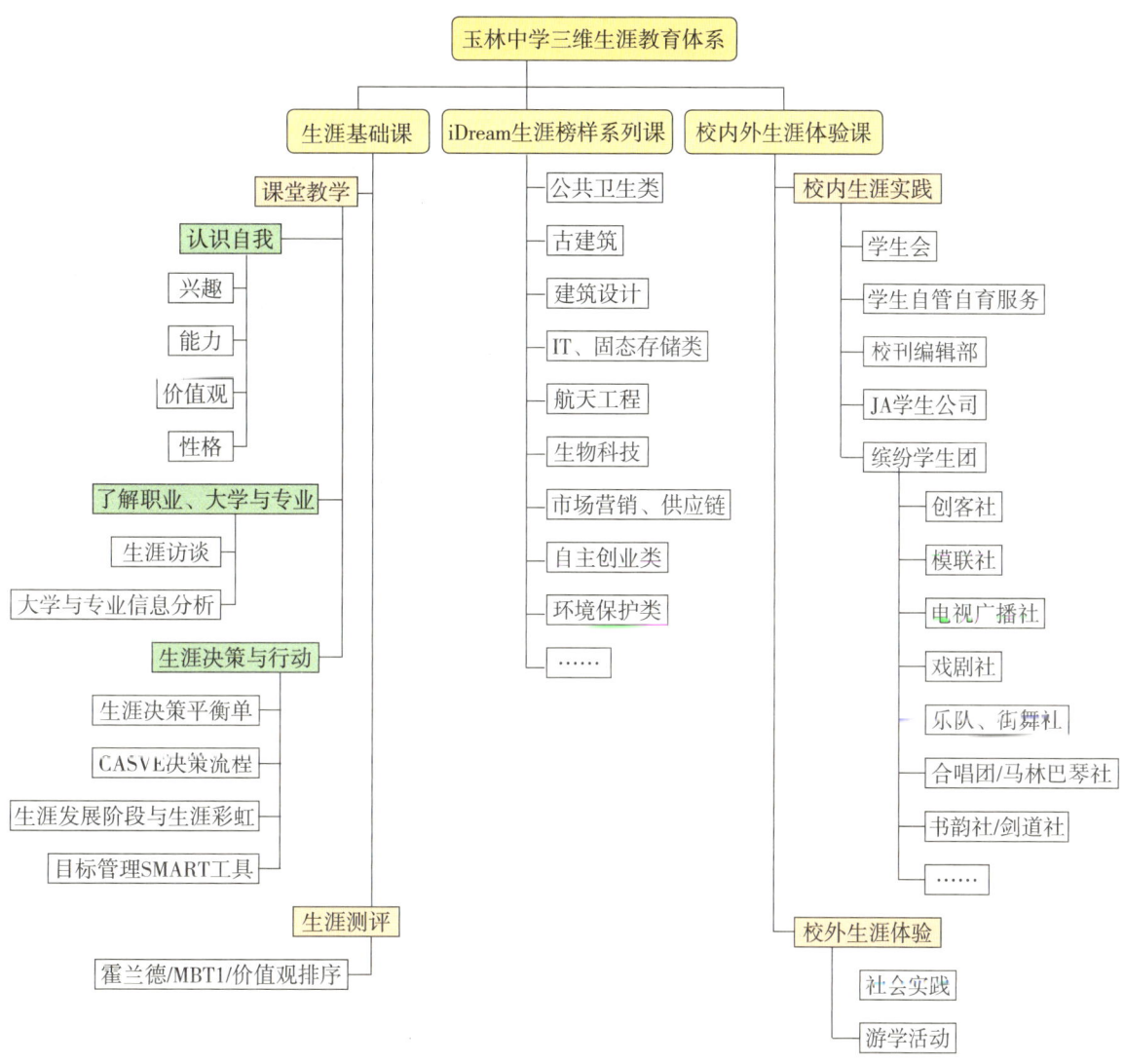

```
玉林中学三维生涯教育体系
├── 生涯基础课
│   ├── 课堂教学
│   │   ├── 认识自我
│   │   │   ├── 兴趣
│   │   │   ├── 能力
│   │   │   ├── 价值观
│   │   │   └── 性格
│   │   ├── 了解职业、大学与专业
│   │   │   ├── 生涯访谈
│   │   │   └── 大学与专业信息分析
│   │   └── 生涯决策与行动
│   │       ├── 生涯决策平衡单
│   │       ├── CASVE决策流程
│   │       ├── 生涯发展阶段与生涯彩虹
│   │       └── 目标管理SMART工具
│   └── 生涯测评
│       └── 霍兰德/MBTI/价值观排序
├── iDream生涯榜样系列课
│   ├── 公共卫生类
│   ├── 古建筑
│   ├── 建筑设计
│   ├── IT、固态存储类
│   ├── 航天工程
│   ├── 生物科技
│   ├── 市场营销、供应链
│   ├── 自主创业类
│   ├── 环境保护类
│   └── ……
└── 校内外生涯体验课
    ├── 校内生涯实践
    │   ├── 学生会
    │   ├── 学生自管自育服务
    │   ├── 校刊编辑部
    │   ├── JA学生公司
    │   └── 缤纷学生团
    │       ├── 创客社
    │       ├── 模联社
    │       ├── 电视广播社
    │       ├── 戏剧社
    │       ├── 乐队、街舞社
    │       ├── 合唱团/马林巴琴社
    │       ├── 书韵社/剑道社
    │       └── ……
    └── 校外生涯体验
        ├── 社会实践
        └── 游学活动
```

成都市玉林中学三维生涯教育体系

（四）确立科学发展规划

学校专兼职心理教师积极参加市区级心理课题、市区心理教研、对外交流学习以紧跟心育前沿动向。学校参与的成都市规划课题《中小学生积极情绪体验能力调查研究》获高新区教学成果二等奖，周群老师参加的生涯规划主题班会大赛获市一等奖，多篇心育论文在成都市心育成果评选活动中获得一、二等奖。

学校生涯探索系列课、适应性系列团辅活动、考前心理团辅曾被腾讯大成网、四川新闻网等多家媒体报道。专职心理教师受邀在成都市心理骨干教师培训中带领工作坊，多次受邀在区内外作"校园心理危机识别及预防""脑科学与青少年发展"等专题讲座分享，连续多年参加成都市中高考考前心理送教活动。

"用心琢玉，蕴材成林"，学校一直重视学生心理健康，持之以恒地开展学校心育，并不断深化认识、优化路径，丰富我校心育特色。今后我们将在密织危机防护网络、加强家—校—社合作、探索医教结合、以研促教等方面持续发力，为青少年心理健康成长保驾护航，为健全社会心理服务体系贡献一分力量！

人本中和聚潜能　向善向上助心梦

◇ 四川省成都市中和中学

四川省成都市中和中学建于1931年，系四川省一级示范性普通高中、四川省文明单位、四川省校风示范校、四川省阳光体育示范校、四川省艺术教育特色学校、四川省实验教学示范校、四川省青少年科技教育示范校，全国科普教育基地学校、全国青少年足球特色学校、全国人工智能活动特色单位、教育部普通高中音乐美术教研基地实验改革学校、成都市普通高中优质特色学校。

成都市中和中学学校文化石

一、尊重生命多元化，助力师生个性化

（一）准确定位学校校本心理健康教育课程目标

以教育部《中小学心理健康教育指导纲要》为依据，根据四川省、成都市、高新区学校心理健康教育指导中心的工作思路，结合学校"潜能教育"办学特色、努力达成"三德 三能 三行"的育人目标，学校提出了"尊重生命个体多元化、助力师生个性化发展"的心理健康教育理念，设定了"激发、唤醒师生的生命潜能，提升师生生命存在和生长价值"的心理健康教育总目标，努力为广大师生提供"可选择，最适宜"的心理健康教育，坚信生命自有其成长的内在动力。让每一个生命蓬勃健康成长，尊重差异，让每一个生命都绽放异彩！

（二）以"潜能教育"为主线实施心理健康教育课程

充分整合校内资源、校友资源、企业及社区资源，强化心理学科的建设，学校心理课程与学校"潜能教育"相结合，建立了与之相匹配的课程群及资源链接。立足学生高考志愿填报、职业选择的生涯规划课程；立足学生兴趣和特长开发实施的心理成长课程。

二、允德允能育心田，生涯体验促潜能

（一）心理教育成为学校潜能教育的基石

1. 基础课程保心育

学校心育理念基于学校核心文化理念，追求"以身体之、以心验之、内化于心、外化于行"的学生心育素养。心理健康活动课程已成为学校体验德育的重要组成部分，学校基础心理课程初中到高中三个年级严格按照国家课程标准实施，同时开设了心理选修课等支持课程和学科融合等渗透课程。

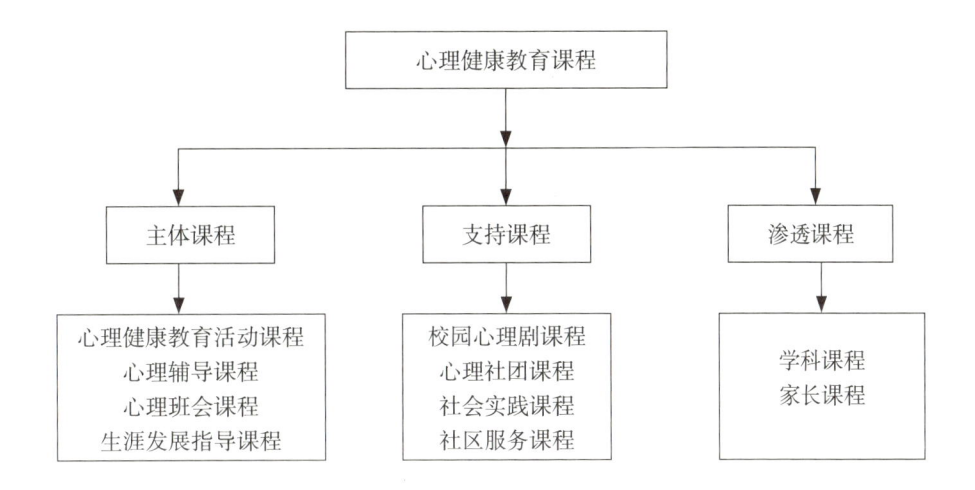

```
                    ┌──────────────────┐
                    │ 心理健康教育课程 │
                    └──────────────────┘
                             │
        ┌────────────────────┼────────────────────┐
        ▼                    ▼                    ▼
   ┌─────────┐          ┌─────────┐          ┌─────────┐
   │ 主体课程│          │ 支持课程│          │ 渗透课程│
   └─────────┘          └─────────┘          └─────────┘
        │                    │                    │
        ▼                    ▼                    ▼
┌──────────────────┐ ┌──────────────────┐ ┌──────────────┐
│心理健康教育活动课程│ │校园心理剧课程     │ │学科课程       │
│心理辅导课程        │ │心理社团课程       │ │家长课程       │
│心理班会课程        │ │社会实践课程       │ │              │
│生涯发展指导课程    │ │社区服务课程       │ │              │
└──────────────────┘ └──────────────────┘ └──────────────┘
```

2. 学科融合促发展

学校潜能课堂教育以脑科学、认知心理学、教育心理学等为理论背景，强化学校教育的心理学科融合，不断深入实践"潜能课堂"，制定和修订了一系列的学习力潜能测评量表和课堂的诊断量规，有效地进行学生学习潜能的测量、评价和教师课堂教与学的观察、诊断和改进，集中体现在将心理学以班会课、学科联合教研等形式加以融合。

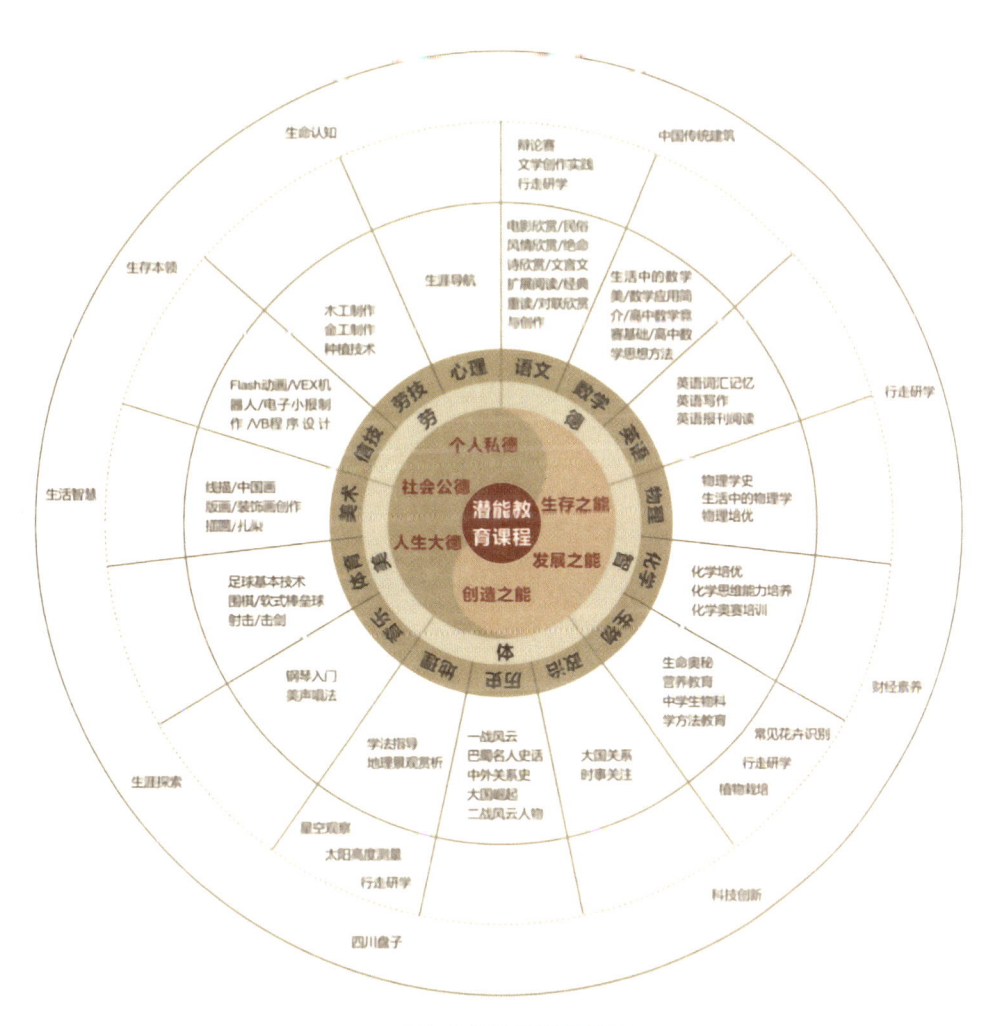

中和中学潜能教育课程

3. 选修课程促个性

为满足学生不同的心理需求，让学校心理健康教育工作有稳定的平台，开展了中学生心理健康类选修课程体系建设的探索与实践，经过实践探索，满足了学生不同层面的心理需求，完善了心理健康类选修课程常态化的新平台。初一初二年级开设了《我是初中生》系列选修课程，初三年级开设了《快乐中考》为主题的选修团辅，高一高二年级开设以《高中的正确打开模式》为主题的系列选修课程，高三年级开设以《迎接高三》为主题的系列团辅都深得同学们的认可，感觉干货满满。

（二）建构生涯发展指导等特色课程

1. 组建专家资源团队

为了更好地帮助教师和学生进行生涯发展，学校特地外聘一批心理优秀专家组成专家团队，指导学校生涯发展特色课程，包括学校著名校友——北京师范大学心理学教授、长江学者方晓义，华东师范大学心理学教授陈默，成都市心理教研员曹璇，成都市高新区心理教研员黄李佳等，初步形成了特色的生涯课程体系。

2. 建构生涯教育课程

2016年，四川省出台《四川省深化考试招生制度改革实施方案》，将逐步推行综合改革，建立基于统一高考和普通高中学业水平考试成绩、参考综合素质评价的多元录取机制。学校积极顺应"新高考改革"的形势，构建了生涯教育特色课程，并整合家庭和家长资源，努力践行生涯职业体验活动。

课程分级	目标	核心素养	课程内容	评价
生涯探索（四级）	·了解自我 ·志向选择 ·升华生命	感恩·奉献	·职业体验 ·人生规划 ·志愿服务	表现性评价 观察 记录 作品 描述 角色扮演 任务完成 ……
生活智慧（三级）	·良好心态 ·优化关系 ·生活品质	勤奋·责任	·时间管理 ·情绪管理 ·交往管理 ·目标管理	
生存本领（二级）	·生存知识 ·生存技巧 ·生存能力	诚信·守法	·生活常识 ·规则契约 ·竞争意识	
生命认知（一级）	·认识生命 ·热爱生命 ·丰富生命	自尊·自信	·生命之缘 ·生死之别 ·积极选择	

3. 创新生涯职业体验

学校创新开展了《生涯规划职业课程》，以培养学生"社会责任"为着眼点，参与社会活动，提高团队合作精神，引导学生学会守则尽责，学会对自我和他人负责；从职业角色体验中感受履行社会责任与公平，尝试正确履行公民权利和义务。课程分为"认识自我""认识社会""认识职业""职业体验"四个学习模块，"职业体验"模块的学习形式是让学生走出校园，来到真实的职场，浸入式地开展职业体验式学习。

成都市中和中学学生生涯职业体验

(三) 家校合作营造共育氛围

为了给每一个孩子营造良好的教育环境，学校成立了家长学校，每个年级都设有家委会，由校级干部直接负责，显著提高了学生家长的亲子沟通水平，促进了家庭教育更好地成为学校教育和社会教育的基础和纽带，促进孩子的健康成长和全面发展。

针对各年级学生的心理特点，家长学校采用线上线下双轨并行，举办各类讲座、沙龙、直播、答疑等，提供家庭教育，学校与家庭共同促进学生身心可持续发展，例如，学校精心定制了不同的家长学校的团辅菜单，高一年级的《如何帮助孩子尽快适应高中》、高二年级的《陪伴孩子更好地学习》、高三年级的《让孩子乐享高三》等，有效地指导家长更好地与孩子沟通，更好地陪伴孩子成长。

成都市中和中学家长学校成立大会

学校充分利用心理平台，对学生家庭深入展开了解与沟通，通过问卷调查、个体访谈、家庭面谈、家长团辅等形式，为每个学生家庭都形成家庭成长档案，旨在帮助家长更好地了解每个年级段孩子的心理特点与沟通方式，关注学生与家长的情绪，协助家长与孩子更好地沟通，促进家庭亲子关系，优化家庭心理氛围。

家庭是孩子成长过程中的终身学校，家长是孩子学习和生活的第一任教师，家庭教育为孩子的成长奠定坚实的基础。学校经过多年的努力，整合了多方资源，初步形成了家庭—学校—

社会三位一体的心育模式,建立了"互信、协作、理解"的桥梁,凝聚了家庭、学校与社会的教育合力,促进了学生心理健康的和谐发展。

三、扎实落实助发展,向上向善促成才

学校心理健康教育中心现有心理教师4名,其中国家二级心理咨询师1人,国家三级心理咨询师2名,成都市A级心理辅导员1名。四川省育人名师1名、四川省十佳心育工作者1名、成都市先进工作者1名、成都市优秀德育工作者2名、成都市骨干教师1名、成都市骨干班主任1名、高新区学科带头人1名、高新区优秀德育工作者2名、高新区优秀青年教师1名、成都市中级人民法院特聘心理专家2名。秉承学校允德允能的校训及全面育人、个性成才的办学思想,心理健康教育同样展现出"人本中和、向上向善"的风采,时刻致力于关注师生心理健康,从心理监测、个体与团体心理辅导、家长学校、班主任培训、学科教师联合教研等方面积极推进心育工作。

学校开设基础心理课程、生命教育课程、生涯规划、职业体验特色课程等多种形式的活动课,进行心理教育渗透。学校已评为成都市心理特色学校,举办市、区级心理展示会5次;获得全国班团队赛课一等奖1人次、成都市心理赛课一等奖2人次,成都高新区心理赛课一等奖3人次;《体验德育》获教育部优秀案例成果,成都市心理成果一等奖与二等奖10余次,已有2本心理与生涯的校本教材。学校全体教师将为专业尊严、团队荣誉、人类幸福而不断努力!

学校传承"人本中和、向善向上"的核心文化,弘扬"自强不息"学校精神,坚持"全面育人,个性成才"办学思想,恪守"中和位育,崇德力行"育人理念,聚焦"优良传统与现代理念相融合的品质名校"的办学目标,形成潜能教育办学特色。

成都市中和中学召开海峡两岸教育峰会

打造心理智囊团IP 营造阳光幸福心育氛围

◇ 成都市第十二中学

　　成都市第十二中学又名四川大学附属中学（以下简称十二中），位于成都市武侯区，源于1908年创办的四川省城高等学堂附设中学堂，是四川省重点中学、四川省一级示范性普通高中、空军青少年航空学校、全国中学生英才计划基地校、教育部普通高中新课程新教材实施国家级示范校等。

　　十二中人以"有教无类，作育英才"的情怀，以百年育人的心血，在长期办学中积淀形成了"立德树人笃行两责"的核心理念，形成了"基于全员全程校本教研主流文化，建设'培养—研究型'现代学校"鲜明办学特色，凝练出"除了奋斗别无选择"的校风、"潜心研究仁心育人"的教风和"悉心研习静心成才"的学风，形成了"全面发展长于研究"的培养目标和"核心问题的课堂教学、活动体验的实践德育、阳光幸福的心理教育、身心合一的艺术体育、开放多元的国际教育"的五个办学亮点。

　　学校于1994年成立了全省最早的"学生心理辅导中心"，是成都市心理健康教育特色校、四川省心理咨询师协会家庭教育专委会基地。学校始终坚持以教育部《中小学心理健康教育指导纲要》提出的"培养学生积极乐观、健康向上的心理品质，为他们健康成长和幸福生活奠定基础"为总目标，切实开展心理健康教育工作，形成了阳光幸福的心理健康教育特色。

成都市第十二中学校园风貌

一、"阳光幸福"领航，"健康向上"成长

学校心理健康教育工作以"阳光幸福"为主方向，以学科课堂主渠道为"阳光幸福"奠基、以专业的心理健康课为"阳光幸福"领航、以有"温度"的心育特色活动滋养"阳光幸福"、以校园心理危机干预体系为"阳光幸福"托底。心理中心由学校米云林校长总负责，现有三位专职教师：正高级教师何平、高级教师黄立刚、北京师范大学心理硕士吴林桦。

二、打造心理智囊团IP，构建心育新生态

学校以心理中心为点，带动行政部门、班主任、科任老师、心理委员、宿管老师、家长参与学校心育工作，构建阳光幸福的心育生态体系。

（一）赋能角色，塑造品牌

全面丰富的心育内容，需要学生的积极、投入、充分地参与才能切实落地。为了让更多的学生融入学校心理健康教育，我们借鉴当下互联网推广领域的概念"IP打造"，指打造有影响力的个人或品牌，它具备原创性、衍生性、互动性，它能与人们产生文化与情感上的共鸣，并最终获得受众的喜爱。基于这个理念，我们将心理中心的定位、特色，特别打造了"心理智囊团"IP，并以"心理智囊团"为中心，辐射我校师生、家长及校外。

基于心理老师在学生心中的定位——倾听同学们的困扰、为同学们提供心理方面的专业帮助，将三位心理老师设定为一个组合，命名为"心理智囊团"。并以年龄为维度，设定自身的角色特色，推出何爷爷（何平老师）、黄叔叔（黄立刚老师）、吴姐姐（吴林桦老师），这"一家三代人"的人物设定，并为角色特征赋能，爷爷和蔼、睿智；叔叔温和、谦逊；姐姐亲和、包容。这样清晰明了的命名和人设，使得心理中心三位老师及其特点深入每位学生心中。

成都十二中心理智囊团宣传照　　　　心理智囊团原创邮戳印章——大白送信

选定迪士尼动画电影《超能陆战队》中的大白为心理智囊团的吉祥物，大白具有治愈、温暖的属性，深受学生喜欢，也通过吉祥物的形象向大家传递心理中心的亲和、接纳和包容，并基于大白，设计心理智囊团宣传资料、心理信箱专用邮戳等。

(二) 大力宣传，营造氛围

通过设计宣传课件、海报，在高一新生入校后的第一堂心理课及校园宣传板上，进行心理智囊团的介绍与推广，让心理中心深入每位学生心中，拉近学生和心理老师的距离。

开展"智囊团聊愈下午茶"活动，工作日每天下午的第一节大课间，学生可自行预约前来心理中心，边喝茶边交流最近学习生活的趣闻。下午茶自设立以来，场场爆满，深受学生喜爱。

创建并运营心理中心官方QQ，分享传播科学的心理学知识，发布宣传心理中心的活动，现空间访问量已超2万人次。何平老师联合四川省心理咨询师协会家庭教育专委会，面向家长，建立"何平老师带你读书"QQ群，现有参与家长1600余人。

成都十二中心理中心"下午茶"活动

(三) 多样传播，植根心田

通过线下的课程、讲座、音频、微课的录制等多种形式，面向学生、教师、家长推出心理方面的系列课程，真正成为学生、家长的心理智囊，为学生的"阳光幸福"领航。

根据学生心理发展特点，主编了全国发行的《"美丽彩虹"心理健康教育课教材》，开发深受学生欢迎的系列心理健康课程，以及"探索未来之路——生涯发展规划""自我疗愈性朗读""表达性艺术治疗对促进高一新生适应的研究"等综合实践活动课程。普及心理健康知识，建立心理健康理念，指导全校实施"阳光幸福"的心理班会课，让心理健康教育实实在在地走进了学生心里。

成都十二中表达性艺术治疗课程照片

面向教师，开发"做有素养、有情怀的川大附中人"的教师系列课程，以成都市中小学教师继续教育培训基地校（心理健康教育）为平台，开展心理学系列培训课程，使学科教师具备基本的心理学知识。

面向家长，开展"和孩子共同成长"系列专题心理讲座，使家长成为孩子的半个心理老师。疫情期间也不间断，通过线上的方式开展家长微课堂。

成都十二中面向家长的线下、线上讲座

创作并录制系列心理健康专题音频，通过喜马拉雅平台发布，音频节目的播放量已经突破3000次。同学们反馈说，这些活动成了他们驱散孤独、恐惧最温暖的力量。

（四）创意文创，激发幸福

牵头组建了心理绘本创作小组。创作贴近学校学生生活、激发学生共鸣的绘本作品，目前正在创作《让十二中人幸福的100件小事》，让学生以幸福激发幸福。

《让十二中人幸福的100件小事》绘本

基于"语言的力量"心理健康课程，设计并开展"用语言为生命赋能"主题活动，收集并展出鼓励、感动学生的正能量话语，并从中挑选出一些语句，设计并制作为明信片、十二中心理能量瓶等文创产品。

（五）多方联动，托底成长

以心理智囊团为中心，组建学校危机干预体系，成立学校心理危机干预领导小组，制定了《成都市第十二中学校园心理危机干预预案》，明确了各部门在心理危机预防与干预工作中的职责。

定期组织班主任、科任老师、心理委员、宿管老师开展学生危机干预心理培训，使更多的部门、成员参与学校心育工作，取得为"阳光幸福"托底的实效。

三、营造积极氛围，共建心育新文化

自2019年9月打造并推出心理智囊团IP以来，学生、家长对心理中心的知晓度、对心理健康知识的掌握度均显著上升，咨询人次较之前大幅增多。

在校外辐射、专业引领方面，黄立刚老师为成都市中小学心理健康教育中心组成员，何平老师被聘为四川省人社厅专家组成员——巴中教育智力帮扶项目专家。三位老师参编《心理健康教育教师参考用书》《美丽彩虹——中小学心理健康教育教案集》《班主任心理健康教育工作手册》《中日危机干预个案集》《回家的路——灾区儿童心理健康教育手册》《儿童战疫心理健康读本》等多本书籍；开展科技部863项目《5·12汶川地震灾区民众心理健康流行病学调查研究——中小学心理健康水平评估研究》、市级课题《新冠肺炎期间普通中学线上个别心理辅导实践研究》；《探索未来之路——生涯发展规划课程集》获成都市心理健康教育校本特色课程集二等奖。

好的教育就像好的咨询一样，是建立在对学生充分、深入的理解上。学校心理智囊团使用当代学生接纳、喜欢的表述、形式、渠道，充分拉近与学生的距离，营造了良好互动氛围，获得了积极团体动力，打造了阳光心育，创建了幸福校园。

崇实适性　润育心田　助梦成真

◇ 成都市田家炳中学

成都市田家炳中学是始创于1925年的公办完全中学。2003年由香港著名实业家田家炳先生慷慨捐资而更名。学校立足于学生终身发展，提出"既要成才更要成人"的教育目标，坚持"履仁崇智，明德卓行"的办学思想，秉持"润育，厚养，融化"的育人理念，追求润物无声的育人境界，形成"以教育研究为先导，以诚信教育为核心，以心理教育为特色"的教育模式。

田家炳中学以"崇实适性，润育馨田"为心理健康教育工作理念，以积极心理学为理论基础，实施"心理发展""心理辅导""心理实践"三项工程，形成田家炳中学特色心理健康教育工作模式。2009年、2016年学校先后被评为"成都市心理健康教育实验学校""成都市首批心理健康教育特色校"。

成都市田家炳中学校门

一、实施心理发展工程，优化心理品质

（一）开设共创成长课程

2016年学校加入田家炳基金会"青少年正面成长"项目，与四川师范大学学生心理健康中心合作，开发具有田家炳中学特色的"共创成长课程"。共创成长课程是以促进学生全人发展为目的的青少年成长辅导性课程，包括：心理健康教育、生命教育、学业规划辅导、职业价值观教育、生涯决策教育。

（二）开发生涯规划课程

学校生涯教育基于新课改、新高考要求，为学生提供多元、积极的发展经验，指导学生增强自我认识，增加对生涯发展的理解，促进学生在成长过程中获得动力，学会自主选择、主动适应变化、积极开展规划。从2016年至今，已开展生涯主题大型体验活动5场、生涯研讨课5届，初步形成生涯规划特色课程。2016年11月，心理教师团队共同编写校本课程《航向》，课程包括自我觉察、生涯觉察、成长智慧三个单元，设置课前导引、自我探索、体验学习、拓展阅读和课后延伸五个栏目，共16节精品课。《航向》至今已经历5次修订，内容根据社会发展要

求、学生成长需求不断丰富和完善。

二、实施心理辅导工程，维护心理健康

（一）特色心育满足学生个性需求

"快乐家族"团体心理辅导活动，在理解与支持的氛围中，个体通过观察、学习、体验，认识自我、探索自我、改善与他人的关系，以促进适应与发展。"快乐家族"团体心理辅导，自2009年开发，至今已有10余年历史，开展活动逾100场，参与学生近3000余人。

生涯主题团体心理活动，通过课内理论学习、活动体验，加深学生的自我认识；通过课外探索，如生涯人物访谈、基地参观，职业人物经验分享，拓展学生的视野，初步建立未来职业发展蓝图。

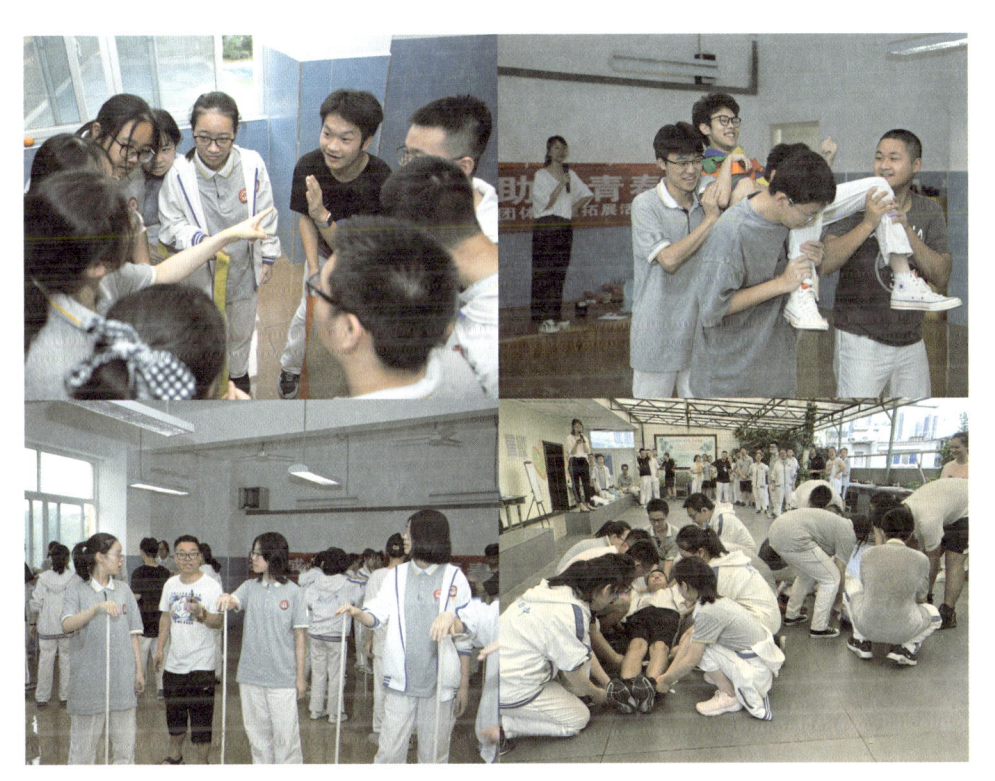

成都市田家炳中学"快乐家族"心理团辅活动

（二）家校共育促进学生健康发展

家长成长营以团体工作坊的形式展开，传递"正面管教""积极教养"等科学的家庭教育理念，旨在帮助家庭改善亲子关系，助力孩子健康成长。初中部自2017年以来已开展九期，高中部家长成长营于2019年正式启动，已开展三期，各学段全覆盖，各班级全参与。

1. 找准定位，实施有序

通过前期调研（问卷、访谈、案例分析等），初步掌握家长的困惑和需求，确定课程定位、理念、目的、设置、内容等。在全校范围内公开宣传，招募家长成员，在按照报名先后顺序依次录取的基本原则上，筛选出有强烈学习意愿并且能保证学习时间的家长进入成长营。前期筹备工作完成之后，正式开展课程实施，共持续7个周末时间。

2. 丰富内容，形式多样

家长成长营的课程强调在体验中感悟，在感悟中成长。课程内容主要包括：寻找家庭教育的"GPS"、探讨你的教养方式、非暴力沟通、青春期孩子的心理特点、学会情绪管理、学会"放手"、与孩子一起解决问题、家庭里的生涯规划、家庭抗逆力等，主要采用情景演绎、角色扮演、小组讨论、身体雕塑、模拟对话等体验式教学活动。

3. 科学评估，效果显著

课程研究小组主要从量化和质性两方面评估课程效果。从量化分析的角度，采用"实验组—对照组"前后测的实验设计，对参训家长和未参训家长施以《父母教养方式问卷》，根据数据分析的结果，参与课程的家长的教养方式的合理性得到显著提升，因此，该课程对于改善家长的教养方式是有效的。另外，通过家长在课程中的即时反馈以及课程结束后的总结性反馈，再加上对学生的访谈调查可以得出，家长在参加课程后，对孩子的心理状态和行为表现更加理解，自身的育儿观念发生了转变，与孩子的互动模式和亲子关系在发生着改变，同时，家长对于自己的了解更加深入，完成了一次自我的蜕变和成长。

家长成长营的目的在于将一批有共同需求的家长聚在一起，共同探讨家庭教育话题，并将课程中的收获与感悟分享给更多的家长，以科学的家庭教育理念为指导，让家长们在分享与体验中不断提升其家庭教育水平。学校家长成长营现已形成线上线下模式，可供选择的菜单式主题，并在实践中不断完善课程体系、优化课程结构、丰富课程评价方式，以满足更多家庭的需要。在家校共育的过程中，家长的教育理念和方法能力也在不断提升、发展，亲子关系得到改善和优化，家庭氛围更加和谐，家校助推学生成长的合力增强。

三、实施心理实践工程，提升心理素养

（一）"5·25"心理健康活动搭建学生自主探索平台

以每年五月的心理健康月为契机，学校开展大型主题体验活动，至今已开展6场，包括兴趣探索、职业探索、专业探索等主题。此类活动分年级开展，学生全员参与，在体验活动的过程中实现了对自我、生涯的探索与反思。

成都市田家炳中学生涯主题活动

（二）"生涯+"活动拓展学生生涯实践路径

生涯融合活动是指在德育常规活动中融入生涯教育。如：聚焦生涯主题开展假期社会实践活动，增强假期社会实践活动的丰富性和针对性；在迎新晚会、校园艺术节、学生社团等活动

中设置相应职业体验岗，如主持人、后台、校园播音员、校园摄影师等，为学生提供更多的生涯实践体验机会。

学校生涯教育开展至今颇有成效，学生生涯规划能力得到显著提升，教师生涯教育指导力得到加强，同时也推动了学科教学与生涯教育的融合。学校开展的生涯教育特色活动屡屡受到《中国网·锦绣天府》《四川文明网》《新京报》《成都晚报》《四川教育新闻网》等多家媒体的关注和报道，影响广泛。秉承"相互学习、共同探索"的态度，学校多次开展省市区各级经验交流与分享活动。2019年，市级课题《以综合实践活动课程提升高中生生涯规划能力的策略研究》立项，学校在课题研究中不断完善课程体系，持续整合多方资源，为学生的成长与发展保驾护航。

四、润育心田，助梦成真

学校坚持以学生发展为根本，遵循学生身心发展规律，引导学生积极主动关注自身心理健康，培养学生自主自助维护心理健康的意识和能力，充分发挥和调动学生的主体性，培养积极心理品质，挖掘心理潜能。在促进学生发展的同时，学校教师的心育意识、心育能力、生涯教育指导力以及家庭教育指导力也在实践中得以提升，学校心育工作特色逐渐显现，心育成果不断增多。

成都市田家炳中学家长成长营

学校有三名专职心理教师先后参与成都市心理赛课均获一等奖，其教学设计先后入选四川省地方教程资源库、四川省普通高中地方教材；多次参与市、区级课题研究，多篇论文获国家级，省、市、区级各类奖项，多篇文章发表于《教育科学论坛》《今日中学生》《招生考试报》《时代教育》等报纸杂志。

学校将心理健康教育工作与学生生涯指导、家长教育等结合起来，多层次、多维度、多途径开展心理健康教育工作，促进学生身心健康发展，为学生的健康成长、幸福生活、追求梦想奠定基础。

规划精彩人生　成就理想自我

◇ 成都市第三十七中学校

成都市第三十七中学校（以下简称"三十七中"）是一所完全中学，坚持自信、自立、自强的"三自"教育理念和"差异发展、多元成才"办学特色。近年来，学校发展态势良好，教育质量连年攀升，社会影响不断扩大，获评全国青少年普法教育先进单位、四川省二级示范性普通高中、四川省中小学德育工作先进单位、四川省阳光体育示范校、成都市心理健康教育特色学校等荣誉。

成都市第三十七中学校园风貌

一、规划精彩人生，成就理想自我

学校自2015年开始开展生涯规划教育，一直致力于探究如何因势利导，真正做到"为学生一生的幸福和发展奠基"。经过多年实践经验的积累，学校在"三自"教育理念的引领下，以"差异发展、多元成才"为总目标，统筹规划心理健康教育和生涯规划教育，确立"心生"共育理念，打造"两课一咨"模式，构建"心生"共育体系，实施心理健康教育和生涯规划教育，呵护学生心理健康，提升生涯规划能力，帮助学生获得成就感和价值感，促进自主发展，最终帮助学生规划精彩人生，成就理想自我。

二、搭建课程体系，打造体验教育

（一）健全机制，务求成效

学校生涯教育由校长负责，心理健康教育由分管副校长负责，以专职心理健康教师和专职生涯教师为核心，以班主任、兼职心理教师和生涯教师为骨干，全体教职工共同参与。

学校生涯教育工作组每年以条目方式梳理年度工作计划，具体规定工作内容、工作完成时间、工作负责人和联络人、完成时限等方面。每个季度最少召开两次心理健康与生涯教育工作会，及时追踪工作完成情况，保障年度工作计划完成率在90%以上。

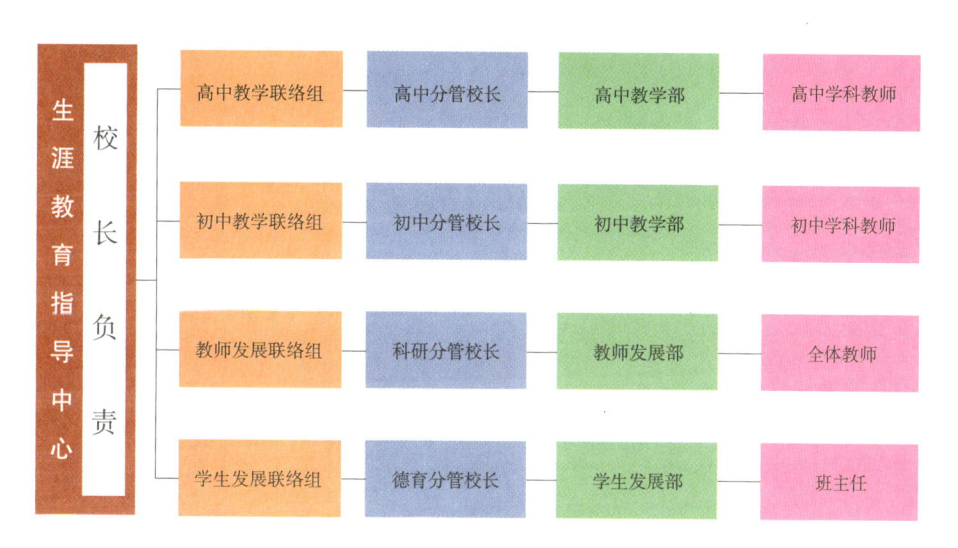

成都市三十七中生涯教育组织机构图

（二）用好课堂主阵地，建构特色课程模式

学校严格按照《四川省教育厅关于贯彻落实〈中小学心理健康教育指导纲要（2012年修订）〉的实施意见》开设心理健康教育课和生涯规划课。初一、初二和高一、高二年级每周1节心理健康课。初三、高三年级设有专题讲座和团体辅导活动。

以生涯教育为突破口，学校持续、深入开展了生涯教育特色工作，初步搭建出"一轴三层"生涯教育模式，"一轴"即促进学生自主发展这一主轴。"三层"即基础型课程、拓展型课程和研究型课程三层。基础型课程保障全体学生"有饭吃"，拓展型课程做到大部分学生"吃得饱"，研究型课程实现小部分学生"吃得好"。基础型课程、拓展型课程和研究型课程的主要任务分别是：基础型课程帮助学生认识自我，了解外部世界，了解规划路径三个方面；拓展型课程引领学生调整、完善自我，知道外部世界是不断变化的，能够及时对生涯路径做出设计三个方面；研究型课程是协助学生自我发展，预判外界变化，树立生涯意识，优化生涯路径。

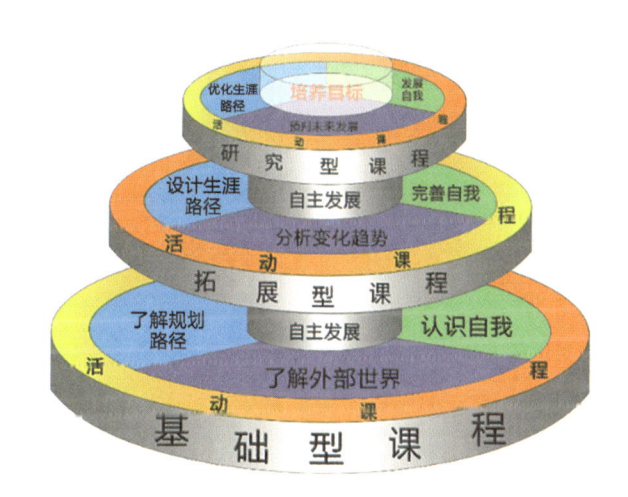

成都市三十七中初高中一贯生涯课程模式

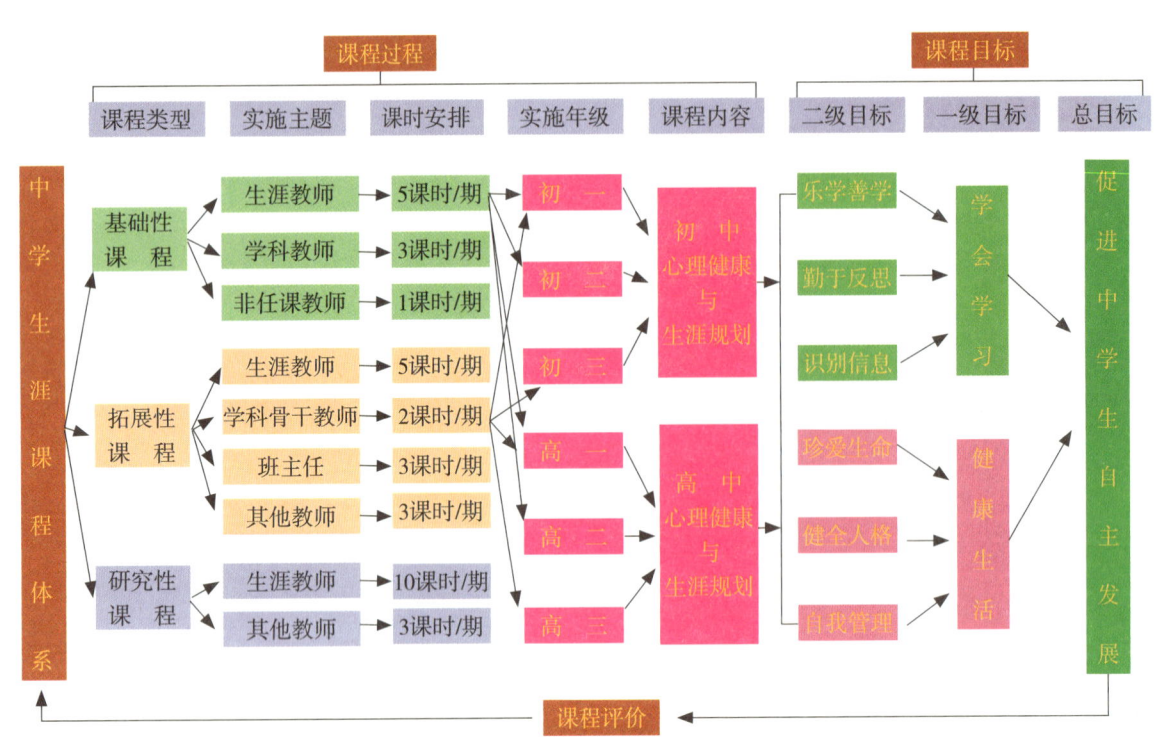

三十七中初高中一贯生涯课程体系图

经过6年的经验积累，学校主编初中年级《心理健康与生涯规划》（2020年9月）校本课程，参编高中年级《心理健康与生涯规划》教材（2017年5月）。两套教材作为教学参考，丰富了学校的教学内容。同时，学校还专门开发了语文、数学、英语、政治、历史、地理、物理、化学、生物等9门学科在"幼升小、小升初、初升高"三个衔接阶段的融合课程。

（三）全员合力谋发展，体验式教育显实效

以"全员、全科"育人为生涯课程实施的主要原则。全员是指学校全体教职工在预定时间或恰当时间指导学生的生涯发展。任课教师在学校常规生涯课程实施时间，按照生涯课程主要内容有序开展。非任课教师则通过身体力行影响学生的生涯发展。全科是指学校所有学科教师均是生涯课程的实施主体。其中，全体学科教师主要实施基础型课程；学科骨干教师主要实施拓展型课程；班主任主要实施基础型课程；生涯教师则覆盖了基础型课程、拓展型课程和发展型课程。

学校每年组织开展学科教学渗透心理健康生涯规划区、校公开课、教研活动和教育教学研讨会等。所有学科实现心理、生涯渗透，提供优秀案例，便于教师学习交流。最终归纳形成了研究型课程的模式——基于真实情景的中学体验式生涯教育模式。本模式主要包括六个方面：选项目—组团队—定方案—优实施—展成果—再反思。

学生需要充分调查、了解学校年度常规活动的开展时间、主要内容、所需要求、主要提升锻炼能力类型、中间可能碰到的主要问题，活动开展涉及的主要学校部门等基本情况，结合自身特点、兴趣爱好，时间安排等情况，选择参加的项目类型、项目数量。根据项目的相关要求，从任务分解、人员分工、时间进度安排、所需资源、所需准备、涉及学校部门等方面制定项目完成方案基本细节，团队成员多次商讨、论证，保障方案的可实施性并积极落实相关计划。活动结束后，学生通过对在真实情境中的亲身经历以及所产生的感觉或感受进行思考、分

析与评估，明确在具体体验阶段"发生了什么"，哪些部分进展顺利，哪些部分不顺利，最后以个人生涯规划手册的方式呈现，实现自我成长。

（四）探索课程评价，提升教育质量

学校从过程性评价和效果评价两个方面进行课程评价的探索。过程性评价主要从学生和教师在课程实施中的感性总结与收获做出体现。效果评价则采用专业心理健康、生涯规划问卷进行跟踪性调查的方式进行。五年的跟踪调查显示，教师的心理健康和生涯教育意识得到明显提升，学生的心理健康问题有所减少，学生的生涯规划水平得到明显提升，学生的自主发展意识得到激发。学校通过追踪调查学生的生涯规划水平，形成追踪调查报告，来验证生涯教育课程效果。追踪调查发现学生的生涯规划现状、生涯规划能力和学习投入度得到了显著的提升，说明学校生涯教育课程实施取得了较好效果。例如对高三学生的追踪回访发现：毕业志愿填报时，学生通过电视或新闻媒体、老师、学校生涯教育课程、父母或其他等途径了解专业，途径较全面。其中44.3%的同学询问了老师，38.3%的同学通过学校生涯教育课程了解专业。有56.5%的同学在报考前对拟选专业比较了解或很了解。同时，在选择专业前，100%的同学综合考虑了自己的兴趣爱好、父母或他人建议、就业率等因素。

蒋德明校长在中国教育三十人论坛上做主题发言

三、全员全科全心，成长成就成才

（一）埋头实干，硕果累累

经过为期几年的探索与积累，学校生涯教育分别获得了省政府、省教科院、市教育局、市教科院、区教育局和区教科院等各级行政部门的奖项若干。在《教育科学论坛》《四川基础教育课程改革》《当代职业教育》等杂志上发表生涯论文4篇。参编省地方教材《心理健康与生涯规划》（2017，四川教育出版社），自编生涯规划校本教材，成功立项了2项省级课题和1项区级课题。同时，《时代教育》《四川新闻》等媒体也专题报道了学校生涯教育相关成效。

（二）积极分享，共同成长

学校生涯教育团队成员分别在中国教育三十人论坛、全国差异教学研讨会、全国不同学校考察团、川投集团、泸州市公安局、武侯区教科院、区级会议等活动中做了分享与交流，得到了各位同仁的一致好评。

没有脚踏实地建立起来的东西，就无法形成精神和物质上的支撑。我们相信，只有合理规划精彩人生，才能成为想成为的自己。在已取得的成就上，学校将会继续在"三自"教育理念的引领下，遵循"差异发展、多元成才"的总目标，统筹规划心理·健康教育和生涯规划教育，以期取得更大的突破。

"一站式"服务，定制幸福成长

◇ 成都市石室联合中学

成都市石室联合中学（以下简称"石室联中"）成立于1997年，是经成都市委、市政府批准，由原成都市第十中学依托成都市石室中学（成都四中）联合办学而成，现有陕西街校区和金沙校区两个校区，是成都市青羊区第一所实现"一体管理，一校两区"办学格局的初级中学。经过多年的追求和创业，石室联合中学已发展为石室中学教育集团核心学校，也是"成都市石室联合中学教育集团"的龙头学校，领办帮扶了六所初中学校。学校根植"文翁化蜀，慧智石室"的悠久历史文脉，以"求实务虚，德慧天下"为校训，以"差异教育，扬长发展"为办学理念，以"修身、自胜、报国、利民"为育人目标，形成了"以学为本、以生为本、以生命为本"的生本课堂。在不断地突破和创新中，发展成了四川省优质教育品牌，成为成都市优质初中的领跑者。

成都市石室联合中学校门

一、定制服务，追求幸福的心育理念

学校特别重视心理健康教育，坚持以积极心理学理论为导向，坚持一站式服务的工作思路，围绕心理健康、家庭教育、生涯规划等模块开展工作，为学生提供个性化、专业化的成长指导服务，定制学生的幸福成长，为学生终身发展奠定基础。

二、高度重视，创设优质的心育环境

（一）顶层设计，建良好机制

学校成立了学生成长指导站，整合心理健康教育、家庭教育、生涯教育三个方面的功能为一体，分设心理健康教育中心、生涯教育指导中心、家庭教育指导中心。三个分中心互为依托，互为促进，与专业机构共建，一站式解决学生成长过程中的各种问题，促进学生全面发展与个性成长。

（二）持续投入，建优质阵地

学校心理中心设有心理咨询室、团辅室、沙盘室、办公室等多个功能室，面积约150平方米。目前学校正加大投入，全面升级打造全新的学生成长指导站，配齐心理教育设备，确保常态化使用。

（三）队伍建设，引全员育心

在心理师资上，学校配有5位专职心理健康教师，均为心理学研究生毕业，持有国家心理咨询师证书。学校所有班主任都参加了心理咨询员C证培训，30多位教师参加了B证培训，每学期还定期面向全体教师、班主任开展心理培训，不断提升教师的心育能力。

三、不断创新，打造积极心育模式

（一）积极心理教育，为学生点亮幸福的灯

1. 课堂主阵地——健心

学校通过心理必修课和选修课的开设，在培养学生积极心理品质和学习心理等方面进行有效探索。七年级每周一节心理课，针对学校学生的心理特点，编辑形成了校本教案集《乐学无涯 幸福同行》，做到教学体系序列化，内容模块化，教学形式多样化。此外，学校在七年级还开设了两门心理选修课，即《相约心灵》和《心随影动——心理电影赏析》，八年级开设了《以"玩"促学，"学"转课堂》的心理学习辅导选修课，帮助学生激发兴趣、培养积极心理品质，解决心理困扰。学校以心理课堂教学主题做为主导线，每月的选修课、团辅活动、宣传推文等都围绕课堂单元的主题进行。

成都石室联中学生成长指导站成立仪式

2. 心理健康活动周——润心

学校在每年5月份都会举办心理健康活动周系列活动，每届心理活动周以塑造学生积极心理品质为主要目的，形式多样，融合国旗下主题活动，班会活动等，使学生的心理品质在活动中得以提升。在活动中，学生编写的阳光心语，汇编为《青春的色彩——阳光心语》，供学生分享阅读。

成都石室联中心理健康活动周　　　　　　　成都石室联中心理拓展活动

3. 心理拓展活动——强心

学校定期邀请专业拓展团队，分别对教师和学生进行心理素质拓展活动。让师生在活动中

感受到快乐，培养师生良好的心理素质，增强持续工作和学习的能量。例如学校的双十节校园心理拓展活动和元旦节的教师心理拓展活动曾被媒体广泛报道。

4. 心理咨询活动——疏心

我校心理辅导室在周一至周五中午12:00—14:00面向全体师生开放，为学生提供四种方式预约心理辅导，学生可以自主预约、通过班主任预约、通过心理委员预约以及通过心灵相约邮箱预约。心理教师对心理有困惑的学生进行心理辅导，做好记录，并对重点对象进行跟踪和访谈。

学校每年4月开始定期对初三学生进行考前辅导，通过专家讲座、考前团辅活动，发放《考前心理调适手册》等缓解中考压力。通过课题研究的方式总结提炼了学生学习心理辅导的方法和策略。

同时学校重视对学生心理早期预警工作，建立健全了学校危机干预制度，对全校学生进行心理健康普查，建立心理老师、班主任、学生发展中心联动的三级心理危机预警和干预机制，对于危机学生采取多方会谈、同质性团辅、家长沙龙等多种方式进行干预，做好对危机干预对象的支持系统、监护系统等。

（二）"三色"生涯教育为学生启航成长的路

1. 生涯课程塑生涯底色

学校打造了春晖课堂、百家讲坛、生涯选修课堂塑生涯底色。春晖课堂邀请八年级家长进入课堂讲解自己的职业、创业故事等，由家长自主报名，形成课程包，学生自由选课，学生通过春晖课堂了解职业，拓宽视野。百家讲坛则邀请社会各界知名人士、毕业校友等进入学校，为学生讲解自己的成长经历，所在职业的榜样人物故事等，为学生树立生涯榜样。生涯选修课堂通过对兴趣、能力、家庭树等的探索唤醒学生的生涯规划意识。

2. 生涯体验点生涯亮色

学校通过《三日职业体验》《我当三天家政体验》《"我的公司我做主"——艺术作品展售》《ASDAN商业模拟联赛》《读书节文创作品义卖》等实践主题活动，激活生涯能力。

3. 生涯游学创生涯特色

每学期半期考试前后，学校进行面向全体学生的生涯游学活动，到各个企业、机构学习体验，通过游学发现自己的生涯潜能，思考自己的职业理想，增强学习的动力。

成都石室联中生涯游学活动

（三）家校联动为学生成长保驾护航

1. 提升家长育人水平

学校的家长学校每年10月定时开放，邀请知名专家为学校七年级新生家长进行家庭教育专题讲座，指导家长形成科学的家庭教育理念，尊重孩子，共同陪伴孩子走过青春期。学校的家长学校已形成"课程系统化""形式多样化"和"评价制度化"等特点。

2. 形成家校育人合力

每月与心理教育主题相对应，进行以适应中学生家长角色、帮助孩子科学学习、生涯规划、管理情绪等主题沙龙。每次沙龙向全体家长发出邀请，尤其是曾经给学生成长守护热线打电话反馈过家庭教育困惑的家长，最后由家长自愿报名参加。

3. 搭建常态沟通平台

对于个别需要特别支持的家长，可以预约到心理中心与心理老师进行面对面的交流，深度探讨孩子的成长问题，进行一对一指导，使家长在交流中进一步提升育人能力。

（四）学生成长守护热线，为爱发声真诚守护

为了切实贯彻一站式服务的工作思路，学校开通了学生成长守护热线。热线由专业的心理老师负责接听，每周一、三、五向学校所有家长学生开放。热线主要解决孩子成长中出现的情绪困扰，解决家长在家庭教育中存在的困惑，帮助建立和谐的亲子关系，同时也对孩子成长中的生涯规划进行指导，帮助家长引领孩子确立人生目标。学校成长守护热线的开通畅通了家校沟通的渠道，形成了家校协作的合力。同时，学校也了解了各个年级学生的共性，为班主任、科任老师以及学校各项工作的开展提供了有效的信息。对于不能在电话中解决的问题，学校还举办家长面对面活动，邀请家长到校与心理老师面对面交流。

四、展望未来，追求高效心育成效

经过多年的探索实践，学校被评为成都市心理健康教育特色学校，心理健康教育工作在市、区形成了一定的影响力。深知心育工作任重而道远，学校将在现有的基础上，进一步完善心理危机干预体系，进一步探索生涯发展途径，不断创新，开创学校心理健康教育新局面，更好地促进学生的发展，为学生的终身幸福奠基。

立足生涯教育　打造"立人"家园的心灵绿洲

◇ 成都市铁路中学校

成都市铁路中学校（以下简称成都铁中）是四川省一级示范性普通高中、四川省阳光体育示范学校、四川省艺术教育特色学校、成都市领航高中项目学校、成都市中小学心理健康教育特色学校。多年来学校始终恪守"守正出新、重道立人"的办学理念，坚持"协调发展，各有所长"的育人目标，积淀优秀的校园文化，营造和谐的人际氛围，形成了以"立人教育"为核心的鲜明办学特色。

成都市铁路中学校校园风貌

一、心理健康教育理念：立足生涯，育心立人

学校把教育的核心根植在学生的全面发展上，把教育的阳光播撒给每一个学生，科学严格管理，人性化关怀引导，力争培养既全面发展，又具个性特长的高素质人才。学校一直高度重视心理健康教育工作，关注学生心灵，把心理健康教育作为学校德育工作的重中之重。近年来，学校立足生涯教育，引导每一位学生学会为自己的生涯发展规划，找到最适合自己的成长路径，着力打造"立人"家园的心灵绿洲。

二、特色经验："一体两翼"的生涯规划教育模式

经过多年的探索与实践，学校逐渐形成"一体两翼"的生涯规划教育模式。所谓"一体两翼"，即以生涯规划课程实施为主体、以生涯活动和学科融合生涯教育为两翼的生涯教育体系。

（一）"一体"：以生涯规划课程实施为主体

学校从2014年开始进行生涯规划课程的探索实践，在高一年级开设了《生涯规划辅导》的校本选修课，每周2个课时，共计10课时。从2019年开始，《生涯规划辅导》成为学校的校本必修课，高一年级每周1课时，课程内容涵盖生涯唤醒、生涯认知（自我和外部世界）、生涯决策、生涯管理等方面。课程目标在于引导学生学会认识自己、评价自己，认识社会与职业变化特点，掌握了解、收集职业等相关信息发展等相关信息的方法，探索适合自己的职业方向，为未来的专业知识技能学习和职业生涯发展作好准备。

（二）第一翼：丰富的生涯活动

1. 生涯人物讲座

邀请大学教授、家长、职场专业人士、优秀校友到校开展生涯教育讲座。大学教授可以为学生介绍他们所进行的学术研究领域，还可以介绍他们的人生发展轨迹，分享他们成长过程中的选择历程；家长走进教室，为学生介绍自己的职业，介绍该职业岗位的实际工作情况，为学生了解该职业信息提供帮助；职场专业人士到校开展专题讲座，介绍其工作的主要内容、任职资格、所需技能、市场前景、行业相关信息、工作环境、工作强度、福利薪酬、员工满意度等，帮助学生获取相关职业领域的信息、进行职业探索和认识职业环境；优秀毕业生返校为学弟学妹们进行交流，介绍自己高中三年的学业规划，在目标管理、时间管理方面的经验，以及自己所就读的大学及专业情况，可以以身边的榜样力量引导在校的高中生坚定目标，明确发展方向并为之努力。

2. 生涯实践活动

利用寒暑假开展社会实践活动，如生涯人物访谈、职业体验活动、参观企业工厂、研究性学习等，使学生通过亲身实践，不断明确学习成长目标，为专业性发展、职业倾向选择提供判断依据。在学生进行生涯实践一个阶段之后，积极开展生涯实践汇报会，引导学生总结实践经验，以点带面，为学生之间互相分享交流实践过程中的收获、体会和感悟提供平台，让学生有机会了解更多的职业，为自己的生涯决策提供更广的选择。

3. 生涯体验活动

在学校组织下，积极开展丰富的生涯体验活动，如成人礼、戏剧节、艺术节、诗歌节、青少年志愿者等活动，充分利用这些活动，引导学生树立积极向上的人生目标和人生态度；指导和鼓励学生组建与职业生涯规划相关的学生社团，增加职业体验，增强学生的职业生涯规划意识，引导学生将外化的感官兴趣变成内化的稳定的志趣，并有意识地丰富职业知识、提升职业技能。

成都铁中学科融合生涯教育

（三）第二翼：学科融合生涯教育

1. 积极挖掘课程资源，寻找生涯教育的契合点，开发渗透生涯规划教育的学科融合课程

各学科教材的内容是未来职业必需的基础知识，又是进行人生规划指导的重要载体。教师

在学科教学的过程中，有意识培养学生的理想和规划意识，让学生了解社会上与此门学科相关的职业类型，有意识地发现学生在课堂中表现出来的爱好和特长、职业兴趣、气质和能力。积极引导教师发掘学科教材中所涉及的生涯发展相关事例，选择合适切入角度，因材施教。

2. 开设丰富而富于弹性的学科选修课，拓宽学生的知识视野，促进其潜在能力和个性特长的充分发展

课程内容上，选修课可包含学术性选修课和职业性（或技术性）选修课。前者侧重于基础文化知识和基本技能方面的知识，包括高深型、拓宽型、趣味型学术性选修课，有助于丰富学生的精神生活，扩大学生的视野，发挥特长，培养个性，对学生的学术走向有特别重要的意义。职业性（或技术性）选修课包括农业类、工业类和商业类选修课，目的在于使中学生了解一些工业、农业、商业发展的历史与现状，增进学生对于感兴趣的行业的了解，掌握一些知识与技能，为今后的就业做准备。

三、成效：积极提炼，凝结智慧

在进行生涯教育实践过程中，学校不断摸索、不断总结，形成了以下特色活动及成果。

（一）成都铁中高校节

"成都铁中高校节"从2019年开始，每年举行一次，高校节当天会开展"生涯游园会"、专业现场咨询、"走进大学宣讲会"等系列活动，届时同学们除了参加生动有趣的生涯游园活动之外，近两年的优秀毕业生还会回到母校以自己的亲身经历为学弟学妹分享求学经验、进行就读大学的宣讲活动，让同学们能够更全面、更科学、更系统的去了解高校的生活。高校节为在校中学生与大学搭建起面对面的沟通平台，帮助同学们加深对高校专业设置以及招生政策和动态的了解，初步建立未来的职业价值取向，为高考后的志愿填报做好准备。

成都铁中生涯教育之"高校节"

上海交通大学教授到校开展讲座

（二）成都铁中生涯大讲堂

努力做到"周周有课程，月月有讲座"，在生涯课程实施的同时，充分发掘生涯人物资源，邀请各行业、各领域的人物担任"生涯大讲堂"的主讲人，为同学们生涯探索助力。

以下为近两年学校开展的部分生涯大讲堂活动。

主讲人	主题
复旦大学唐璜教授	光线的奥秘
上海交通大学席涛教授	知识网络时代的高等教育
电子科技大学曾兵教授	一切从图像开始
成空招飞局选飞李志兵科长	磨砺铁翼 铸剑蓝天
成都地质调查中心王东辉教授	地质助力成都发展
哈尔滨工程大学周学谦博士	船舶与海洋工程现状与未来
西北农林科技大学魏永平教授	蝴蝶——会飞的花朵、翅膀上的财富
中国民用航空飞行学院大学生	民航知识进校园
电子科技大学信息与通信工程学院在校大学生	雷达看世界 漫谈人工智能

（三）假期实践活动系统化

经过几年的经验积累，学校针对不同阶段学生特点精心设计，形成了系统化的假期实践活动，引导学生积极参与实践：

高一寒假：探索专业——生涯人物访谈之大学专业人物访谈

高一暑假：探索家庭成员职业——职业体验之踏上父母上班路

高二寒假：探索职业——职业生涯人物访谈

高二暑假：探索职业——职业体验

高三寒假：探索大学——走进大学

这些活动的开展使学生通过亲身实践，进行大学、专业、职业的探索和了解，加深对外部世界的认识，不断明确学习成长目标，为专业性发展、职业倾向选择提供判断依据。

（四）创办生涯规划专刊《启点》

从2019年起，创办学校生涯规划教育专刊《启点》，每学期两期，面向全校学生发放，内容涉及生涯规划的相关知识普及、最新招生政策介绍、大学专业设置、当今社会职业发展趋势、学生参与生涯体验活动的经验分享等。目前已出版7期，深受广大学生及家长好评。

学校一直遵循"发现自我、唤醒潜能、科学规划、助力成长"的生涯教育核心理念积极开展生涯规划教育，帮助学生唤醒生涯意识，学会为自己的生涯发展而规划，确立未来的职业理想和当下的发展目标，最终实现自主发展。让我们一起沿着生涯教育之路，不断探索，一直走下去。

成都铁中生涯规划专刊《启点》

差异发展润心田　快乐成长育栋梁

◇ 成都市金牛中学校

　　成都市金牛中学校（以下简称"金牛中学"）始建于1969年，是金牛区教育局重点打造的国宾教育板块品牌学校，曾获全国首批"青少年校园足球特色学校"、四川省首批"阳光体育示范校"、成都市心理健康教育实验学校等多项殊荣。近年来，学校在"为快乐成长铺路，为幸福生活奠基"的办学宗旨引领下，确立了"差异发展，快乐成长"的办学理念，以"厚德、健体、自律、快乐"为校训，践行"明理修德，致知笃行"的综合育人理念，全面发展学生综合素养。

成都市金牛中学校园风貌

一、尊重差异发展，助力快乐成长

　　学校高度重视学生身心健康，坚持尊重个体差异，把心理健康教育作为实现"立德树人"根本任务的重要内容和落实"差异发展，快乐成长"办学理念的重要途径，以积极心理学为理论指导，探索适合学校发展的心育模式，开启助力学生快乐成长的动力源泉。

　　为搭建心育之架，夯实心育之基，学校2006年成立了心育工作领导小组，逐步构建以"领导小组、专兼职心理辅导教师+、班主任+"为结构的心育组织体系。切实做到心育工作与学校整体发展同规划、同部署、同落实、同考核，探索出具有本校特色的心育内涵和方向，工作机制常态化。

二、科学定制齐参与，全面融合育心田

（一）尊重差异，突出重点

学校生源结构以随迁子女就读为主，约占全校学生总数的80%。为办"老百姓家门口"的好学校，学校心育工作始终坚持尊重学生个体差异，让学生能够发现自我、善待自我，切实增强个人价值感。心理中心从全员齐心聚力、课程按需定制、活动丰富多元等方面重点发力，探索出符合学校实际的特色心育模式。

（二）借助合力，科学推进

1. 领导小组凝聚心育力量

学校行政领导高度重视心育工作，支持配套建设，邀请专家指导，组织全员学习，参与问题讨论，切实靶向研究，凝聚心育力量，营造浓厚的心育氛围。

成都市金牛中学心理健康教育培训活动略影

2. 班爸班妈夯实心育基础

班主任群体是落实心育工作的中坚力量。他们持证上岗，均具备心理辅导员资质，"主动与学生心灵对话"成为每日常规，"新老同仁结对"实现心育互助，"同台交流"共享心育经验。主动家访，呵护学生的日常，注重挖掘，发现学生的每一次成长，他们数十年如一日，培养学生的积极心理品质，赢得了学生的接纳感恩和家长的高度认可。

3. 科任教师丰富心育文化

学科教师是心育的重要参与者。学校鼓励学科教师开展心育与学科融合，如：语文学科融合生命教育、抗挫教育；生物学科融合青春期和性教育等，做到教学有案例，学生有心得。同

时，通过加强心育理念和心理辅导技能的培训，使他们学会接纳学生不同，培养学生兴趣、发展学生特长、促进学生个性发展。

4. 家校合作拓展心育外延

家校联动丰富了学校心育工作的外延，通过"亲清家校"平台搭建，结合公众号、微信、QQ等渠道，采取个别家访、单独面谈等形式，向家长传递心育理念，助其转变教育观念，提升亲子沟通技能，增强良好亲子关系，营造和谐家庭氛围。同时，邀请家长到校开展专题讲座，主题涉及"青春期的思考""生涯发展规划""亲子关系处理"等方面，切实有效"聚合力"。

成都市金牛中学部分心理辅导员合影

5. 心理委员守护心育家园

心理委员守护着心育家园，他们在注重关护自身心理健康的基础上，协助留意全班同学的心理情况、填写班级心育手册、及时识别心理危机、传递班级心理信件。全校70名心理委员组成了心晴社团，共同制定了社团原则和工作制度，轮流负责心理广播、协助组织心理活动、整理心育资料，他们"以心护心，以心带心"，悉心守护，接力延续。

（三）按需设计，落实课程

1. 心理课程积累心育实效

科学规划心理课程，每学期全校共计约280节心理课。大体量的课程落实，给心育方案的具体实施提供了充分的土壤，使学校心理课程呈现出差异化、板块化、系统化的特点。

金牛中学差异化心育课程体系

针对差异	定制内容	课时
新生难以适应和排斥新学校	人际、环境和学习适应，积极接纳和开创初中新生活	4
学习态度消极、习惯欠佳、效率低下	重树学习目标，改善学习方法，掌握高效学习技能	8
理想自我和现实自我落差过大	客观全面认识自我、真诚悦纳自我，培养真实的自信	8
不善沟通交往、与他人敌对或感到孤独	解析和掌握沟通技能、亲子交往要点、朋辈交往原则和技能等	10
渴望被关注、追逐恋爱时尚	解密青春期生理、心理和性健康教育，以恰当的方式整合自我认同	6
对未来迷茫困惑、对现在得过且过	探索优势潜能，发展多元能力，初步规划生涯发展	12

2. 选修班会定制心育内容

心理中心开设心理团体辅导选修课，践行"自主自助，课程育人"原则。同学们可以在老师提供的心育主题菜单中自助选择，也可以与他人合作，转变角色担任"小小心理老师"，自主开展主题心育活动。实践中，同学们开展了"为心理疾病正名""怪诞心理学""读心术的奥秘""做高情商的人""如何提升自信"等活动，培养了能力，收获了快乐，提升了素养。

心理班会课是实施心育的重要阵地，每个班级每学期开展10节左右，由各班主任和心理专兼职老师及心理委员合作，根据本班近期大事件，提炼出适合的心育主题，共同按需设计并灵活实施。

（四）丰富形式，创设舞台

1. 丰富常规浸透心育环境

学校精心打造学生心理成长中心，制度完善、设施齐备，布置科学、装扮温馨，满足办公接待、个体面询、信件咨询、团体辅导、四方会谈、专业阅读、心理测量、沙盘游戏、音乐放松和心理宣泄等多种心育工作要求。

不断丰富心育主题活动，校园电视台每学期放映至少1部心育影片，学校宣传栏、班级文化墙每学期设计1~3次心育专栏，校刊《金风》每期刊登5~10页心育版块，校园广播站每周三定时播出心晴社团稿件，各个班级每学期评比1.2次心育主题黑板报和手抄小报等。

特色心育还常常融入品德教育、劳动教育、社会实践、艺术体育、国防教育等活动中，有形有效。

成都市金牛中学心理成长中心

2. 专项活动升级心育舞台

扎实开展各类师生心育专项活动，如"5·25"心理健康活动周、心理游园会、心理剧展演、初三"心"力量、"身边人的心理成长故事"、迎残奥冠军进校园、感恩教育、青春期培训，以及融合了心育的校园艺术体育节、班级足球/篮球赛、主持人/音标大赛、绘画/合唱/3D打印/编程等大型活动和比赛，搭建展示自我风采的舞台。

成都市金牛中学"5·25"心理健康主题游园活动

三、差异发展汇特色，逐步成长争新高

学校把"差异发展润心田，快乐成长育栋梁"作为内涵发展和品质提升的重要抓手，坚持推进心育工作，取得良好成效。学校先后获得"青艾工程师资实习基地""全国家庭教育示范校家庭教育指导培训基地""成都市首批心理健康教育特色学校""金牛区青少年健康人格教育基地"等称号，承担成都市"十一五"教育技术科研课题获国家级一等奖，多名教师的心育学科渗透文章在国家及省市区级刊物发表，多名班主任设计的心育主题班会分别在省市区范围内获奖。

成功举办第二届中陶会生命教育专委会暨生命教育骨干教师培训大会，来自两岸三地的专家学者400余人共赴盛会，极大地拓展了学校心育和生命教育的视野。

学校将持续坚持"差异发展润心田，快乐成长育栋梁"的工作思路，不断丰富心育内涵，切实拓展心育路径，以特色心育"铺"快乐成长之路，"奠"幸福生活之基。

课程融合育心，家校协同育人

◇ 成都市第三十八中学校

成都市第三十八中学校（以下简称"三十八中"），创建于1957年。自办学伊始，学校就对心理健康教育工作高度重视。在"一切为了学生，为了学生的一切"的教育理念引领下，学校高举"立德树人"旗帜，秉承"和、诚、勤"的办学理念，以"提高学生心理素质，培养学生积极心理品质，开发学生心理潜能，促进学生身心和谐"为心理健康教育目标，开展了涵盖"学生心理素质拓展课程、教师心理拓展课程、家长心育课程、特教园艺课程"四大"心育"课程，采取"校长统领、德育处牵头、中心专业实施、多处室协同合作"的工作机制，将心理健康教育贯穿于学校教育教学全过程，和家长共育，把"育人"与"育心"有机结合起来，走出了一条"以课程为载体，家校协同育人育心"的学校心理健康教育特色发展之路。

成都市第三十八中学校园风貌

一、"硬软件"并进，为"心育"保驾护航

（一）加大投入，提供"心育"的硬件保障

心理健康教育，需要专门的场地与设备设施来进行保障。学校建成"心灵港湾·生命绿岛"心理健康教育中心，为学生提供了一个和谐温馨的精神家园。在这里师生通过各种活动，有效转变不合理的认知、宣泄消极的情绪、缓解过大的压力，进而让内心变得强大起来。

（二）内外兼修，提升"心育"的整体水平

只有心理健康的教师，才能培养出心理健康的学生。为此，学校内外兼修，提升教师的"心育"水平。学校为教师创设宽松、愉快的工作环境，加强教师的"心育"研究与培训，为教师提供合适的"心育"提升课程。

成都三十八中"心灵港湾·生命绿岛"

目前，学校拥有2名专职心理健康教师，都持有心理咨询师二级证书；在班主任队伍中广泛普及心理辅导员C级和B级培训，持有C级证书45人，持有B级证书28人，在岗的38名班主任均通过了成都市心理辅导员C级及以上的培训。

（三）机制护航，保障"心育"的持续推进

为了有效推进学校心理健康教育工作，学校专门设立"心育"工作领导小组，形成了齐抓共管的"心育"管理机制：在校长的直接领导下，学校由德育副校长指导德育处工作，由德育处负责学校"心育"工作的实施和班主任"心育"工作的目标计划，并组织实施落实；教学副校长指导教导处，着力学科渗透的引导和要求；总务处负责有关工作的后勤保障。这样，全校就形成了"校长统领、德育处牵头、心理中心专业化实施、多处室协同合作"的工作实施机制。

二、"校内外"协作，开发"心育"新课程特色显

学校立足自身实际，以课程开发为手段，开发出了四大特色课程，着力培育学校"心育"特色文化。

（一）开设学生心理素质拓展课程

为了提升学生的心理素质，学校创设了学生心理素质拓展活动课程，用课程育人育心，用课程立德铸魂。学生心理拓展训练课程，着重针对新生适应和学生考前心理辅导。对新生而言，心理素质拓展课程帮助新生适应环境，重在调节因入学而感到陌生、胆怯、自卑等心理；对毕业班学生而言，重在调整学生因考试而感到紧张、焦虑、烦躁甚至畏惧的心理，训练学生信心、勇气、乐观、坦然的心理。围绕学生心理素质拓展活动，学校取得了显著成绩，在区、市做了专题分享和经验交流，受到学生、家长和社会的广泛认可。

成都二十八中心理拓展训练活动略影

（二）建设教师心理拓展课程

教师拓展培训主要由学校心理教师研究、设计、组织、实施，逐步形成了"体验→分享→交流→整合→应用"的"五步"体验式学习，并通过实践调整，形成了"自主设计、做中学、富有针对性、活动种类丰富、主题鲜明"的特点。学校开发的教师心理拓展课程，目标明确，内容丰富，形成了一支积极向上的、和谐的教师队伍。

（三）创设特教园艺课程

育心化人，创设特教园艺课程，是为了落实好《成都市成华区教育局关于进一步加强特殊教育随班就读工作的实施意见》精神，全面推进融合教育，努力完善特殊儿童少年随班就读服务体系，切实提高特殊儿童少年随班就读的质量和水平。园艺课程是学生在治疗师的引导下，开展园艺操作等各种活动，以达到身体机能、心理健康、社会适应力恢复的课程。园艺课程，是学校心理教育特色从校内走向校外，与国内外教育接轨的最好明证。何蓉梅老师于2019年10月18日—23日参加了成都市园艺辅导培训。目前，这门课程正在全力实施之中，对特教学生有着良好的实践效果。

（四）创设家长心育课程

教育是需要家庭、学校和社会共同完成的事业，尤其是心理健康教育更需要家校的协作。为了提升家长的家庭教育水平，引导家长协助学校教育，学校创设了家长心育课程。同时，学校还邀请教育专家进行专题讲座（见下表），指导家长有效地开展家庭教育，配合学校做好心

育课程；利用互联网，建立家长微信群，推送心理教育、家庭教育方面的文章，让家长学习；利用公众平台和微信群，增强家校沟通，促进家校协作，建设家长心育课程。

目标	课序	主题
导入课	第一课	良好的家庭教育影响孩子的人生
理解孩子	第二课	正视孩子的问题，培养良好的习惯
	第三课	12—18岁青少年身心发展规律
	第四课	理解、尊重和爱——与孩子一起走过
有效沟通	第五课	如何与青春期孩子的有效沟通
	第六课	父母行为方式对孩子的影响
情绪管理	第七课	如何培养孩子情绪管理能力
提升关系	第八课	夫妻关系决定亲子关系的品质
	第九课	夫妻和谐相处的秘密
结束课	第十课	亲子合家欢，共创幸福家庭

三、"百花园"绽放，培育"心育"成效显

通过多年"心育"建设与拓展训练，师生的心理健康意识和水平有所提升，呈现出百花齐放的良好格局。

（一）"心育"行动，促进学生心理健康

学校通过新生适应、考前心理调节等主题的心理素质拓展训练活动，促进了学生的发展，提高了学生的心理素质：适应学校、情绪稳定、人际和谐、主动求助意识增强，身心健康发展。

（二）"心育"工作，提高教师"心育"水平

学校将"心育"与学校的教师团队建设紧密结合。在拓展活动中，队名成了年级的名字，口号成为年级工作的励志口号。教师团队建设的拓展活动使得年级工作、学校整体工作推进有效，促进了教育质量的持续提升。专职心理老师的专业素养得到提升。2位专职心理老师均被聘为成华区未成年人心理中心指导专家。班主任老师成绩显著，在市、区班主任技能大赛和心理班会课比赛中屡屡斩获一等奖。

（三）"心育"感召，提升家长"心育"能力

学校家长心育课程的开展受到了家长们的热烈欢迎，每当在家长群里公布课程安排时，家长们积极踊跃地报名，并反馈"以前和孩子关系处理得不好，孩子有什么事也不愿意和家长说。听了多次课后，我们也尝试改变，和孩子关系越来越好，也开始欣赏孩子了"……看到家长们的反馈和学生在校的变化，老师们倍感欣慰，坚定了学校要继续深入办好家长心育课程的决心。

（四）"心育"研究，迎来"心育"累累硕果

随着心理健康教育特色办学的实施和推进，心育课程取得实践和理论的诸多成果：教师团队参与市级交流3次、区级交流2次，心理老师的论文、教学公开赛课多次荣获市区一等奖；学校主研的市级课题顺利结题；心理教师成为区心理健康教育中心领衔的市级课题主研，并承担了相关研究工作。

随着成都市心理健康教育实验学校、成都市心理健康教育特色学校等荣誉相继获得，成都市第三十八中学校正释放着心理健康教育的独特魅力，走出了一条心理健康教育的特色发展之路。

以心沐心　创和谐校园

◇ 北京师范大学成都实验中学

　　北京师范大学成都实验中学（以下简称"北师大实验"）是由成都市政府、教育局2002年引进北京师范大学优质教育资源和教育品牌，由原成都二中改制而成的一所全新的学校，被评为全国诚信自律单位、成都市校风示范校、成都市义务教育阶段课程改革先进集体、成都市教育科研先进集体。学校秉承北京师范大学"学为人师，行为世范"的文化基因，高举"文化办学"的旗帜，坚持"人必须获得自由、充分、和谐发展"的观念，坚持"教育就是服务"的思想，坚持建立"和谐、民主、平等"的师生关系，坚持"培养学生发展性学力，培养学生可持续发展"的人才观，提炼出了"包容产生和谐，学习推动创新，卓越成就未来"的学校精神。形成了"以学习型学校为依托，不断促进教师专业化发展，进而推动学校可持续发展"的学校发展路径。

北京师范大学成都实验中学全景

一、完善的心育服务体系，创设浸润式育人氛围

　　学校早在2002年就将心理健康教育纳入了学校整体发展规划和年度工作计划，制订了详细的心理健康教育发展规划。学校学生成长指导中心紧紧围绕"立德树人"根本任务，秉承"以人为本，关注心理健康，促进师生身心和人格健康发展"的工作理念，坚持"完善体系、立足教育、预防为主、全面渗透"工作原则，牢牢把握宣传教育、危机干预两个关键环节。以学生成长指导中心为依托，构建了学校、家庭、社会三维心育网络，营造了"人人关注心理状态，

个个注重心理健康"的校园心育文化氛围，受到师生充分肯定和一致好评。

学校设立了心理健康教育工作领导组、学生成长指导中心、班级心理委员，逐步构建了教育教学、实践活动、咨询服务、预防干预、平台保障"五位一体"的心理育人工作体系，推行"年年有普查—期期有课程—周周有活动—天天有咨询—时时有热线"服务模式，打造出"心理普查—成长访谈—教育引导—团体训练—个体咨询—专业诊疗"的教育链条，全程、全员、全方位开展中学生心理健康教育服务，为学生健康发展保驾护航。

北师大成都实验中学"五位一体"育人工作体系

（一）做好心理普查

每学年运用专业心理测评软件，针对不同年级学生开展相关心理普查，内容不限于心理健康普测、新生入学适应性心理测评、考试焦虑心理测评，还融入生涯的文理分科倾向测试、脑育五大力测试等。为教育教学提供数据支持与专业辅导。

（二）开好心育课程

根据各年龄阶段学生的心理发展特点，分别开设了每周一节的心理健康教育课程，主题包括但不限于：自我认知、学习心理辅导、青春期人际交往、考试焦虑辅导、毕业班考前心理辅导、适应性睡眠辅导等。

（三）办好心育活动

针对低年级学生开展每周一次的心理综合实践活动，定期举办相关心理健康教育讲座以及团体心理辅导。此外，学校每年5月还定期举办心理健康活动月，积极开展多项活动，营造良好的心育氛围。

（四）用好心理咨询与团体辅导

学校设立了学生成长指导中心，配置相应的设备设施，以满足学生心理辅导的需要。心理辅导室每周一至周五开放，专职心理教师每周值班10小时，对有需要的学生进行个体咨询，并根据学生发展需要开展团体心理辅导。

二、完善课程建设，促进学科融合

《关于加强中小学心理健康教育的若干意见》中明确要求：要将心理健康教育"全面渗透到学校教育的全过程，在学科教学、各项活动、班主任工作中，都应注意对学生心理健康教育，这是心理健康教育的主要途径。"学校通过学科渗透、心理健康辅导课、心育主题班会等，开展心理健康教育工作。贯彻学校"以科研促教学"的指导思想，积极开发校本课程，构建适应本校学生身心发展的校本课程。

北师大成都实验中学心理手册

三、倡导学科融合，开展教育实践生涯

在新高考改革背景下，学校将生涯教育与学科融合，倡导将生涯教育理念与学科教学相融合的课堂实践。针对初高中不同阶段学生的生涯发展特点，构建适应本校学生身心发展的校本课程，设置阶段性的生涯教育目标，建立了初、高一体化的生涯教育课程体系。学校生涯教育目标：激发自我完善、自主发展的生涯意识；培养选择与规划、服务社会的生涯技能；树立持续发展、积极乐观的生涯信念，实现幸福人生。

北京师范大学成都实验中学生涯课程设置

年级	课程目标	课程类别	辅助活动	特色课程	特色活动
七年级	认识自我、了解个人特质	必修课、综合实践活动课	团体辅导 个体咨询	自我寻踪	一年一度心理健康活动月
八年级	探索自我和外部世界的关系	必修课、综合实践活动	团体辅导 个体咨询	青春初绽	
九年级	探索生涯，激发梦想	心理班会、专题讲座	团体辅导 个体咨询	约会梦想不忘初心	
高一年级	自我深度探索，培养规划意识	必修课、心理班会	团体辅导 个体咨询	文理分科倾向辅导	
高二年级	生涯体验与实践	选修课、专题讲座、生涯游学体验、心理班会	团体辅导 个体咨询	职业达人进课堂；生涯游学	
高三年级	生涯规划与决策	必修课、专题讲座	团体辅导 个体咨询	立足当下，朝向未来；高三考场适应性催眠辅导	

四、开发脑育课程，拓展科研领域

学校是成都市首批"脑育"试点学校，在初中学段开设了注意力，记忆力，思维能力相关的脑育课程，以课堂为抓手，积极推进脑育工作。在课堂教学中，教师充分调研学情，秉承"课堂主体是学生，将课堂还给学生"的教育理念开展教学工作。

积极探索生涯课堂与"脑育"课堂

五、落实全员育心，推动共同成长

在学校心理健康教育工作开展的初期，在学校领导的大力支持下，首届心理健康宣传周"健康人生，从心开始"于2006年11月成功举办。至此，心理健康宣传周成为学校心理健康教育的传统及特色，后延伸为心理健康教育月，每年5月全校举行素质拓展、游园活动、知识竞答、电影赏析、心理小报等活动项目，活动内容丰富形式多样，充分调动了学生参与心理健康活动的积极性；有利于塑造学生和谐健全的人格；同时为师生互

丰富多彩的心理健康活动月

动提供了平台，有助于教师走近学生，学生理解教师，让"润心育行，和谐校园"的理念落到实处。

学校心理健康教育氛围浓厚，全校师生积极参与，各项工作均有条不紊地开展。首先，是全员培训，需全员具备基本的教育素养，基本的心理学常识。因此，学校每学期都会组织全校参与的心理健康教育培训。其次，是班主任队伍的培训。优秀班主任应具备的素养中最重要的一项就是心理健康教育素养：掌握基本的心理健康教育知识，懂得心理健康教育的基本技巧，把握心理健康教育的基本规律。班主任除了参加成都市的班主任培训之外，还要参加学校层面的心理培训。积极开展心理健康教育主题班会，认真落实我校市级研究课题《利用班会活动渗透心理健康教育研究》的研究成果。同时积极参加北师大附校系统的各类班主任心理健康教育培训以及成都市组织的心理B证、C证培训，目前在校教师中持有B证人数22人，C证人数22人。

学校2003年被四川省心理学会授予四川省心理健康教育研究基地学校；2005年被命名为成都市首批心理健康教育实验学校；2016年被评为成都市首批中小学心理健康教育特色学校。

学校作为北师大西南片区主席校，在北师大附校系统内具有一定的辐射影响力。学校专业心理老师作为北师大教育集团心育项目讲师，多次到各个附校进行心育研讨和教师培训，分享交流心育理念与教学经验，对附校的老师进行专业督导，同时对学生进行成长指导，在心育的道路上不断开拓进取。

实心实意做心育　健心育人促成长

◇ 成都市实验外国语学校

　　成都市实验外国语学校（以下简称"成实外"）是成都市教育局直管外语特色学校，是全国合格外国语学校、全国首批示范性外语特色学校、成都市心理健康教育特色学校。学校秉承"学生、教师、学校三位一体和谐发展"的办学理念，坚持立德树人的办学宗旨，专注培养品行优良、身心健康、学业优秀，既具扎实文化知识基础，又具突出外语特长，融汇中西，具有创新能力和国际视野，能适应21世纪挑战的全面发展的社会主义事业建设者和接班人。学校围绕"阳光心育，让生命幸福成长"心育理念，心理健康教育工作逐步开展起来，日益发挥着积极效能。

成都市实验外国语学校校门

一、常态心育促规范，稳步前进求创新

（一）心理课程全覆盖，知识能力齐并进

　　截至目前，学校在初一、初二、初三、高一四个年级均开设了有梯度的心理课，每周一节，围绕认识自我、学会学习、情绪调控、生活及环境适应、人际交往和升学择业六大心育主题，形成了符合不同阶段学情需要的校本课程体系结构。同时在初一、初二和高一年级，心理组围绕艺术表达、生命教育、园艺心理、心理剧、心理电影赏评等多个主题，开展第二课堂。

（二）个体辅导及时雨，助人自助增弹性

学校心理教师坚持利用中午午休时间（1:00-2:00）以及其他课余时间，开放心理咨询室，接待学生的来访与求助，累计接待师生咨询近6000人次。经过咨询辅导，学生的困扰得到了有效缓解，适应了学习生活。有严重心理疾病的学生，学校集家长、专业机构的力量共同帮助学生走出困境。

（三）朋辈互助送温暖，培养管理提能力

对于寄宿制学校的学生而言，朋辈是一股不可忽视的教育力量。学校特别注重学生朋辈心理工作者队伍的建设和培养，在每个班级设置1~2名心理委员，从选拔、考察，到培训、聘任、开展工作，再到优秀心理委员的考核、表彰，整个过程严格、规范。心理委员既是宣传员，负责普及心理健康常识、组织心理活动；还是安全员，定期汇报班级心理状况，开展朋辈心理互助工作。

二、活动特色彰显，育人实效提升

（一）创意活动促心育，人文关怀传情谊

学校在活动开展方面，积极努力突出特色，寻求创新。经过多年的实践与摸索，逐步将活动开展得有体系、有创意、有传承。

1. 书写祝福卡，传承实外情

每年中高考前夕，初、高一年级学生会分别给初、高三年级学生书写祝福加油卡片，传递温暖，这项活动是成实外一直以来的优良传统，备受学生喜爱。今年的卡片以糖果为主题，寓意"甜美"和"能量"。活动前期，心理组老师梳理糖果文案，定制卡片封面，学弟学妹们在正文处写下自己真诚的话语，为考生们送去一分力量与鼓励。

成实外中高考考前送祝福活动

2. 送你"实心糖",甜沁实外人

每一位成实外人,都是学校心育关注、关心、关怀的对象。每年心理组都会举办一系列活动,给全校师生送去温暖。2021年的心理健康宣传月活动中,心理组代表学校为每一位成实外人准备了一份礼物——一颗"实心棒棒糖"和一把棒棒糖扇子。实心糖,成实外心育团队的初心和目标,意在营造甜蜜温馨的心育氛围,凭借专业和热爱服务全校师生。实心棒棒糖,既是感谢也是祝愿,感谢老师们辛勤的付出与支持,祝愿每一位成实外人生活越来越好,学业事业越来越棒。

成实外5·25"送你一颗实心棒棒糖"主题心育活动

3. 制作答案书,赋予实外能

"当感到孤独,学习压力太大,迷茫不知所措时,该从何寻求答案?"班级"答案之书"活动给了学生诸多参考。该活动借鉴《朋友请听好》这档节目的立意,意在当有困惑时能有一个地方去查询答案。新生入学时,各班都会制作一本专属"答案之书",每个同学在一张空白的活页纸上手绘自己喜欢的图画,并在纸上写下自创或摘抄的2~3句有能量的话,汇集全班同学的作品,装订成册,这本书会一直陪伴同学们。

4. 创意心歌赛,唱响实外声

每年5·25活动,学校坚持征集校园"心理健康之歌",举办心理唱歌比赛,让学生们以心理健康为主题,运用有趣、富有创意的形式,进行歌词创作,翻唱流行曲目,录制改编视频,多平台播放宣传,树立维护身心健康的意识,营造积极向上的文化氛围。

5. 助推初高三,圆梦实外心

中、高考来临之际,学校会集多方力量

成实外高三考前团体心理辅导

帮助备考生缓解心理压力,从容备考。心理老师通过组织一系列减压赋能的活动,让备考生宣泄不良情绪,化解考前焦虑,以健康的心理、正常的心态、饱满的情绪迎考备考,发挥出真正实力。

(二)心理电影赏评课,品味心灵省人生

电影具有生动活泼、具体形象、感染力强的特点,能够很好地和学生的心理相匹配,激起学生的学习热情和情感共鸣。心理电影赏评,就是从心理学的角度走进片中人物的内心世界,感受角色的心灵言语,通过对电影中人物的心理活动与行为表现进行剖析后,揭示其心理内涵和深层次的生活启示,从而推动学生对自己的再认识,学会在别人的故事里解读自己的生命体验,深层次自我探索,完善自我。我们从众多的心理电影中,选用了《哪吒之魔童降世》《摔跤吧,爸爸》《心灵捕手》《垫底辣妹》《无问西东》《囧妈》《十二公民》《千与千寻》等电影素材,让学生掌握人际关系中的冲突应对、边界、情绪控制、沟通和主观能动性等方面的知识和技能。另外,在进行电影赏评的过程中,也会对其他相关联的主题进行探索,如对学习问题的合理态度、资源取向的问题解决思维、反思与调整、信念的力量、目标设定、创伤修复

等，以保障教学内容的丰富和教学过程的自然顺畅。

（三）学校—集团—专家联动，督导促进专业发展

紧靠作为民办学校的依托，在成实外集团的支持、集团德育发展中心领导的促进下，邀请相关领域的专家，组织开展心理咨询技能培训与个案督导工作。集团内各校抱团取暖，加强专业交流互助，以提升心理教师队伍的心理咨询与干预技能。如：多次邀请四川大学华西医院教授、博士生导师、精神病与精神卫生学博士马小红来校进行专业指导。

成实外集团学校心理专职教师接受专家指导

三、心育硕果累累，育人再接再厉

（一）实心糖人儿：年轻，活力，向上

成实外专职心理教师团队

学校从2011年开始开设心理健康教育课，10年来，团队不断发展，团队的平均年龄30岁，团队始终充满活力，积极向上。目前学校有7名专职心理教师，其中硕士研究生4人，二级国家心理咨询师3人，三级国家心理咨询师4人，心理辅导员A证2人。成实外心育教师团队先后获得教育部心理赛课一等奖1次；省级一等奖1项；市级论文、教学设计、公开赛课一等奖11项，二等奖14项，三等奖11项。省级课题1项，市级课题1项，参与省市送教献课17次，在各级期刊公开发表文字成果4次。学校被评为成都市第二批"中小学心理健康教育特色学校"。

（二）实心工作：前路漫漫，笃定前行

10年来，成都市实验外国语学校专职心理教师团队从1位发展到7名，心理必修课从一个年级发展到四个年级，心理选修课从无到有再到成为体系。实心人，做实事，稳扎稳打，推陈出新。学校将通过科研、课题的方式来促教促学，完善心育模式，编制校本教材等方面来提升心育实效。

实心实意做心育，健心育人促成长！

"和合"润泽　"驿"路引航

◇ 四川省成都市龙泉中学校

四川省成都市龙泉中学校（以下简称"龙泉中学"）创办于1944年，以"为每一位学生的和谐发展、终生幸福奠基"为办学宗旨，以"和谐发展，知行合一"为教育理念，以"志存高远，追求卓越"为学校精神，实施心理健康教育，为学生的"和合"人生奠基。

学校建立起了多元、立体的整合式心理健康教育发展框架，形成了"植根核心素养，整合各方资源，引领璀璨未来"的心理健康教育指导思想，以积极心理学整合生涯规划教育为着力点，确定了"'和合'润泽，'驿'路引航"心理健康教育核心理念，最终建立了"以课程整合心理健康教育，以活动推进心理健康教育，以课题深化心理健康教育，以家校共育完善心理健康教育"的整合式发展特色工作格局。

一、立足学校文化，整合心育理念

学校挖掘历史底蕴，坚持以习近平新时代中国特色社会主义思想为指导，弘扬时代精神，构建立体多元的学校"和合"文化，并形成了"'和合'润泽，'驿'路引航"心理健康教育核心理念。其中"和合"代表了整合式心育发展的价值取向，"润泽"和"引航"代表整合式心育发展的行为指导。"和"指"和而不同"，鼓励学生个性化发展，博采众长。"合"指"知行合一"，指思想、道德与行动保持一致，鼓励学生融入集体，加强自我约束，行为得体。"润泽"指"心理健康教育"，采用积极心理学，关注学生心理健康品质发展，预防和促进个体维持心理健康，需要通过健全人格、身心和谐、人际和睦三个方面来培养。"引航"指"生涯规划教育"，根据《成都市中小学生涯规划教育实施方案》指导意见，侧重高中生生涯规划与行动，为未来职业发展做好准备，通过自我认知、外部探索、抉择与行动三个维度来培养。

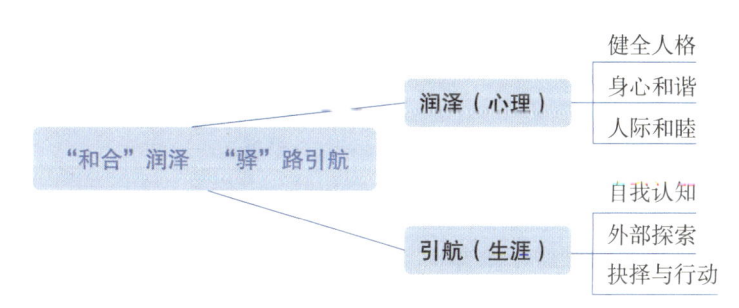

成都市龙泉中学心理健康教育核心理念

二、深研学生需求，整合心育课程

心理团队在教学、咨询工作中注重倾听学生意见，挖掘学生需求，并通过分层抽样调查向全年级发放《职业生涯规划量表》和《中小学生辅导需要问卷》，发现人际交往、学习压力是最为突出的问题，对学生的学业成长及心理健康存在不同程度的影响。心理健康视野下的生涯规划是在纵横交织的生涯发展框架中展开的，其根本任务是建构完整的人格，有效地适应社会，终极目标是自我实现，两者既存在交叉领域，又殊途同归。基于此，学校放弃传统的"出现问题，解决问题"思路，秉持"主动干预，协同发展"的整合理念，将积极心理学视野下的心理健康教育与生涯规划教育进行有机整合，促进学生心理品质与生涯规划能力的提升。其中高一侧重学习与生活适应，进行生涯觉察。高二侧重能力发展，进行生涯探索。高三侧重自我规划，进行生涯抉择。

```
                              ┌─ 高中幸福的蜕变
                              ├─ 目标引领人生
                              ├─ 面对与众不同的你
          ┌─ 高一：行知（生涯觉察）─┼─ 探知学习特点
          │                   ├─ 解锁兴趣密码
          │                   ├─ 文理科选择
          │                   └─ 做时间的主人
          │                   ┌─ 发掘潜能宝藏
          │                   ├─ 探索核心价值观
          │                   ├─ 学会沟通，让心靠近
龙泉中学      │                   ├─ 扬起自信的风帆
"整合式"───┼─ 高二：砺志（生涯探索）─┼─ 放眼世界新发展
心育课程     │                   ├─ 大学与专业纵览
          │                   ├─ 生涯人物访谈
          │                   └─ 情绪魔法师
          │                   ┌─ 学会合理归因
          │                   ├─ 休息是学习的资本
          └─ 高三：致远（生涯抉择）─┼─ 压力，我前进的动力
                              ├─ 克服考试焦虑有法
                              └─ 模拟高考志愿填报
```

成都市龙泉中学"整合式"心育课程体系

为了更好地开展整合式心理健康教育，学校改造了原有的组织结构，重构"五中心"，在学生发展中心下设生涯规划处，与学生处、体卫艺处、团委、安全办并列，并广泛开展合作，将教师、在读学生、毕业学生、家长、社区资源联合起来，并探索出了龙泉中学"整合式"心育课程的"1234"实施途径。

```
                                                               ┌─ 高一生涯觉察
                                      ┌─ 一个主体 ── 整合式心育课程 ─┼─ 高二生涯探索
                                      │                        └─ 高三生涯抉择
                                      │
                                      │              ┌─ 面向全体 ─┬─ 心理普查
                                      │              │           └─ 心育课堂
                                      ├─ 两大原则 ──┤
                                      │              └─ 关注个体 ─┬─ 团体心理辅导
龙泉中学"整合式"心 ──┤                                            └─ 个体心理辅导
育"1234"实施途径      │              ┌─ 主题活动 ── 学生处
                                      ├─ 三项活动 ──┼─ 实践活动 ── 团　委
                                      │              └─ 学科融合 ── 教务处
                                      │
                                      │              ┌─ 校友合作 ── 学生资源
                                      │              ├─ 家校合作 ── 家长资源
                                      └─ 四大渠道 ──┤
                                                     ├─ 社区合作 ── 社区资源
                                                     └─ 双高合作 ── 高校资源
```

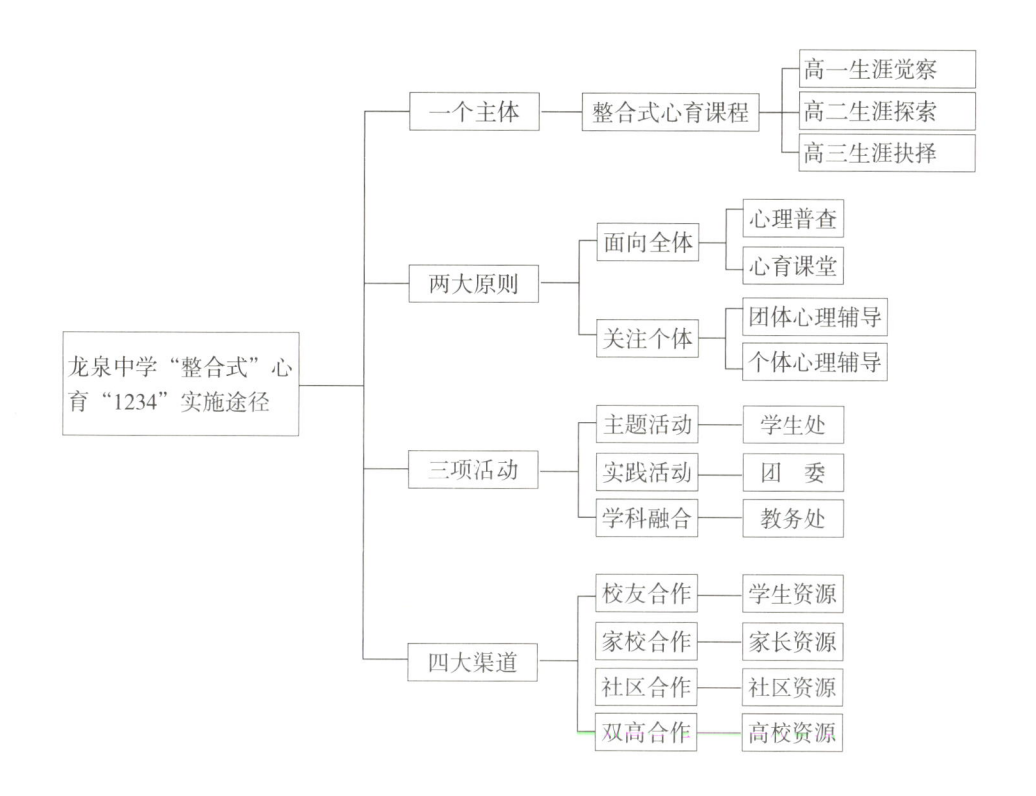

"1"指一个主体，以课堂教学为主体。学校在每个年级开设了心育课程，每班每周1课时。"2"是指两大原则，既面向全体学生，又关注个体差异，有针对性地开展团体心理辅导和个体辅导。"3"是整合式心育活动中的三大主体：主题活动、实践活动、学科融合，使学生把知识与现实生活链接起来，形成有效解决问题的能力。"4"是学校整合各种资源，充分为学生发展提供条件的四大渠道：校友合作、家校合作、社区合作、双高合作。

三、巧用各方资源，整合心育方式

（一）心育与学科整合：五感体验

新时代"以学生为中心"的信息化教学对传统课程提出了挑战，需要教师从视觉、嗅觉、听觉、味觉、动觉5个方面灵活调动学生的感官体验，激发学习兴趣，增强体验，促进认知和行为的改变。在区教科院的号召下，心理教研组积极探索五感在整合式心育课程中的应用，将绘画、配音、运动等方式灵活应用于课堂。

高三整合式心育课程

（二）"整合式"心育辅导：主动作为+被动干预

为了充分贯彻《中小学心理健康的教育实施纲要》"坚持发展、预防和危机干预相结合"的要求，强化心理辅导效果，心理教研组将团辅与个辅进行了有效结合，科学、有序地推进团体心理辅导。在咨询记录中对个体辅导的主题进行分类管理，对集中出现的主题进行系列化设计，发布团辅活动方案，吸引有需要的学生参加，在团体动力中看见改变发生。

（三）"整合式"心育筛查：大数据普查+追踪访谈

利用大数据测评平台对学生进行心理健康普查是非常高效的手段，但同时可能受到填表环境、学生近况等不确定因素影响，为了进一步提高心理预警的精准性，减轻班主任监管压力，心理教研组在北京师范大学发展心理研究院的培训下，确定了追踪访谈的流程、访谈中可能出现的问题及应对等操作细节，使心理筛查更加精细化。

（四）"整合式"心育活动：主题+实践+学科融合

《那一年栀子花开》参加龙泉驿区心理剧展演

全员育心需要更多的教师参与其中，也需要与教务处、学生处、团委展开密切合作。通过教务处展开生涯规划与心理健康的学科渗透，号召更多教师在教学之余关注学生成长，明确自身责任。通过学生处组织班主任学习生涯规划与心理危机干预，并举办"校级生涯规划班会课大赛""校级心理剧本创作大赛""青春健康俱乐部卡通人物形象设计比赛""5·25心理健康月活动""亲子倾听十分钟活动"，推动班主任和学生从做中学。通过团委组织开展"新生才艺艺术节""与未来人生对话""成人仪式礼""心理剧展演"等，增强学生职业技能，发现未知的兴趣。通过团委带领学生社团办心理报《心蕊》期刊，开展"五校联谊送信活动""我的心理小锦囊"征文活动等为学生能力的发展提供平台。

（五）整合式心育渠道：校友+家长+社区+高校

"家长进课堂"之职业讲解

充分调动学生资源，建立校友资源库。在学校微信公众号开通"学长学姐有话说"，邀请优秀毕业生录制视频展示自己的大学生活，为学生排忧解难；规范收集毕业学生的院校及就业信息，建立校友资源库，并邀请优秀代表进学校做分享。灵活联动家长，建立家族职业库，为学生的职业规划提供更多的视野，并邀请优秀家长代表进班级、学校做分享。有效利用社区资源，为学生的生涯规划实践活动提供场所。规范合作高校，鼓舞学生志存高远，敢于追梦。

（六）整合式心育队伍：专职心理教师+兼职心理教师+其他教师

学校树立"人人都是心理健康教师"的意识，要求全校教师加强心理健康教育知识的学习，图书室购买了大量的心理学专业书，供全校教师阅读学习。同时，邀请专家，定期为班主任和任课教师开设心理健康教育专业讲座，提高全体教师尤其是班主任的心理健康教育理论素养和实操水平。

（七）整合式心育研究：日常工作+科研整合

为了提高工作效率，教研组以问题为导向，用课题研究的方式"分析问题，聚焦问题，解决问题"。李明国老师申报的微型课题《高三考前心理辅导》在结题后，建立了一套高品质的考前心理辅导课程体系，罗雪梅老师和张简丽老师申报的微课题《基于同伴交往团体心理辅导改进学生心理韧性的干预研究》，针对高二学生心理韧性较差的问题进行专项突破。区级规划课题《基于学生需求的普通高中心理健康教育与生涯规划教育整合》在积极探索中，市级课题《疫情背景下家长学校心理防"疫"课程开发的研究》已结题并获奖，探索并建立了线上家长心理培训的实施路径、实施内容、评价方式。

四、扎实奠定基础，彰显"心育"成效

2018年省级课题《主题"整合式"中学德育活动实践研究》获得阶段评审三等奖。2018年，《基于"和合"文化的家校主题活动序列》获得龙泉驿区首届教学成果评比二等奖。2019年9月心理剧《那一年的栀子花开》获得龙泉驿校园心理剧大赛一等奖，成都市校园心理剧大赛三等奖，四川省校园影视教育成果交流活动二等奖。2019年9月《心蕊报》获得成都市心理健康优秀成果评选二等奖。2020年9月课题《疫情背景下家长学校心理防"疫"课程开发的研究》获得成都市疫情专项课题评选二等奖。2020年10月撰写的校本课程集《驿动青春，高三可以更美好》在成都市校本特色课程评比中获二等奖。

"三园"里有凤来仪　"心育"下适性扬才

◇ 成都经济技术开发区实验中学校

成都经济技术开发区实验中学校（以下简称"经实中"）是龙泉驿区人民政府兴建的一所公办普通高完中，位于龙泉山城市森林公园核心区。经实中人坚持守正出新，秉承"经世致用、开物成务"核心价值，经过10余年的发展，确定出"学园、乐园、田园"形象定位——构建共同进步的"学园"、追求身心愉悦的"乐园"、关注生命成长的"田园"。学校于2013年成功创建"成都市心理健康教育实验学校"，于2016年被评为"成都市心理健康教育特色学校（首批）"。学校心理教育荣誉满满，课堂大赛光彩夺目，教育科研百花齐放，教材编写引领前沿。在实实在在的教育探索中，学校逐步形成了极富实效、特色鲜明的经实中心理健康教育模式。

成都经济开发区实验中学校校园风貌

一、制度健全，编织"心育"网络

学校着力抓实心理健康教育，探索多元渠道开展心理健康教育实践活动。学校最大限度地整合人力、物力资源，改革组织机构，搭建心理健康教育网络。

二、保障充分，护航"心育"行程

（一）专业引领，优组队伍

学校有心理健康教育专职教师5名，其中市心理特级教师1人，研究生2名；国家二级心理咨询师3人；中德舞动治疗师（三阶）1人，沙盘高级实操师2人。学校有52人取得成都市B级心理辅导员证书，169人取得C级心理辅导员证书，班主任C证以上覆盖率100%。

（二）外派学习，提升素养

近年来，学校外派团队成员参加各级各类专项培训活动；专职教师3人分别赴澳大利亚、新加坡和中国台湾考察学习，团队专业素养不断提升。

三、优化教学，实践"心育"理论

（一）注重课程，融入课堂

开设系列心理健康教育课程是学校进行心理健康教育的主渠道。在课程标准必修课的基础上，学校根据各年级学生的年龄特点、心理特征开发校本教材，制订完整的心理健康教育教学计划。分别从入学适应、自我认识、情绪调适、学习心理、人际交往、生涯规划等方面开展活动辅导，确保每班每两周有一节心理健康课。初一、初二及高一年级由专职心理教师到班授课，其他年级开设以心理健康教育为主要内容的德育校本活动课，每学期开展心理健康教育主题班会课大赛，定期开展初中青春期讲座、高中考前心理辅导、职业生涯规划指导、校园心理剧比赛等活动。

（二）主题活动，精细入微

班主任通过每周一节的班会课和德育活动课组织实施主题心理健康教育，做到精心设计、主题鲜明、形式多样，成效明显。

（三）多元辅导，对症下药

心理中心坚持常态值班接待与个别提前预约相结合的工作方式，扎实做好学生的个体咨询工作。专兼职心理健康教育教师不定期召开典型个案研讨会，反思总结，提升能力，为学生的心理健康保驾护航。

针对学生实际状况，心理学科组开展以环境适应、人际关系、学习策略、青春期以及考前焦虑等为主题的团体辅导活动。

同时围绕校园文化建设主题，营造心育氛围："田园"主题，优化物质环境。大量栽种桃树、梨树，修建亭苑，着力打造休闲、放松的校园环境。"幸福"主题，优化人文环境。建

经实中高三考试团体辅导之艺术表达　　　　经实中心理健康教育主题活动之园艺心理

立教工之家、教师健身中心、凤凰休闲书吧等，极力营造阳光、和谐的人文环境。"健康"主题，优化心育环境。充分利用网络、宣传栏、校报、微信平台等阵地，多渠道向师生普及心理健康常识；校园广播站"心灵深呼吸""心路雨路"栏目定期向学生播放心理专题内容；开设系列艺术表达心理选修课，开展社团活动、最美寝室设计、心灵小雨伞设计、一平方米园艺设计、心理专题黑板报、手抄报比赛等活动，拓展心育路径。润物无声的校园心育环境，帮助学生掌握基本的心理保健知识，培养良好的心理素质，让学生在春风化雨般的氛围中健康成长，多元成才。

四、舞动疗法，彰显"心育"特色

（一）"舞动"特色提炼

学校委派心理兼职教师到北京参加"舞动"治疗实务技术培训、中德班舞动治疗一、二、三阶培训、德国专家的督导和中德舞棍等项目的培训。心理中心组建教师学生的"舞动"社团，瑜伽课程，定期开展活动，让师生在舞动中，倾听身体的声音，看见内在的真实，重获力量与资源。

开展课题研究，区级科研课题《舞动团体活动对缓解高三学生考试焦虑的研究》顺利结题，论文《浅谈舞动治疗的作用》获国家级一等奖、《舞动团体活动对缓解高三学生考试焦虑的应用研究》在《教育现代化》杂志上发表。"舞动"已逐步成为学校心理健康教育特色项目。

（二）"舞动"实践探索

1. 探索高三"舞动"团体辅导模式

针对高三学生更内敛、自控力较强、久坐少动、身体僵硬的状况，学校开展"手之舞之，足之蹈之"为主题的考前缓解焦虑的舞动团体辅导，较一般的心理辅导，"舞动"团辅更为直接，更有效。在实践中，我们探索出针对高三学生缓解焦虑情绪的舞动团体辅导活动较为有效的模式有以下几种。

（1）热身游戏：主要以童年游戏为主，这一阶段的目的在于让同学们尽快熟悉空间，感受空间的保护性，以及身体各个部位的循序渐进打开和放松，为后面的主题活动做好准备。

（2）主题活动：主要以减压、情绪、人际、自我认知等为主题，这一阶段是根据同学们的实际状况，围绕相关主题来开展活动。活动主要以肢体语言表达为主，运用舞动治疗的治疗因子即：动作库的扩大和动作的流动、情绪对应的肌肉流节奏的变化、压抑的情绪在身体和动作层面得到表达，团体节奏与凝聚力、两极动作的整合和领悟，节奏带来的控制感，创造性等，以达到身体动作、关系、情绪和认知的整合。参与者可以在此过程中在身体和情绪层面进行表达，把平常压抑在内心深处的用身体动作"述说"，以释放身体层面和心理层面的压力，在一定程度上达到减压、滋养和自我觉察、自我认知、身心整合的效果。

（3）结束部分：主要以圆圈舞、祝福舞和活动分享为主，这个阶段通常会让大家围坐在一起，分享感悟，彼此吸取集体能量，感受团体温暖，为此次团辅画上句号，做好再次出发的准备。几年来的实践探索中，此活动方式贯穿了几乎整个舞动团体辅导活动，我们在实践中不断完善，不断充实。

2. 开展师生舞动社团活动

学校在教师群体中开展了以减压为主的"心花怒放"舞动团体活动，受到老师们的欢迎，由此拓展出的教师舞动社团也有一批忠实的"舞迷"。

3. 开设舞动心理选修课程

学校于2017年开始在高一年级开设了舞动心灵选修课。每周一节，网上选课，同学们积极参与，效果喜人。

4. 各级各类送教交流活动

每年高考前，学校送教到区内兄弟学校，开展舞动考前辅导，收效显著。同时，学校还多次承担区级心理教研活动，带领来自区内各个学校的老师一同体验舞动的力量。

经实中"舞动"团辅之考前心理辅导

2018年，学校在广州东莞教师学习代表团到龙泉驿区参观考察的活动中，分享交流了学校舞动特色经验。2019年，泰国研学团一行12人参加了学校开展的舞动活动课，高度评价该课程。

（三）舞动特色成果

以舞动心理选修课为实践基础，2018年学校开发出校本教案集《舞动心理》，内容涵盖认识自我、了解镜像、异性交往、团队协作、舞棍减压等六大单元。该校本教案集在2020年成都市特色校本课程评选中获得二等奖。随着舞动团体辅导活动的实践不断深入，学校尝试把舞动元素融入学校课间操，把舞动团体辅导活动作为公益项目推向社区和养老院以及企事业等单位。

泰国研学团参加经实中"舞动"体验课

在各级专家的精心指导下，学校心理健康教育工作特色明显，呈现出了良好的发展态势。学校将继续明确方向、创新措施、扎实工作、实现学生健康成长，多元成才，助推学校特色发展。

育心为本 适佳育人

◇ 四川省成都市大弯中学

　　四川省成都市大弯中学（以下简称"大弯中学"）于1957年建校，以"至高至佳，立善立美"为校训，以"尽性化育，自然天成"为办学理念，营造"适天则达，适地则生，适人则和，因适至佳"的"适佳"文化，培养"能适应、会选择、善合作、勇创新、敢担当"的现代人才。学校在1993年开始了心理健康教育的尝试，对学生开展心理普查和个体心理咨询等活动；1996年，学校将心理健康教育当作常规课程直接引入课堂；2007年，学校开始把青春期性教育纳入心理健康教育的范畴，积极开展青春期性教育的尝试。

成都市大弯中学校园风貌

一、搭建心育体系，推进学生全面成长

（一）强化管理，各尽其责

　　为了促进心理健康教育有效实施，学校组建了由校长、副校长及德育中心主任构成的管理团队，以及3名专职心理健康教师组成的心理成长中心。管理团队负责学校心理健康教育整体规划，以及激励心理成长中心的工作和相关部门的心理健康教育工作。心理成长中心负责学校心理健康教育的班级团体心理辅导、学生个体或特殊团体心理辅导、家庭教育咨询，积极开展心

理健康教育的线上线下宣传，力争成立名师工作室并带动中心成员共同成长，积极开展心理健康普查工作和学生心理档案的建设活动，以及心理志愿者的组织和管理。心理健康教育讲座由相关部门负责，依据实际需要，班级、年级、德育中心和课程中心都可以邀请学校心理健康教育教师或外请心理健康教育专家对学生群体、教师群体和家长群体开展心理健康教育讲座，并在心理成长中心备案。

（二）设置课程，养成教育

心理健康教育发展到现在，发展、预防和治疗前主后次已成必然。班级是学生接受教育的主渠道，班级团体心理辅导课自然成为发展和预防学生心理健康的主要方式。学校早在1996年就意识到班级团体心理辅导的重要性，坚持在初一、初二和高一年级每周一节班级团体心理辅导课已经长达24年。心理健康教育校本课程《健康游戏》以健康方式玩健康游戏的教学理念和《健康课堂》以健康的课堂培养健康的人的教育理念，强调课堂能够诱发学生思考、激发学生分享，体现学校在班级团体心理辅导课上的独具匠心。

学校心理健康课涉及学生适应、人际健康、学习健康、性健康、情绪健康、生涯规划等方面的内容。

（三）以人为本，重视个体

心理成长中心在固定时间开放，以值班的形式在中午和下午晚自习前为学生做个体心理辅导和咨询，同时接受学生的网络心理咨询；每周四上午面向家长开展家庭教育咨询；对于共性心理困惑，学校采取参与成员招募（学生与家长）的形式开展团体心理辅导活动。

（四）学生主动，普及宣传

心理健康意识在很多中国人心里是淡漠的，对心理咨询是排斥的，考虑到学生比成人更容易接受新事物，所以我们心理成长中心面对每一届新生，都会以自愿的形式招募一批学生心理志愿者，来协助我们普及心理健康意识和咨询。通过团体心理辅导活动和外出与友好学校交流的形式提高心理志愿者的心理健康素养，再让他们回到各自的班上向同学宣传。心理志愿者有四项职责：心理观察员——观察本班同学的心理动态；心理情报员——上传本班同学心理动

成都市大弯中学心理成长中心

态；心理协助员——协助本班部分同学接受心理辅导与咨询；心理宣传员——积极向本班同学宣传心理健康方面的信息。同时要求心理志愿者团队每年自编自演心理剧，在学校艺术节向全校同学、老师和家长宣传心理健康教育的重要性。同时也会通过其他渠道开展线上线下的心理健康教育宣传。

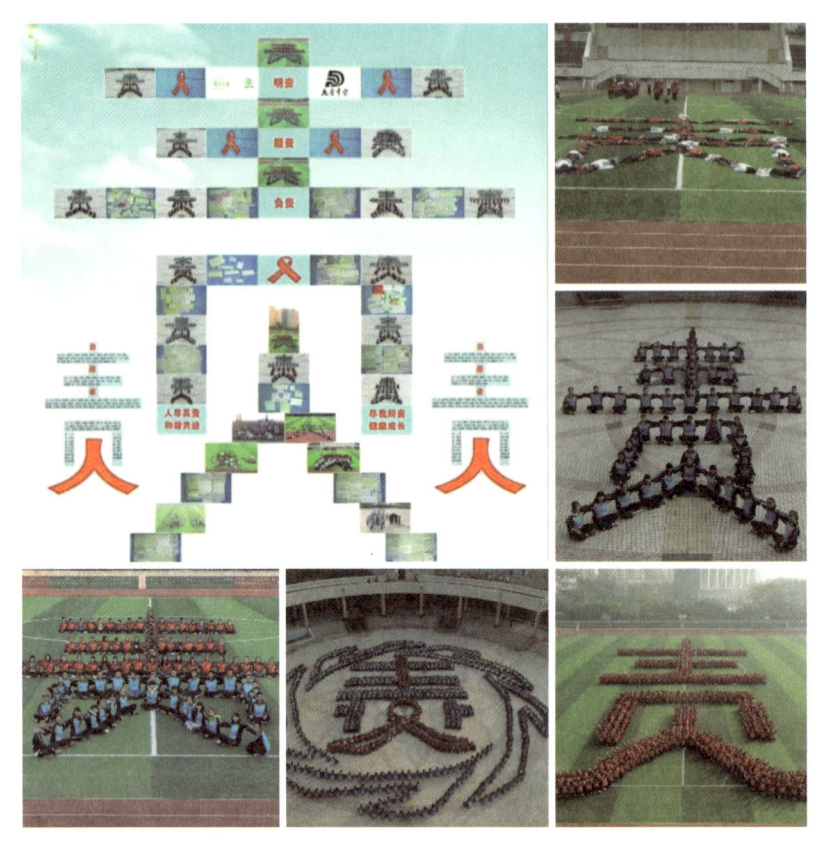

成都市大弯中学"生涯与责同行"主题活动

（五）强化硬件，充分利用

自1997年以来，学校就一直设置有专门的心理咨询室，并且依据发展的需要，四次变动地址，保证学生接收心理咨询时的"心理安全"，同时空间也越来越大，配置也越来越丰富。发展至今，学校的心理辅导中心空间面积达到600多平方米，包含个体心理咨询室、沙盘室、宣泄室、阅览休息室、大小团体心理辅导室等功能室，向全校师生开放。

二、构建校本课程，促进特色发展

心理健康教育必须遵循学生身心发展的普遍规律，也依据学校及学生的个性而校本化。

（一）健康教育前沿化

性健康教育一直是心理健康教育的一大内容。学校在性健康教育方面坚持全面实施发展性性健康教育，收效明显，成为全省第一所荣获"四川省性健康教育示范学校"称号的学校。

(二)氛围营造学生化

心理健康教育需要大力宣传。我们借助于学生心理志愿者对心理辅导与咨询的体验和认识，自觉对同学实施经验性地宣传，使绝大部分学生逐渐认同心理健康教育、辅导与咨询。

(三)课题研究深入化

心理健康教育在我国历史较短，需要各级践行者不断探索研究与实践。即便学校开启心理健康教育早于全国绝大多数学校，但我们依然坚持课题研究来促进学校心理健康教育的深入开展，同时积极把研究成果文字化，以便推广应用。

成都市大弯中学健康课程系列教材

三、立足优异成果，促进工作扎实推进

经过27年的坚持不懈，学校在心理健康教育方面成效显著。学校先后获得"四川省心理健康教育实验学校""四川省心理健康示范学校""成都市心理健康教育实验学校""成都市中小学心理健康教育特色学校""四川省性健康教育示范学校""青爱小屋"等称号。

学校编写的心理健康教育校本课程《健康课堂（初中版）》获得成都市校本特色课程一等奖，《健康游戏》《健康课堂（高中版）》和《健康性成长》获得成都市科研成果二等奖。心理成长中心先后完成省级课题《健全中学生性价值观的研究》和《高中性健康教育校本课程的研究》，完成市级课题《宅家抗疫期间合理使用网络的策略研究》，目前还正在主持一项省级课题《健全中学生异性观的研究》。还通过了区级"何世东名师工作室"的申请，积极带动周边心理健康教育教师共同成长。

学校坚持"育心为本，适佳育人"的心理健康教育理念。并且始终坚信：心理健康才是幸福人生的基石，才是和谐的根本，才能因适至佳。

培积极心理　育阳光少年

◇ 四川省双流中学

四川省双流中学（以下简称"双流中学"）创办于1940年，2001年被授予国家级示范性普通高中，2013年被评为四川省一级示范校。学校自1997年开展心理健康教育工作以来，一直把"关注学生健全人格发展"作为心理健康教育的目标，于2004年12月被评为"首批成都市心理健康实验学校"。2016年被评为"首批成都市心理健康教育特色学校"。

四川省双流中学校园风貌

一、健心课程　育心体系

（一）普及化的心育课程体系

学校面向全体学生构建了六维心育课程体系：心理常规课程、综合活动课程、学科渗透课程、家庭延伸课程、环境浸润课程、社会磨砺课程。

1. 心理常规课程，关注学生发展需求

自2000年开始在高一年级开设心理课；2010年实现从高一至高三各年级全面开设心理健康教育活动课，周课时0.5，三年共3个学分。制定了以《中小学心理健康教育指导纲要》为依据的《双流中学心理健康教育课程大纲》。

2. 综合活动课程，激励学生特色成长

围绕学生学业发展、兴趣爱好和特长需求，开设特色选修课及精品活动课。

特色选修课：每学期面向全体学生开设了70多门选修课。其中心理组开设了《高中生生涯规划》课程获得校本课程一等奖，《心理零距离》获校本课程二等奖，《心灵成长》获校本课程三等奖。

原创心理剧：学生电视台已成功拍摄三部心理微电影，《六月故事》《那个男孩》《选择》，其中《六月故事》获四川省校园电视银奖。校园心理剧《拾挽流逝的爱》《最初的梦想》均获成都市校园心理剧创作二等奖。

3. 学科渗透课程，展现全员心育合力

立足学校"厚德、励志、求真、笃行"的办学理念，根据"关注学生健全人格发展"的心育目标，紧扣"好学、善思、尚美、创新"等核心素养，在语文、物理、生物、音、体、美、计算机等学科中渗透心育，展现全员心育的合力。语文的文学润心，物理的学法指导，计算机的STEAM课程，等等。

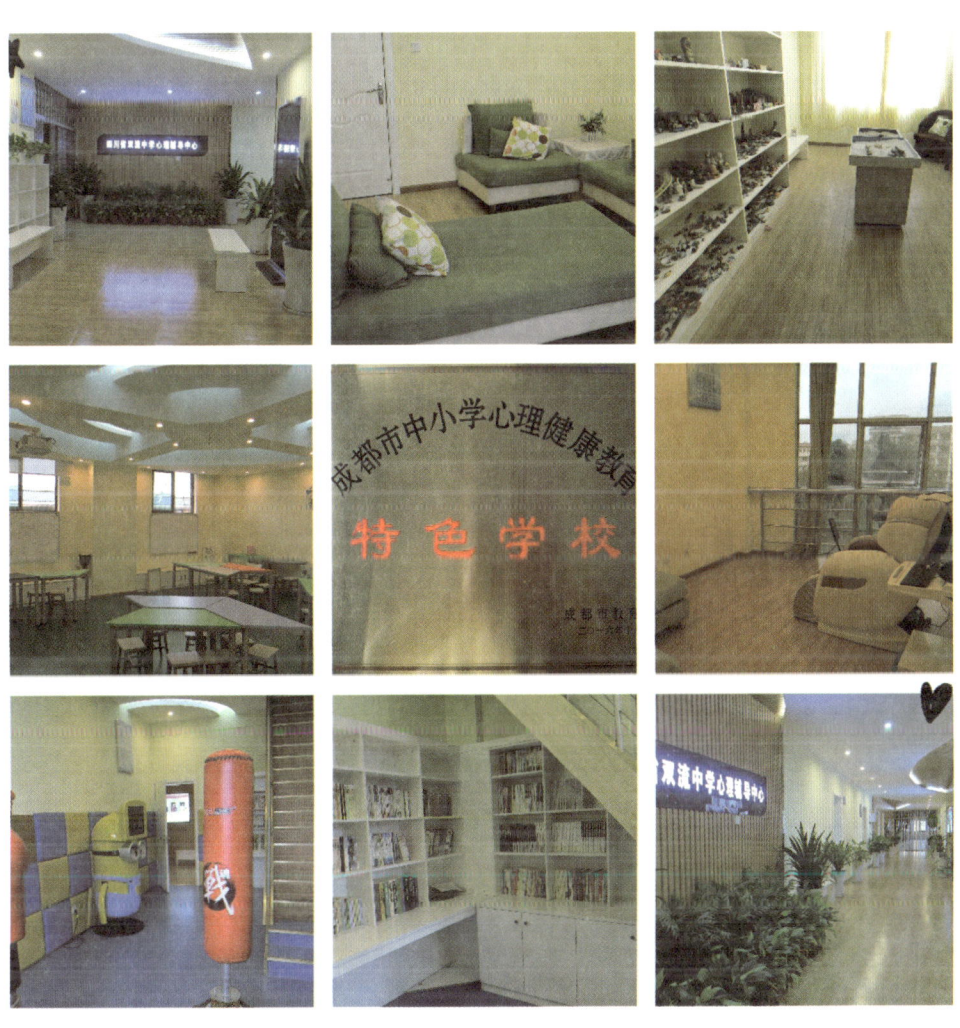

双流中学"六维"心育课程

双流中学心理辅导中心

4. 环境浸润课程，形成心育文化氛围

学校充分利用校园宣传栏、学生电视台、国旗下讲话等阵地，班级"综评引领"演讲活动进行心理健康教育的引导；完善学生评价机制，通过"双中之星"评选，引领学生的健康成长。

5. 家庭延伸课程，助力学生家庭教育

家校联动促进学生心理发展。学校与家庭积极配合，共同实施学生的心理健康教育工作，成立家长委员会。每学年为家长举办1~2次心理健康教育讲座或宣传活动。成人礼上，亲子同走"成人门"。

6. 社会磨砺课程，强健学生心理素质

通过高一年级的军训课程磨砺学生坚强品质，利用寒暑假学生进社区、单位，让学生体验社会生活。

（二）专业化的心理辅导体系

1. 建设"一个高配置心育主阵地"

学校自2000年建立心理辅导室以来先后两次提档升级，形成了300余平方米包含心理办公室、个体咨询室、测评咨询室、心理活动室、沙盘游戏室、放松室、宣泄室、生涯规划室以及大厅阅读区9个功能室（区）的心理辅导中心，购买心理类图书500余册，可供全校师生借阅。

2. 培养"一支专业化教师队伍"

学校现有学生3585人，教职工381，专业专职心理教师4人，其中硕士2人，且均为国家二级心理咨询师。为提升专业教师的专业素养，专职心理教师每年有一次公费外出培训机会，心理老师自行挑选专业性强，性价比高的培训项目。坚持开展心理教师专业督导工作，自2011年起一直与成都市第四人民医院未成年人心理咨询中心建立专业督导和转介机制，自2017年起实施心理咨询案例督导，每学期2~3次的专家专业督导，同时教研会上开展心理教师朋辈督导活动。

3. 运行"一条规范化工作流程"

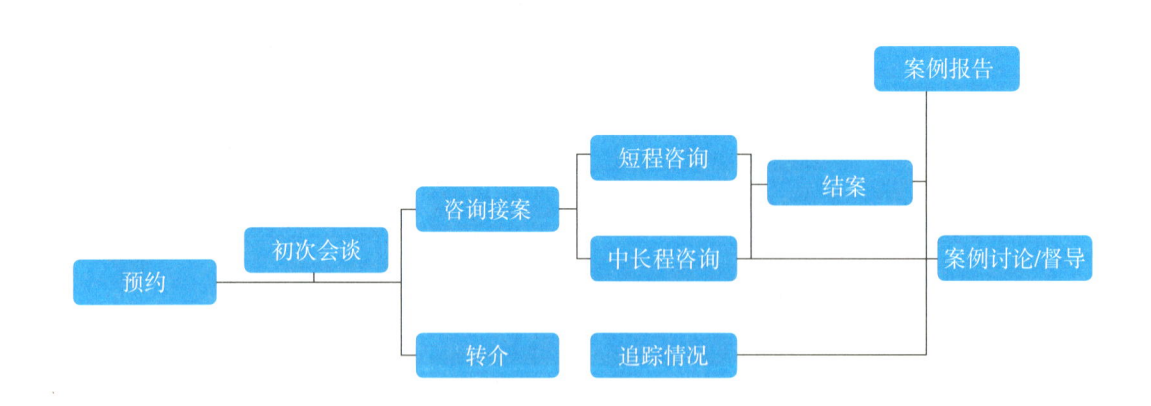

预约 → 初次会谈 → 咨询接案 → 短程咨询 → 结案 → 案例报告
　　　　　　　　　　　　　　　中长程咨询 → 追踪情况 → 案例讨论/督导
　　　　　　　　　　　　　　　转介

咨询室的开放时间动态化，远超规定的每周10小时标准。坚持每年度结束对咨询记录进行统计分析和讨论，为后面的工作提供参考和建议。

针对有需要的团体开展团体辅导，可以由学生、班主任或学校领导提出辅导需求，心理辅导中心根据访谈情况确定辅导目标和辅导方案，并组织实施。

提出团体辅导申请 → 学生、班主任/学校领导访谈 → 商定团体辅导目标 → 制定团体辅导方案 → 实施团体辅导活动 → 收集反馈信息和总结

（三）关注教师心理健康

通过学校精英讲堂和教职工大会为全体教师开展心理健康讲座。在各年级和党支部心连心活动中引入心理拓展训练活动，关注教职工心理健康。

二、不断更新，筑实健心工程

（一）高三心理课程建设的背景

课程内容的不断迭代精选。从经验到理论，再到理念，学校对高三年级的课程内容进行了不断的迭代升级。

早期1.0版本主要依据调查和访谈结果，针对高三制定了陪护型心理辅导和主动干预方案。中期2.0版本，学校依据校本调查和指导纲要等制定了压力管理课程。后期3.0版本，为了进一步提升心理课程实施的有效性，参照积极心理学的理论，设计了积极心理学课程内容。

双流中学积极心理课程纲要

模块	主题	课程
积极成长	自我决定 目标抉择与执行意图 自我效能 职业规划	高三，我准备好了 成功 暗示的力量 以始为终 给未来的自己 霍兰德职业倾向测试
积极优势	个人优势：发现优势 优势的利用 创造力	你可以向我学习 Mind map 学习策略
积极情绪	主观幸福感：认识幸福/提升主观幸福感 心流：快乐的体验 乐观与希望：乐观与希望/情绪调节	幸福的起点 梦想 匆匆这年 放松训练
积极关系	同伴关系 异性关系 亲子关系 人际和谐与冲突：人际技巧与礼仪 竞争合作 感恩与宽恕	感谢有你！ 当青春遭遇高三
积极应对	韧性	丑陋的礼物 内心深处的秘密 临考辅导 遇见高考
积极组织	心理资本：和谐氛围	揭发潜意识

（二）高三心理课程实施方案

（1）开设常规课程：高三年级的心理课排进课表，每班间周1节。

（2）开展团体辅导：为弥补常规课无法聚焦有共同需求的同学，开展不同规模的团体辅导，探索不同类型的心理话题。

小团体辅导：对象为踩线生和考试焦虑学生。每团10人，由班主任推荐和学生报名，心理老师筛选同质学生组成。

双流中学团体心理辅导活动

班级团体辅导：为特优班级和有需求的班级开展班级团体辅导，脱离教室环境，聚焦特定主题，保证辅导时间的工作坊式辅导。

大团体辅导：对象为全体高三学生。每学期一次，上期主要安排在9、10月份；下期主要安排在3、4月份。

（3）提供个体心理咨询：为高三学生开设预约绿色通道，积极为学生提供咨询服务。

（4）发放《高三学生心理调适手册》。针对高三学生情况编制《心理调适手册》，并在进入高三年级时发放，一人一册。通过常识普及、问题解答、澄清认识、缓解焦虑。

双流中学特色心育活动

（三）家长心理护航QQ群建设

除学校家委会，学校专门为高三年级家长建立了双流中学高三心理护航QQ群。心理老师和热心家长担任群主和管理员，在QQ群中家长可以相互学习也可以和心理老师交流，预约咨询等。

三、心育之花吐芬芳

（一）科研促教 扎实促效

学校自开展心理健康教育工作以来积极开展心理健康教育科研实践活动，在教育教学及心理咨询工作中都取得了优异成果。学校参与编著出版了《高中生人生职业规划》、省级教材《心理健康与生涯规划》《心理健康教育》。参研并结题的课题有市级课题《心理绘画在中小学心理健康教育中的实践研究》《核心思维工具在班级管理中运用的实践研究》，区级课题《考试归因训练对中学生学习状态的影响的实践研究》《高中生涯规划课程建设的实践研究》《区域推进中小学心理辅导室建设的实践研究》。学校教师获得的国家、省、市、县级心理健康教育获奖成果100余项。

（二）特色引领 匠心锤炼

心理健康教育对学生成长成才产生积极作用，教师广泛参与相关工作，学生心理发展得到有益帮助。学校师生对校园生活满意度高，全体师生和学生家长对心理健康教育工作评价良好。学校在开展心理健康教育工作24年来一直受到学生的大力欢迎，也为学校的健康发展贡献了宝贵力量，在区域内较好地发挥了示范引领作用，因此，也承担了双流区文明办的未成年人心理成长中心工作，取得了良好的社会效益。

德心相融助成长　　三维课程促实效

◇ 成都棠湖外国语学校

成都棠湖外国语学校（简称"棠外"）是经四川省教育厅批准的一所全寄宿制现代化股份制学校，包括幼儿园、小学部、初中部和高中部（含国际部）。学校先后被评为四川省文明单位、四川省一级示范性学校、全国先进民办学校、全国关心成长模范学校、全国素质教育典范单位、全国教育科研先进单位等。

成都棠湖外国语学校校园风貌

一、坚持德心相融，达成育人健心的目标

学校在"仁、德、志、譞"的校训和"六会一长"（会做人、会求知、会生活、会审美、会健体、会创造、有特长）的育人目标引领下，全面贯彻党的教育方针，深入实施推进素质教育，立德树人，坚持多元办学、因材施教、精细化管理的教育模式。学校一直将"仁、德、志、譞"的校训和"六会一长"的育人目标与心理健康教育"德心相融，育人健心"的理念相结合，积极推进各项心理健康工作。

在学校办学理念和目标的指引下建设"三维一体"的心育课程。该课程既彰显了学校立德树人的根本要求，又遵循了学生心理发展的客观规律，课程覆盖全体学生，实现了德心相融，建心育人的美好意愿。

二、创设三维课程，促进健康人格的发展

"三维一体"的心育课程体系，即：（1）以故事法为手段，以情育人的修身班会课；（2）体现专业化，以活动为载体的系统心理健康课；（3）以目标为引领，具有前瞻性的立体生涯课。

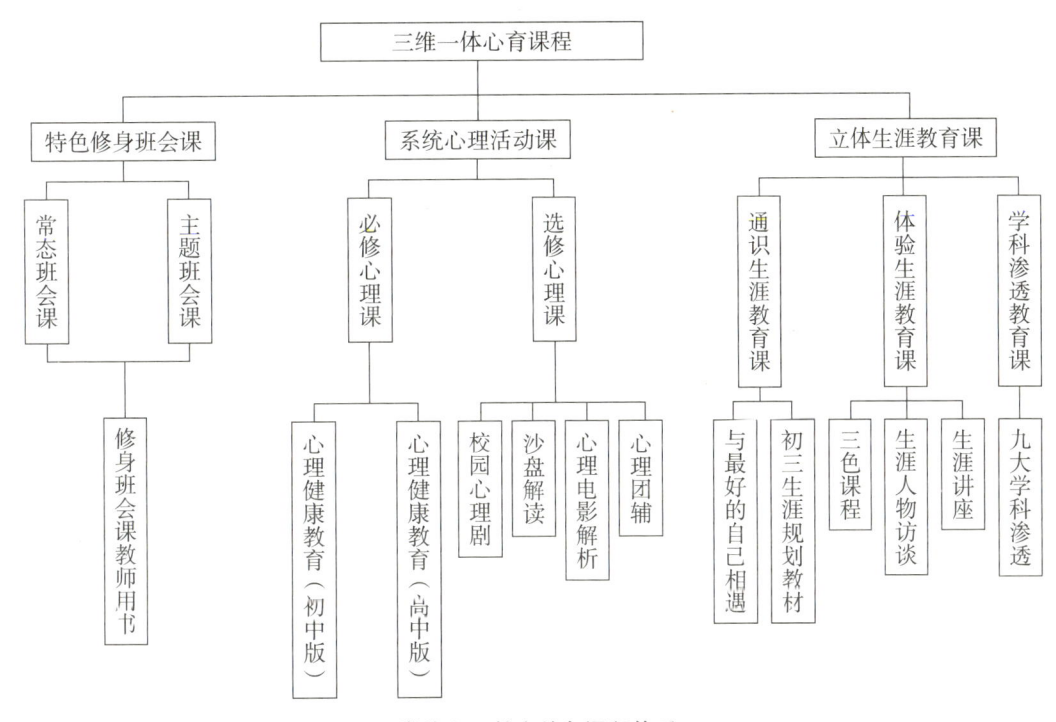

```
                      三维一体心育课程
         ┌────────────────┼────────────────┐
    特色修身班会课       系统心理活动课       立体生涯教育课
      ┌──┴──┐           ┌──┴──┐         ┌──────┼──────┐
   常态  主题          必修  选修        通识   体验   学科
   班会  班会          心理  心理        生涯   生涯   渗透
   课    课            课    课          教育   教育   教育
                                         课     课     课
      │               ┌──┼──┐       ┌──┼──┐   ┌──┼──┐   │
   修身班会         校园 沙盘 心理  心理  与最 初三  三色 生涯 生涯 九大
   课教师           心理 解读 电影  团辅  好的 生涯  课程 人物 讲座 学科
   用书             剧        解析        自己 规划             访谈      渗透
                                          相遇 教材
                    心理    心理
                    健康    健康
                    教育    教育
                    (初中版)(高中版)
```

棠外心理教育特色课程体系

（一）情感育人——修身班会课

修身班会课是一种极具特色的心理班会课形式，是学校德育教育的重要组成部分。修身班会课是学校德育特级教师孙晓晖在北京师范大学朱晓蔓、金盛华教授的指导下，以"生活教育、自我教育、情感教育"三大理论为依据，带领班主任团队独创的一门以学生为基础，追踪学生成长过程，以学生参与班级自主管理、自我教育和教师故事法为引领，促进学生品格和习惯养成的德育课程。课程融入了许多心理学辅导方法和手段，比如叙事疗法、团队动力学、奥斯本脑力激荡等，它尊重学生的个体化差异，关注学生个体化的生命感受，看重师生之间的情感流动。

修身班会课设置为每周3节，分为"主题班会"和"常态班会"两种形式。主题班会课是遵循不同学段学生心理发展特点和成长中共同的思想行为教育及价值引领需要，由各班班主任选择适合本班实际的主题内容，开展具有预设充分、主题鲜明、共性突出的阶段性专题教育；常态班会课，有两大核心内容：第一，"担当法"是以学生为主题、主导的班级活动，教师在整个过程中以关注、倾听为主，只是适时适度的引导。第二，"故事法"是教师通过学生的"担当总结"，捕捉信息，从中凝练出主题，选择合适的故事，带领学生进入故事情景的讲述。以情入理，以事入心的讲述，让德育叙事实现学生自我接纳和内心的自我修复。

（二）专业育人——系统心理健康课

学校一直注重心理健康教育校本课程的建设（开发与实施），在这个过程中充分发挥教师的专业素质，结合学生的需求和兴趣，开设心理健康必修课和选修课。

1. 心理健康必修课

学校在各年级开设心理健康必修课，初一、高一年级每周每班1个课时；初二、初三、高二、高三年级每周每班0.5个课时。课程主要以活动为主，体系完整，各年级有不同教学计划、教学大纲、教案与课件等。

在"提高全体学生的心理素质、充分开发学生潜能、促进学生人格的健全发展"总目标的指导下，为提升课程的针对性，从2010年开始心理教研组自主研发棠外心理健康教育必修课程，并在每年的使用过程中不断地修改与完善。

棠外心理健康教育校本课程

2. 心理健康选修课

学校利用每周两节课"第二课堂"时间，让同学们走出教室，走进不同的兴趣班，参与自己喜欢的第二课堂。学校心理教师在把握"活动性"和"体验性"的基础上，为丰富同学们的心理知识，增加心理学的趣味性，在第二课堂教学中开设了心理选修课。

心理选修课的学习内容是同学们在平时课堂上少有涉及的，心理教研组先后在不同学段开发了"校园心理剧""沙盘解读""心理电影解析""心理团辅"等选修课，并编写心理选修课教材《校本课程集》，受到了同学们的喜爱。

（三）目标育人——立体生涯教育课

在新高考改革背景下，学校从2016年开设生涯课程，主要通过通识性生涯课程、生涯体验课程、学科渗透课程三个角度立体开展，引导学生通过生涯探索、生涯咨询、生涯体验和生涯实践等，认知自我、发现自我和完善自我的需求，形成丰富多彩的职业认知，发展职业兴趣、能力与技能。

1. 通识性生涯课程

学校通识性生涯课程属于学生的常规课程，每周按课表进行。通过几年的探索，形成通识性生涯校本课程《初三生涯规划（教师用书）》《与最好的自己相遇（高一学生用书）》。

2. 生涯教育体验课程

我们将"生涯教育"理念落实到实践中，组织学生开展各类生涯活动，帮助学生在亲身体验中全面认识自我，提早做好生涯规划素质储备。为此，我们为学生提供了包括研学旅行、企业参观、职业体验、生涯人物访谈、家长义工进课堂、专家讲座等多种渠道的生涯体验课程。其中，"棠外修身大讲堂"是生涯体验课程中的重要组成部分，特邀耶鲁大学、北京大学、复旦大学等著名高校的教授亲临讲堂，为教师、学生和家长进行精彩的讲座、学术的交流、专业的引导。

3. 生涯教育学科渗透课程

在学科教学中开展生涯教育，能让学生从更长远的视角看待学科学习，发现学科的长远价值。学生在分析自我兴趣、能力特长、性格特点等与现实职业需求匹配的过程中，科学制定学科目标，监控学习过程，调整个人学习策略，不断实现学习目标。学校在各大学科中开展了丰富多样的渗透生涯教育教研活动，培养学生的学科素养，实现学校人才培养目标，为学生的终身发展奠定基础。

棠外生涯教育学科渗透课程

三、智慧育人，达成人才培养目标

"修身班会""心理健康""生涯课程"均实现了校本化、常态化、规范化、人本化。三课鼎立，相互交融，构建了学校全员育心的立体网络，支撑起学生们的心灵世界，为学生品格全面发展、身心健康成长保驾护航。

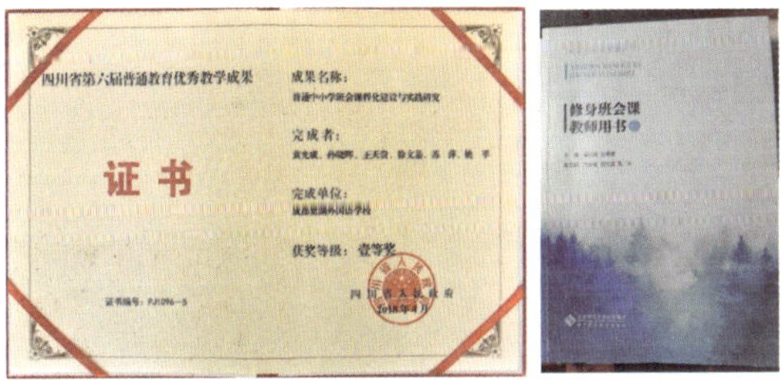

修身班会课程开发与实施，班主任全员参与。它将德育工作回归到"在学生的学习和生活中寻找德育契机"，开展及时的有针对性的品德教育；将德育工作回归到"学生的情感世界里"，让学生在潜移默化中成长。制定《修身班会课校本课程标准》，编写《修身班会课教师用书》。作为精品课程，成效显著，已成为全校范围内稳定实施的校本课程中的必选课程，并获得国家教学成果二等奖，四川省人民政府教学成果一等奖。

修身班会课程获奖

心理与生涯校本课程开发与实施，心理教师全员参与。学校自主编写教案200余个，撰写了《棠外心理健康课程标准》（初中、高中），形成必修心理校本课程4本，选修心理课程1本。学校注重课程的"热点、焦点、关注点"，"适时、适切、适用"的"生成性""互动性"，通过这样的努力，学校的心理健康与生涯课走过了"认知+体验"到"情感+体验"，最后到"需求+活动+体验+升华"这样一个逐步完善的过程，真正符合中学生的心理发展特点。学校心理健康教育校本课程（必修）在2012年成都市心理健康优秀成果评选中获得一等奖；2021年成都市中学心理健康教育校本特色课程评选二等奖。

棠外心育团队

学校将一如既往地认真贯彻《中小学心理健康教育指导纲要》《成都市中小学心理健康教育发展规划》等文件精神。将心理健康教育"德心相融，育人健心"的理念与校训"仁、德、志、譞"和"六会一长"育人目标的办学思想紧密结合，积极推进心理健康教育各项工作，充分彰显学校立德树人的根本要求。

开启"心"旅程　开创"心"局面

◇ 四川省成都市郫都区第一中学

四川省成都市郫都区第一中学（以下简称"郫都一中"）前身为"岷阳书院"，始建于乾隆十八年（1753年）。学校以"立身行己、明体达用"为办学思想，逐步形成了"求善、求美、求真、求实"的校风，以质量为中心，以发展为主线，以改革为动力，形成了鲜明的办学特色，取得了显著的办学效益，先后被评为"四川省重点中学""国家级示范性普通高中""四川省一级示范性普通高中"，教学质量连续15年受到成都市教育局表彰。

四川省成都市郫都一中校园风貌

一、全面保障，工作实效步步高

郫都一中高度重视学校心理健康教育工作，以"全程育心，全员育心"作为心理健康教育的核心理念。学校先后被评为"四川省心理健康教育实验校""成都市心理健康教育实验校""成都市心理健康教育特色学校"。借扩建之机，学校将打造一流的心理健康中心，建设系统的心理课程和科学规范的心理档案，进一步突显学校的心理工作特色。

二、深入落实，活动多样面面广

（一）强化组织领导

1. 健全组织机制

建立了在校长领导下，以专、兼职心理健康教育教师为核心的心理教研组，以班主任和心理健康教育教师为骨干，全体教职工共同参与的心理健康教育工作机制。

2. 完善规章制度

学校不断完善心理健康教育工作组织领导、教育教学、考核评估等规章制度，逐步规范心理辅导伦理规范、档案管理、值班值勤、学生转介等方面的工作制度，结合学校实际制定了心理危机预警及干预方案，建立科学有效的心理危机预警机制。

（二）深化要素保障

1. 配齐配好教师

学校现有学生2700人，配备2名专职心理健康教师，13位兼职心理健康教师，1名持国家二级心理咨询师证，14名持国家三级心理咨询师证；在近年的心理健康C证培训中，学校积极选派优秀班主任参加，均顺利结业。

2. 加强培养培训

师资培训分为引进来和走出去。学校将心理健康教育列入师资培训内容，每学期都会邀请在国家、省、市有一定影响力的专家给全体教师做培训；对于心理健康专兼职教师，学校提倡走出去学习的理念，心理教师先后参加过职业生涯规划师培训、沙盘师培训、认知疗法培训等，对于区（市）县及以上教研部门组织的继续教育培训、心理教研活动等，学校心理专兼职教师也积极参加。

3. 保障教师待遇

专兼职心理健康教育教师开展心理健康教育教学活动和心理辅导都较好地计入了教师工作量。同时，学校也制定了相关的政策保证心理健康教育教师在绩效考评、评优评先、职称评聘等方面享受班主任同等待遇。

4. 加强阵地建设

2011年，在原有心理咨询室的基础上，学校增设了心理宣泄室、沙盘室、团体辅导室、西体音乐治疗室、个别心理辅导室等，力求让学校心理辅导中心成为全区的示范中心。

（三）细化过程管理

1. 开足开好课程

2017年3月，学校正式组建心理健康教育教研组，保障了全校学生每期每班4学时的心理课，井然有序，并根据《中小学心理健康教育指导纲要》，结合学生学情，坚持以发展和预防相结合的原则，在2020年开设了面向高一学生的心理健康教育校本特色课程"人生有梦，筑梦踏实"。对于高二、高三学校采取的是将教学内容分为学会学习、人际沟通、情绪调适、生活与社会适应和能力培养五个板块，采用"螺旋递进式"的模式安排课程。每学期根据学情分析和学校的实际情况选择具体的教学内容，既保证学生个性化成长，又可以因"校"、因"时"、因"人"灵活调整安排教学内容。

郫都一中丰富多彩的心理活动

2. 协同联动育心

协同年级组，联动开展心理健康教育系列讲座。开展新生入学心理适应专题讲座；开展每月一次"积极家教，幸福家庭"的系列培训；进行职业生涯规划教育，选出不同行业的家长分享职业生涯规划经验，通过学生对家长进行生涯采访、问卷调查等，帮助学生树立职业生涯规划意识，提早进行职业生涯规划。

协同德育处，联合举办丰富多彩的心理健康活动。每年学校的"阳光心理社"都以"5·25我爱我心理健康日"为活动载体开展心理健康活动周，心理社社团成员自行制定主题、安排活动内容和流程，通过心理趣味活动、校园广播、学校心理网站、微信、QQ平台等形式为全体师生营造了良好的心理健康教育氛围和积极向上的心理环境。

3. 全员人人育心

学校多次邀请专家名师，对班主任及科任教师进行心理相关培训，如"心理危机干预""考前心理辅导班主任培训""职业生涯规划"以及"三级心理咨询师证培训"等。通过一系列的心理相关培训，让班主任及学科教师能够在德育工作和学科教学中渗透心理健康教育的理念。在心育环境影响下，蒲雪梅和蒲儒剡两位老师的心理健康渗透工作尤为突出，且初见成效。蒲学梅老师每周末利用休息时间不间断地为学校家长做"正面管教"的家庭教育主题培训，2020年被评为四川省五好家庭先进个人。蒲儒剡老师做了大量的语文学科渗透心理健康教育的工作，并进行了课题研究，发表了相关论文和出版了相关书籍。学校定期组织心理班会课赛课和班主任技能大赛，组织班主任及心理教研组的老师赛课、观摩，通过以赛代培的形式以及观摩优秀案例的形式而得到自我成长，每班每学期至少开展2次心理班会课或主题活动。

郫都一中家长心理培训

三、全员育心，幸福花香处处开

（一）展开"幸福教育"专题学习

"全员育心"有两个层面的意思，一是保障学校每位师生都得到良好的心理健康教育，二是每位教师在经过心理专业化培训后，每个人都可以在教育教学过程中对学生进行心理教育。为深化"全员育心"，2020年学校实施"立行新秀"青年教师提升工程，围绕"幸福教育"主题，校长带头学习积极心理学，阅读积极心理学系列书籍，每月定期开展项目式培训活动，请专家培训、读书分享等，让青年教

"立行新秀"提升工程中教师分享积极心理学案例

师快速成长，青年教师又进行全校性的"幸福教育"专题讲座和分享活动，以点带面辐射全校师生，并在学习积极心理学的过程中打造幸福课堂，指引学生的成才发展。

（二）开设心理健康教育校本特色课程

在新高考改革背景之下，需要赋予每一位学生生涯自主探索的空间和权力，培养自主探索的能力，学校自2017年起将生涯规划教育纳入了学校工作中的重要工作内容，率先在高一年级的选修课上开设了生涯规划课程，通过学习反馈，学生普遍认为在高中开设生涯规划课具有积极意义。因此，心理教研组思考将生涯规划和心理健康教育相融合，探索可以让学生在生涯规划中实现心理健康，心理健康继而影响生涯规划的互动教育模式。2020年，学校开设面向高一学生的心理健康教育校本特色课程——"人生有梦，筑梦踏实"，此课程荣获成都市心理健康教育校本特色课程二等奖。通过学生一年的学习反馈，学生在生涯规划能力得到了明显的提升。学校将开设高二、高三的校本心理课，形成系统、完善的心理校本特色课程。

"立德树人守初心"，郫都一中心育略有收获，但尚在发展的初期，我们将继续全员奋进，培养新时代社会主义建设者和接班人。

用"心育+"铸就学校教育的底色

◇ 四川省成都市郫都区第二中学

四川省成都市郫都区第二中学（以下简称"郫都二中"）心理健康教育从2001年开始起步，历经20年的发展，走过了一条"开始启动→形成特点→发展特色→铸筑底色"的学校心理健康教育发展之路。学校先后被评为"成都市心理健康教育实验学校""成都市心理危机干预试点学校""成都市心理健康教育特色学校"，并承担郫都区未成年人心理成长中心工作，服务全区未成年人心理健康需要和家长教育咨询工作。

四川省成都市郫都二中校园风貌

学校以"育心铸魂，筑底人生"为宗旨，着眼学生一生的发展。根据生源特点和地域条件，学校以学生心理安全为切入点凝聚家校，以体验式辅导课程抓住学生，系统开展心理工作，建立师生心理发展中心，形成了以"心理工作+"为显著特色的心育模式。

一、打造"心育+"体系，服务师生和谐发展

（一）"心育+德育"，提升德育工作成效

针对传统德育工作所存在的问题，学校紧紧围绕德育行为养成，形成教育效果长效机制这个核心，探索分析了影响德育实效性的多种心理因素，反思了现有德育教育模式存在的不足，在研究实践中逐步构建了德育行为养成教育"共情—明理—活动—导行—评价—反馈—调整—

养成"的基本模式，形成了涵盖学生学校生活、家庭生活、社会生活的养成教育的内容序列，探索了政治课、学科渗透、主题班会、学校文化建设、网络文明引导、"学校—家庭—社区"教育共同体构建、团体辅导等文明行为习惯养成教育的基本途径和方法。

另外，学校还借鉴心理咨询工作的一些原理，开展对"自主德育"的研究，探索如何在青春期的孩子心中构建自主德育心理机制，激发学生对学校德育的主动需求。

（二）"心育+教学"，提高学科教学质量

课堂教学是学生在学校心理、学业成长的主阵地。学校以教研组、备课组为阵地，在传统备课中强化对学生最佳学习状态的营造、成功心理习得培养的关注，从培养学生问题解决策略的高度看待学生学习障碍和问题，尽量在课堂上让每一个学生都能有获得感，成就感，控制感。用打造"幸福课堂"的积极教育理念取代具有浓厚实用主义色彩的"高效课堂"理念。

心理发展中心通过对教师提供教育教学方面的支持性辅导咨询，有力地推动了教师的专业成长。

（三）"心育+家庭教育"，推动家校协同育人

学校心理中心和社区教育学院、区文明办合作，成立家长学校和郫都区未成年人心理成长中心，和社区共建以心理安全为目标的青少年安全社区。中心定期向社区家长提供家长培训和家庭教育指导，对青少年提供心理服务。

在家庭教育指导方面，提倡"授权式"亲子关系相处模式，较好地解决了青春期孩子与家长的冲突，既满足了孩子在该成长阶段对独立、成人感的心理需求，又最大限度地缓解了来自孩子的管教阻力。

（四）"心育+后进生转化"，优化学生心理品质

在学校中，后进生是一个不容忽视的客观存在。后进生转化工作既是学校的重点，更是学校的难点。特别是青春期的孩子，对说教式、指令式（即使内容正确）教育正处于习惯性逆反的状态，更是让传统式后进生转化工作效能低下。学校通过心理团体辅导、学习心理团体辅导、亲子沙盘、游戏等方式支持后进生转化工作，取得了良好效果。

（五）"心育+社区"，增强区域辐射能力

学校积极推进心理健康工作，产生了一大批理论成果和实践成果，培养了一支极具战斗力的心理健康队伍。学校多次送教下乡，为乡镇学校开展讲座，到郫县四中、郫都实验学校进行心理危机处置援助，到郫筒社区、郫都区教师培养中心进行理论讲座。同时，学校心理工作成果也被郫都区德育办作为先进经验推广到郫都区各中小学校。

郫都二中团体心理辅导活动

知心育人　实践德育心智慧
中小学心理健康教育特色学校建设成果

郫都二中心理中心为区内学生做心理讲座　　　　　　郫都二中心育阵地建设

二、组建安全小组，构建危机预警网络

高中生人际关系特点决定了单一的班级心理委员制度很难把班上每一个同学纳入关注视野。为此，学校心理中心从中学生人际关系发展特点寻找突破口，在班级各个非正式群体中选拔代表，组成"班级心理安全工作小组"，通过对班级心理安全工作小组成员的专业培训，实现了班级全员初级心理维护。

学校的班级心理安全工作小组多次成功预警或发现学生心理危机苗头，为学校心理危机干预系统的启动赢得了宝贵时间。对因心理疾病休学复学的同学，心理安全工作小组也为他们回归正常，实现康复发挥了社会支持作用。

"班级心理安全小组"建设，有力地促进了学校校园心理危机预防工作，减少了恶性校园心理安全事故的发生。

三、提升师资队伍，引领学生生涯成长

学校除了校本培训、沙龙教师之外，还采取"自愿+选拔"的方式安排青年教师轮流到学校心理中心工作实习，特别是年轻班主任和后备班主任教师并在实践中快速提升了心理素质和管理水平，树立了学科教学中渗透心理健康教育的意识。由学校政教处对其实习工作予以考察评估，合格者方可上岗。另外，学校政教处和年级管理团队，在优秀教师中选拔成员，通过外派学习和校本培训，培养具有心理辅导、学业生涯辅导能力的教师为"学生发展导师"，并颁发相应证书。

四、系统科研工作，落实教育实践改革

学校的两个市级课题《学校心理危机教育与心理危机干预实践研究》《团体辅导对中学生心理韧性干预研究》顺利结题，其中后者荣获一等奖。参研教科院的省级课题《成都市农村初

中学生心理健康及思想道德现状调查研究》荣获四川省一等奖。目前，参研的区教育局省级课题《积极教育理念下构筑幸福学校的区域实践研究》已进入结题阶段。另外，还有30余篇心育学术文章和典型心理个案报告荣获国家、省、市级奖励。2018年，学校心理老师林玉龙被评为"成都基础教育EPC年度盛典2018年度教师"。

郫都二中心理中心组织青年班主任沙龙培训

　　心理健康教育不应该是脱离学生具体学习、生活实践的独立教育内容，而应该是无痕渗透于学校教育的各方面、全过程，它既是教育的一个目标，也是实现教育的手段。未来，学校将进一步拓展"心育+"的服务范畴，为学生育心铸魂，筑底人生！

爱的温度　心的色彩　美的校园

◇ 四川省成都市郫都区第四中学

　　四川省成都市郫都区第四中学（以下简称"郫都四中"），是四川省体育阳光示范学校、成都市文明单位、成都市心理健康示范学校；是成都市"十三五"课题《高中灵动三元导学模式的实践研究》实验学校。百年砥砺，励精图治，勤劳务实的一代代四中人创造了郫都区教育的神话，也创造了郫都区高考考入清华北大人数最多的纪录，学校连续20多年获成都市教育局表彰及表扬，被评为"成都市优秀学校""成都市进步最快学校"。

　　学校坚持"习是修身，强学力行"的办学理念，秉持"为学生的出彩人生奠基"的育人目标，踏实、高效地推进各项工作，努力实现"学生阳光灵动地成长、教师幸福智慧地工作、家长积极有序地参与"彰显君子之风的卓越学校的教育愿景。

四川省成都市郫都四中校园风貌

一、关注心理健康，促进学生幸福成长

　　学校心灵成长关爱中心秉持"关爱心灵 关注发展 幸福成长"的心育理念。关注师生心理健康，以促进师生发展，实现幸福成长为宗旨。立足于学校实际情况全面开展心理健康教育工作。2011年参照《成都市中小学心理健康教育中心（辅导室）建设标准指南》的要求，建立心灵成长关爱中心。打造了沙盘室、宣泄室、团体辅导活动室、个别心理辅导室等，基本达到咨询室Ⅱ级标准。配备音乐放松椅和心理智能身心减压动感单车，帮助学生更好地放松减压。

　　学校心灵成长关爱中心制度完善，由3位专职心理教师和5位兼职心理教师负责，工作日全天为学生开放，中心也向全校师生公告了常用的心理热线电话，中心知晓率和使用率良好，保证满足学生日常心理辅导的需要。

二、立足生涯发展，奠基学生全面发展

（一）系统推进生涯教育

1. 建立职业视界VR职业体验中心

学校成立职业VR体验中心，为了让VR职业视界和生涯查询一体机充分为学生所用，将生涯查询一体机摆放在学生大厅，全天候对学生开放；VR职业视界则将所具有的30个职业及操作注意事项通过海报进行宣传，定时对学生开放，并配备专门的值班老师进行指导。两台设备自引进以来，广受学生喜爱，一楼大厅常能看见学生在一体机前进行职业测试、浏览大学及专业资讯；值班期间，更多学生来到五楼踊跃体验VR职业视界，除个别网络不佳的情况外，学生们在体验记录上写下的皆是"逼真、有趣、对未来职业有了更明确的想法"等。

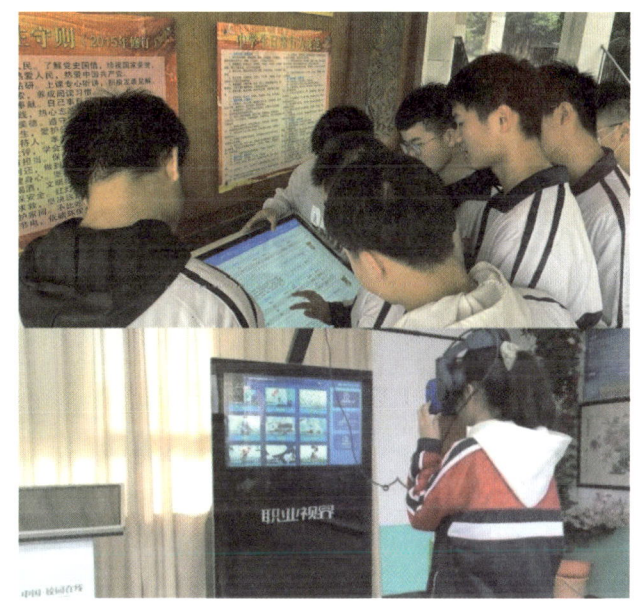

学生使用生涯查询一体机和VR职业体验设备

2. 成立生涯教育导师工作室

2011年，心灵关爱成长中心成立导师工作室，现学校已有3位高级职业生涯规划师、2位中级高级职业规划师，针对个人特质、兴趣爱好、价值取向通过咨询沟通提供信息与思维方式等手段引导学生客观地认识自我、挖掘潜能，帮助学生选择适合自己的职业发展方向。

3. 开设生涯规划指导课程

从2016年开始，学校在高一年级开设生涯规划课，2020年开始，范围扩展至高二年级、高一年级的学生，重点进行人生规划方面知识的课程学习；高二年级的学生，重点进行职业规划知识。高三年级则主要通过与班主任沟通班级整体需求，有针对性地开设生涯规划主题讲座、团体辅导，有的放矢地开展生涯规划指导教育。2019年4月，学校还增设生涯规划选修课，有针对性地了解学生需求后，心灵成长关爱中心的老师们选定教材、确定教学内容、开展集体备课，规范上课，让学生形成规划意识，初步掌握规划方法，在实践中体验生涯规划。

4. 学科渗透生涯教育

除了生涯必修和选修课外，学校还注重学科渗透生涯规划教育。从2016年开始学校先后派送了多批次老师去浙江、北京、深圳等地学习，吸收先进的生涯理念以及选课走班模式；同时学校选送专兼职心理教师以及部分班主任、学科教师进行职业生涯规划师培训，学习生涯规划的理念和指导培养学生的方法等。让班主任、学科教师在进行学科教学的同时进行学科与职业之间的联系，进行生涯规划教育。

5. 开展生涯实践系列活动

在开始生涯规划课程后，2018年开始给高一年级的学生布置暑期生涯实践作业，学生可以探索自己感兴趣的大学，也可以去体验自己感兴趣的某种职业，让生涯规划的学习和体验延续到学生生活中，让学生学会有意识有方法地去了解职业、了解大学、了解专业，为高三年级的

志愿填报做准备，不再迷茫。

2021年学校开始组织学生开展关于审判长、律师、记者、主持人等职业的真实情境体验活动，让学生走进职场，去感受和体验真实的工作情景，为未来的生涯规划奠定基础。

（二）扎实开展心理危机干预工作

1. 成立危机干预工作组，落实安全责任

学校高度重视学生心理危机干预工作，成立了以各级行政领导领头的学生心理危机预防和干预领导小组及心理健康教师和医务室参与的工作小组。

2. 开展学生危机干预培训，培养同辈互助力量

对心理社团成员和班级心理委员多方位开展心理危机干预培训，指导各班心理委员填报《心灵成长记录册》并于每周四交至心灵成长关爱中心，以便老师发现危机，及时干预。

3. 规范教师培训，提升危机干预水平

中心每学期定期开展教师心理危机干预培训，帮助教师了解生命是心理危机干预及如何识别与应对危机学生，出现心理危机的干预流程与具体操作，进一步提升教师心理危机干预水平。

职业生涯体验之模拟法庭

4. 开展心理筛查工作，建立长期筛查机制

每学年初针对全体学生开展心理普查，建立学生心理测评档案，对筛查出的特异学生进行后续跟踪了解，通过班主任访谈、心理老师一对一访谈，及时评估、及时干预。在2020年的全校学生心理普查中，及时对筛查出的41名特异学生进行心理访谈复检，进一步排查和识别学生的心理健康问题，对出现危机问题的学生情况及时上报学校，给予学生和家长援助。

（三）搭建三维一体，创新有效途径

1. 学生活动有路径

按照学校实际安排，心理课程关注学生不同层次的心理发展需求，包括心理必修课和走班选修课两大类。必修课程主要在高一、高二年级开设，每班每个学期不少于8课时，并排入课表：心理活动课4节（心理教师上），心理班会课4节（班主任上）。高三年级临近高考，主要是以个体辅导和考前开展的团体辅导为主。选修课由中心心理教师轮流上课，内容主要涉及微表情、变态心理学、怪诞心理学、绘画疗法等，让学生在常规知识学习之外，更多地了解心理学。中心正在初步探索依托劳动教育渗透心理健康理念的园艺辅导。

学校高度重视学生体验活动，让学生在心理活动周、心理社团等活动中学会自主管理、自主创新、自我发展。

2. 教师幸福有体验

学校关注教师心理健康，定期开展"读书分享会""趣味运动会""教师艺术节表演""艺术作品展""教师心理讲座"等主题活动，并依托成都市B证、C证等培训，让教师在不同的体验活动中维护和调适心理健康。

3. 家校共育促成长

学校与家庭积极配合，共同开展学生的心理健康教育工作。学校每学期有家长开放日，让家长代表进学校了解学生的学习和生活情况。心灵成长关爱中心每年会为高三年级的家长印制家长手册，同时学校通过微信群不定期的推送有关亲子沟通、学生手机使用管理的文章等帮助家长了解自己的孩子，协助家长或监护人共同解决孩子在成长过程中的心理行为问题。

学生心理危机干预培训

三、强化特色发展，提升工作质量

（一）生涯规划指导教育有特色

结合学校生涯规划指导实践，心灵成长关爱中心编写的生涯规划校本教材《我的高中生涯规划书》荣获成都市三等奖。中心教师撰写的论文《"积极教育理论下的'师生家'生涯规划教育"未来发展方向》获得郫都区一等奖，成都市三等奖。目前，学校已申报成为郫都区生涯教育"指南针"项目试点学校。

（二）心理危机干预有实效

学期初学校会针对全校2000多名学生开展心理普查，中心及时建立学生心理测评档案，并对筛查出的特异学生分时段与对应班主任进行跟踪了解，做跟踪记录，制定干预方案。形成二级危机干预流程，规范进行危机干预。充分利用社团成员和心理委员，全面及时地了解学生情况，发现危机及时干预。目前，已成功完成一级危机干预41人次，二级危机干预1人次，三级危机干预3人次。在疫情时期，师生情绪稳定，调适良好。

在普查数据分析与访谈了解的基础上，中心两位老师分别撰写了《高三年级心理健康调查报告》《高中生心理健康调查报告》，获得郫都区心理健康教育优质成果论文评选一等奖。

（三）科研发展有成效

学校积极开展心理健康教育课题研究，有浓厚的心理健康教育科研氛围，学校的市级心理课题《农村中小学心理健康区域模式研究》具有区域辐射影响；学校教师积极参加市教科院每年组织的心理健康优秀成果评选，从2015年至今有27篇心理健康研究论文参评，其中多篇荣获成都市一、二等奖。

（四）区域辐射有引领

郫都四中心理健康教育工作坚持创新引领，开拓进取，成效显著。学校是成都市"心理健康示范学校"，是郫都区最早实施心理健康教育、开设心理健康教育课程的学校之一。心育课程对所有年级全覆盖，心理健康教育的机制完善、课程样态丰富、实施路径多元，并在多个领域走在郫都区前沿，形成了以"生涯发展教育""危机干预""心育全覆盖"为显著特色的心育新格局，为学生健康成长和教师幸福生活附上"爱"的温度和"心"的色彩。

成都市考前心理辅导送教活动在郫都四中举行

以心育心　润泽生命

◇ 成都市新津区实验高级中学

成都市新津区实验高级中学（原新津县华润高级中学），始建于1996年，2020年9月，学校更名为成都市新津区实验高级中学（以下简称"新津实验高中"）。学校先后被评为四川省阳光体育示范校、成都市示范性普通高中、成都市首批心理健康教育特色学校、成都市青少年活动基地学校、成都市教育科研先进单位、教育部第一批中外人文交流特色学校建设计划学校。学校以建设"管理精实、质量突出、特色鲜明、人文和美"的优质示范高中为办学目标，始终践行"仁、智、信、美——用仁爱与智慧滋润心灵·以自信和共美升华人生"的办学理念，矢志培育学生的核心素养，促进学生全面发展，培养学生的自觉、自主、自律、自信四种品格。

学校十分重视心理健康教育，2003年开始有专职心理教师，现有3名专职心理教师，建立了学校心理中心，有音乐放松室、宣泄室、沙盘室、团队辅导室等功能室。中心也成为"新津县心理咨询分中心""新津县未成年人心理咨询中心分中心"。

学校心理健康教育秉承以心育心，润泽生命的理念，用丰富多样的形式对学生进行心理健康教育，积极创设良好的校园环境，为学生成长营造健康氛围，努力提高学生的心理健康水平，优化心理品质，助力学生身心发展。

成都市新津实验高中校门

一、开设课程，做好危机"预防"工作

心理健康教育课程分为专业课程、学科渗透课程、社团活动课程。

专业课程：心理健康教育的主阵地，包括心理活动课、生涯规划课和心理班会课。心理活动课间周开设，三个年级均开设课程，涉及高中适应、自我认识、认识世界、生涯规划、生涯决策、志愿填报等；心理班会课形成了高一至高三三个年级的主题班会资源库，班主任按需选择，兼顾班级学生的整体发展和个体特色需要。

学科渗透课程：调动广大教师通过学科教学渗透心理健康教育的理念，增强心育意识，借助选修课和社团课，让学生在体验中成长。

社团活动课程：学校除常态化开展心理社团活动外，还开展校园心理剧大赛、女生节系列活动、高考加油站、5·25心理健康节、主题手抄报、心灵运动之旅拓展活动、心理图片展览等，在活动中习得知识，获得体验，学会成长。

心理健康教育的支撑性课程——综合实践，让学生在活动中提升能力；家校合作优化家庭教育模式，畅通家校沟通、和谐亲子关系；生涯讲堂从他人视角观察世界，用自身力量去规划未来，用切实行动去点亮前程。

新津实验高中的心理活动课

新津实验高中5·25心理健康节活动

新津实验高中原创校园心理剧展演活动

二、规范档案，做好危机"预警"工作

（一）建立心理档案，关注预警名单

针对高一新生开展心理普查和访谈，初步建立学生心理健康档案，齐抓共管，做好档案管理工作；形成该年级的心理普查报告，让相关人员（年级组）了解该年级学生的心理健康现状；筛查预警名单（以班级为单位），关注相关学生个体报告，了解其心理健康情况，通过报告与访谈，形成重点关注学生名单，对该部分学生进行班主任访谈、家庭信息和成长经历的了解、对学生进行初始访谈，进一步确认其心理健康情况；对班主任进行培训，让班主任科学看待学生的心理测评结果，能对预警学生做简单的资料收集和整理。

（二）规范心理辅导，做好评估转介工作

心理辅导是学校心理工作的重点工作。首先做好预约登记、辅导（面谈、电话咨询、网络咨询等）、辅导记录、辅导台账、辅导报告等工作，并对多渠道（心理测评、心理辅导、班主任、心理委员、科任教师、家长、后勤人员等）获得的预警学生心理现状进行定期追踪，多角度了解学生信息。针对部分有必要转介的学生，根据学校心理危机干预方案，转介到专业心理

治疗机构。

三、家校联动，做好危机"干预"工作

（一）畅通家校沟通渠道，做好学生就医工作

与家长沟通学生心理安全现状，告知家长转介渠道，提供专业治疗和咨询机构以供家长参考。家长需配合医院或专业机构的治疗工作（住院、服药、定期随访等），保存好定期治疗和心理咨询的相关资料，并做好治疗期间的监护工作，关注孩子身心安全（药物副作用、过量服食药物、自伤等）。

（二）协同学校各级部门，做好学生复学工作

学生治疗期间，及时关注和跟进学生治疗或咨询情况，保存相应病历资料以及与家长和学生沟通的资料（电子资料或纸质资料），学校做好该类档案的保密和管理工作。学生经治疗返校后，心理老师、班主任、家长、其他相关人员关注学生康复情况以及治疗后续注意事项（服药、定期复诊、随访等）。协同德育处，做好学生心理安全工作，开展各班心理委员培训，关注学生心理安全。对班主任、学科教师进行心理健康教育知识培训，指导班主任、学科教师对有特殊心理需求的学生制定相应的教育方案，采用适当的方式进行疏导和引导。尤其是科学对待心理疾病学生与重点关注问题学生。协助教导处进行家校共育，开展家庭教育专题讲座。为转学、因心理疾病休学的学生进行访谈和辅导，协助学生适应和发展。

新津实验高中生涯讲堂之家长学长讲生涯

经过近十年的发展，学校心育工作形成了特色心育课程体系，实施方式多样，工作机制日趋成熟，心育团队壮大，专职心理教师参加成都市赛课获得一二等奖，担任成都市高中精品课程主讲教师多次，参加新津区的考前辅导，辐射区内初中学校；兼职心理教师多次参加成都市心理班会课赛课，获一二等奖多次。学校心理教师参研课题成果荣获国家级教学成果二等奖。

"以心育心，润泽生命"，学校将继续深化心育理念，为学生健康成长，健全人格贡献"心"力量。

园艺活动缤纷　润心育人无声

◇ 成都市新津区五津初级中学

成都市新津区五津初级中学始建于1958年，位于钟灵毓秀的宝资山上，俗称"爬山中学"。2010年9月，与原新津中学实验学校整合为现在的新津区五津初级中学，校址迁至新津县五津镇武阳中路296号，占地60余亩，满园桂树，草木葱茏，是读书治学的理想之地。学校现有24个教学班，学生1180人，教职工117人，是新津区内最大的一所单设初中。近年来，学校坚持"五育并举　津润人生"的办学理念，全面推进素质教育，高度重视心理健康教育，秉持"活动育人 润心无声"的心育理念促进学生身心健康发展。学校以"园艺与手工劳作（下文简称手作）"为活动载体，将心理健康教育深入到教育教学全过程，起到了活动育人，润心无声的效果。

一、确立"园艺+手作"的融合理念

2020年3月20日，中共中央、国务院印发了《关于全面加强新时代大中小学劳动教育的意见》，劳动被赋予了新的使命，即通过对劳动知识的运用，在劳动中锻炼技能、收获经验、体会情感、感悟精神，最终实现自我的成长。劳动教育可以帮助学生建立正确的世界观、人生观和价值观；激发学生勇于创造的精神；可以让学生通过劳动来释放压力，缓解心情，促进身体和心理的健康发展。相关研究证明，增加青少年接触自然的机会，能够促进其身心健康发展，并增进其社会交往能力。园艺活动能够使青少年消除不安与急躁情绪，培养忍耐力与创造力，增加活力与树立信心。学校聘请了"园艺心理疗法"的专业师资对学校心理教师、班主任、社团课教师进行培训，指导老师们将"园艺体验""劳动教育"与"心理健康教育"相结合开展心育活动。

二、打造"植诉心声"的心理班会

班主任组织学生提前收集当季的植物，班会课上学生以植物粘贴画的方式来讲述植物故事，学生讲述植物故事的过程也是自我心理投射与倾诉的过程。这样的方式能帮助教师快速发现这一学段中学生常见的心理亚健康问题以及个别学生的特殊问题。组织班会课的班主任或心理教师根据学生讲述的故事情况进行课堂团辅或者课下一对一的心理辅导与交流。这样的班会课不仅给学生提供了亲近自然的机会，更锻炼了学生的动手能力，培养了学生的审美与创造力，最为重要的是通过这样润物细无声的方式发现学生群体中潜在的心理问题，并及时进行干预与辅导。

（一）"植诉我声"心理班会

七年级新生进校班会课为"植述我声"，用植物粘贴画来介绍我和我的家庭，以一种轻松活泼的方式增进班级同学间的了解，班主任也能快速掌握学生各方面的情况。一幅小小的植物粘贴画，述说着孩子们丰富的心声。

（二）"植物的一家"心理班会

八年级班会课为"植物的一家"，邀请家长参与班会课。针对这一阶段普遍出现的"叛逆期"与"亲子沟通障碍"等家庭教育中出现的心理问题，班会课设计了"亲子植物画"和"亲子插花"等活动，亲子静默完成植物作品并讲述故事。孩子与家长通过植物来表达平时不愿或者不知如何表达的心声，不少亲子沟通难题通过植物故事得到了解决。班会课上，有孩子通过冬日里的一支蜡梅说出了对母亲深深的崇拜，而母亲用一叶特别的绿植赞美了孩子的与众不同，亲子间的误解得以澄清。

（三）"植物大作战"心理班会

九年级的班会课为"植物大作战"，以小组为单位设计一幅植物粘贴画，讲述小组的故事以及团队的目标，既是为即将到来的中考加油鼓劲，又是一次轻松的解压心理团辅。每一次班会课的园艺手作作品都会在班级宣传栏和学校展览处进行展示，又起到了美化校园的效果。

三、开设园艺手作社团

学校在社团课中还特别开设了园艺手作社团，由受过园艺心理疗法培训和具备手作特长的教师担任。每周一次的社团课，教师会结合季节特点和传统节日指导学生进行园艺手作，手作社团有以下特色手作课：植物心语书签、端午香包、桂花月饼、桂花茶艺、植物精油皂、银杏枫叶画、水培绿植……学生在亲手制作的书签上写下成长的困惑、解难的心结、真诚的祝福、美好的愿望、满满的期待送给自己、朋友、老师、家人……有的学生在书签上写下心语的那一刻堆积已久的情绪豁然开朗；有的学生通过书签上的心语向老师家长发出心理求救"信号"；有的学生通过亲手制作的植物心语书签传递爱与快乐，鼓励了处在情绪低沉期的好友。植物手工皂，水培绿植等课程训练了学生的专注力，培养了学生的审美能力，更为重要的是，学生们通过这样的社团课，掌握了缓解焦虑、急躁、低沉等情绪的方式，学会了用亲近自然，动手劳作的方法进行自我心理调适。

成都市五津初级中学"植诉心声"心理班会

四、开展"五感体验"团辅活动

除了班会课与社团课,学校还会在传统节日开展以"园艺手作"为载体,设计"五感体验"的大型心理团辅活动。"五感体验"是指设计涵盖视觉、触觉、嗅觉、听觉、味觉五种感官体验的园艺手作活动,以期达到放松身心、愉悦心情的团体辅导效果。比如清明节通过"植物的一生"进行的生命教育;端午节的包粽子,缝香包活动等。学校最有特色的是中秋节举行的心理游园活动,学校有60余棵树龄将近80年的桂花树,在桂花盛放的中秋,学校会在心理游园会上组织学生进行桂叶书签制作、桂枝插花、桂枝沙盘、桂花茶艺,桂花月饼制作等活动,通过团体的"五感体验",起到了润心无声的效果。

成都市五津初级中学"手作社团"　　　　成都市五津初级中学"五感体验"团体辅导

每项活动都会根据具体内容设计含有心理调研选项的活动反馈表,反馈表显示:全年学生们最期待的节日就是学校的中秋游园会(学校称为"桂花节"),在游园会开始与结束的一个月内,心情最为愉悦。学校也会根据反馈表中学生的意见与呈现的心理状态与问题有针对性地设计下一次的心理团辅活动。2019年"5·25"心理活动周,学校以"五感体验"为主题,设计了10项园艺手工劳作体验项目,学生与家长(共计500余名)参与了心理游园会,反响良好。

经过近三年不断地尝试、反思与探索,新津区五津初级中学在"活动育人 润心无声"的心育道路上取得了些许成绩,四川新闻网、成都市电视台天府教育等媒体对学校"园艺手作"心理健康教育活动进行了报道宣传,起到了积极的社会影响。

构建阳光心育　创造晴朗"心"空

◇ 四川省简阳中学

时光如水，三个世纪筚路蓝缕；岁月如歌，百余春秋薪火传承。建于1899年的通材书院是四川省简阳中学的前身，是一所既有百余年悠久历史文化积淀，又有现代教育理念的巴蜀名校，是四川省首批命名的四川省重点中学校、国家级示范性普通高中、四川省一级示范校、四川省新课改样本校。学校现有两个校区，占地面积300余亩，有136个教学班，在校学生7000余人，教职工562人。学校先后荣获全国教育系统先进集体、全国精神文明先进集体、国家级家长示范学校、国家级语言文字规范化示范校、国家级教育科研先进单位、全国青少年普法教育先进集体、四川省最佳文明单位、四川省首批校风示范校、四川省德育工作先进集体、四川省百所艺术特色学校、四川省实验教学示范校等50余项省级以上表彰。

"教育服务于智慧生命的自主成长"，一直以来，学校认真贯彻《中小学心理健康教育指导纲要（2012年修订）》，简阳由成都代管后学习落实《成都市中小学心理健康教育发展规划》，围绕"通才树人 以德为先"的办学思想，努力从各个方面满足学生和家长的需求，不仅重视学生科学文化知识水平的提高，也非常关注师生身心健康的发展。近年来，在各级领导的关怀下，在全校师生的共同努力下，学校心理健康教育工作持之以恒地开展并积极推进，在规划管理、队伍建设、组织实施、氛围营造和特色创新等方面都取得了一定进展。

一、落实政策，完善制度，统筹工作

心理健康教育是学校教育的有机组成部分。学校将心理健康教育工作纳入学校整体发展规划及年度工作计划，健全工作机制，完善规章制度，成立学生发展中心，设立心理成长中心，对相应工作程序与环节进行明确规定，坚持五大原则——针对性原则、全面性原则、尊重性原则、差异性原则、保密性原则，层层推进、上下联动、分工负责、统筹协调。

二、条件保障，多方协调，共促发展

（一）保证课堂教学

2001年，学校就引进心理专业毕业生担任学校专职心理老师，开设专门的心理健康教育课程来实施心理健康教育，并列入课表，为所有学生都能够接受到基本的心理健康教育提供了重要保证。

（二）做好心理辅导

学校心理成长中心建立以来，工作日向全校师生开放（实行预约制），每天下午5：30—7：00有专人值班，对来访者进行个别咨询及团体辅导，及时解决来访者需求，做到有咨询记录、有分析对策、有效果评价，并对个别有严重心理疾病的人员，进行及时转介。

（三）注重专业渗透

坚持以人为本、以心育人，指导各学科教师在学科教学中渗透心理健康教育，加强在班集团队工作中积极渗透心理健康教育，如：举办心理主题黑板报、心理班会课、生涯规划教育、文明礼仪教育、感恩教育、自信心教育、人际交往教育、生命教育、适应教育、挫折教育、青春期教育等。

（四）加强文化建设

重视校园文化建设，通过定期更换宣传展板、电子标语、举办5·25心理健康活动周、专题讲座、体验式活动、学生社团工作、校园官方网站及微信公众号、热线电话、"简中心灵半岛"QQ群、校园广播、升旗仪式、学生手册等多种活动形式及新媒介开展形式多样的心理健康教育活动，以"心理文摘""心理绘画""校园心理剧""心理沙龙""关爱留守儿童公益演出"等具体方式在全校普及心理健康教育知识，营造良好的心理健康教育氛围。

5·25心理健康周系列活动——绘画团体辅导

（五）密切社会合作

重视家校合作，充分利用校外教育资源，邀请省市各级心理健康教育专家指导开展工作、联合青少年活动中心开展心理辅导进少年宫活动、连续三年与简阳市计划生育协会联合开展成都市市级青春健康项目，同时发挥良好的区域服务作用，与各兄弟学校分享交流工作经验，参加简阳市5·25心理健康教育主题活动、简阳市家庭教育公益讲座、简阳市图书馆专题公益讲座、简阳市炳文书院读书会、亲子活动等。2018年，在简阳市教育局的组织下，学校成立了简阳市心理健康教育名师工作室，并在学校挂牌，搭建了资源共建共享新桥梁。

简阳市心理健康教育名师工作室成立

三、打造团队，建造阵地，引领成长

（一）配齐配好教师

学校现配备了一支由4名专职心理教师、数十名生涯规划导师、优秀班主任、年级德育组长、优秀学科教师等共同组成的专兼职心理健康教育教师队伍。2016年，简阳由成都代管以来，学校积极响应成都市学校心理辅导员ABC证培训，已有数百名教师顺利完成相应级别资格培训，逐步培育专业队伍，建立全体教师共同参与的工作机制。

（二）加强师培师训

积极开展教师培训，通过培训提高专兼职心理健康教育教师的基本理论，专业知识和操作技能水平。将心理健康教育列入师资培训内容，开展心理健康教育体验活动，订阅心理健康教育书籍，对全体教师进行基本的心育知识科普，帮助教师学会自我心理保健的基本方法，提高心理教育能力和自身心理健康水平。同时，积极外派心理教师外出参加学习，开展一对一帮扶工作，以老带新，帮助年轻教师快速成长，切实提升专业水平。

（三）加强阵地建设

学校心理成长中心是为师生提供心理健康服务的重要场所，是学校开展心理健康教育的重要渠道。2016年10月，学校建立了简阳中学心理成长中心，2017年3月，心理成长中心正式投入使用，2020年完成扩建工作。中心位于河东校区弘德楼7楼，占地面积400多平方米，分别设有问询接待区、休息阅览区、团体沙盘室、测评反馈室、身心放松室、宣泄室、团体辅导室、教师办公室、沙游咨询室、身心素质训练室、脑电训练室、生涯规划室，配备了多

简阳中学心理成长中心

项专业硬件系统，相关报刊、图书种类齐全。为更大范围地向广大师生及社会人士提供心理帮助、满足心理辅导需要，中心本着节约资源，坚持一室多用的原则，同时设立了简阳市未成年人心理成长中心，简阳中学"慧雅阁"职工心理中心。

四、创新方式，优化路径，持续提升

自2001年以来，学校已持续并稳步推进心理健康教育工作20年，通过"进学校、进社区、进社会机构"走出去，形成了良好的社会效益；通过"开课程、做活动、办讲座、接咨询"全员参与，积极推进全体师生身心健康发展，在做好课堂教学、心理辅导、主题活动等常规工作的同时，学校不断创新工作。

形式创新："五一疗法"——通过演（校园心理剧）、画（绘画疗法）、动（运动疗法）、唱（歌唱疗法）、写（心灵日记）等学生乐于接受的方式创造性地实施心理辅导，让学生在活动中体验、感知、自我觉醒，提升心理营养水平，构建心理免疫能力。

内容创新：以心理健康教育为核心，融入

简阳中学新高考形势下升学规划专题讲座

养成教育、感恩教育、生涯教育，以实践活动为载体，树立"树"的德育理念，达到学生和教师的自主化发展，后续还将大力推进生涯规划教育，构建学生生涯规划体系——以心育为核心，学生为主体，班级为阵地，家校共育为途径，引导学生规划人生，进一步丰富、开拓心育内容。

简阳中学心语花园效果图（部分）

平台创新：以"一站"（网站）、"一话"（咨询电话）、"一社"（阳光心理社）、"一心"（心理成长中心）、"一课"（心理健康教育课）、"一沙龙"（心育沙龙），搭建师生心灵交流的平台。结合学生、家长、学校等多方面因素努力打造"学习共同体"，形成富有生命力的特色文化，如"成蹊教工志愿者""妈咪宝贝屋""亲子'心'体验""校园心理剧"等。2018年成功申请以"链接大自然 用生命影响生命"为主题的在建园艺心理项目《心语花园》。

加强心理健康教育工作、促进未成年人身心健康，是提高教育质量不可缺少、不可替代的重要组成部分，离开了心理健康的教育，是不全面、不可持续、质量不高的教育。我们还将继续努力，为心理健康教育发展不懈努力！

幸福青春尽心护　成功人生心奠基

◇ 都江堰外国语实验学校

都江堰外国语实验学校创办于1996年，是都江堰市教育局直属高完中，学校秉承"乘势利导，因时制宜，开启成功"的办学理念，提出"幸福青春，成功人生"的心育理念，将心理健康教育作为提升学校品质、铸造特色发展的重要课程之一。学校先后被评为成都市心理健康教育实验学校、成都市心理健康教育特色学校，挂牌全国第000126号1+1心联小屋、四川地震灾区教育项目心理辅导站、都江堰市未成年人成长中心、都江堰市中小学生心理发展中心、都江堰市性教育基地。

都江堰外国语实验学校校园风貌

一、树立鲜明目标，构建幸福课程

学校以埃里克森的人格发展理论为支撑，构建"青春幸福课程"，引领学校心理健康教育工作。中学生正处于青春期（12—18岁），根据心理学家埃里克森心理发展社会理论，这一时期的心理冲突是自我同一性和角色混乱的冲突。学校提出"幸福青春，成功人生"的心育理念，旨在有针对性地开展符合学生心理特点及人格特点的教育，帮助他们解决这一阶段面临的矛盾与危机，促进其人格健康发展。

二、建立支持系统，保障常态工作

（一）心育内部支持系统

建设了一支以专兼职心理老师为核心，班主任为骨干，学科老师为辅助的心育队伍，使之成为实施心育工作的根本保证。

（二）心育中部支持系统

学校从规划、机制、制度、硬件等方面全力支持心育工作的开展，成立了心理发展中心，全面负责学校心理工作开展，由学生发展指导中心分管，每学期召开心育工作专题会议。心理老师具体负责，整合学生社团、家长、学科老师、校医等多方面的力量，协同开展各类心理健康教育工作。

（三）心育外部支持系统

学校整合挂牌单位（全国1+1心联行动组、都江堰市中小学卫生保健所、都江堰市文明办、社区等）的资源和力量，积极开展社会合作，构成心育外部支持系统。

三、构建校本课程，发挥阵地作用

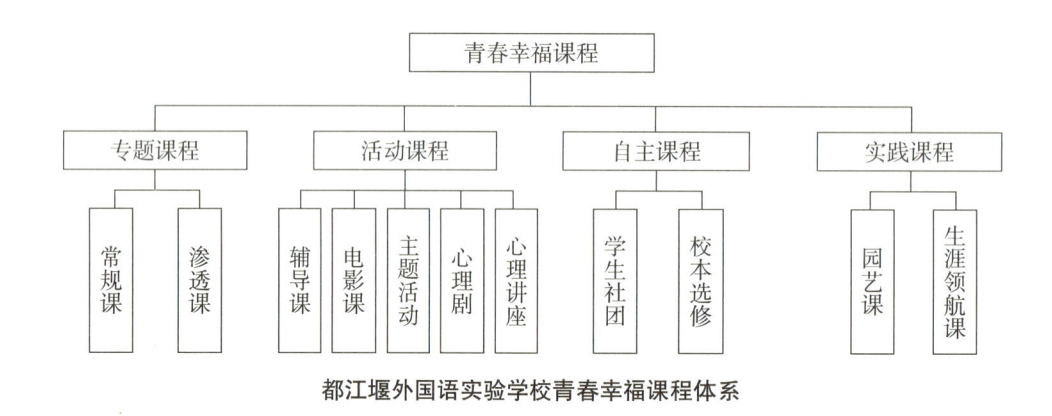

都江堰外国语实验学校青春幸福课程体系

青春幸福课程下设：专题课程（常规课、渗透课）、活动课程（辅导课、电影课、主题活动、心理剧、心理讲座）、自主课程（学生社团、校本选修）、实践课程（园艺课、生涯领航课）。

（一）落实普及性的专题课程，发挥心育主阵地作用

学校研究、整合、开发出一套青春幸福专题校本课程，根据辅导目标的不同，通过间周一节心理健康课开展六个关于"青春期性教育"的专题课程教学。

青春期性教育专题课程内容

专题	初中	高中
热爱生活 珍爱生命	适应学校新生活 生命的列车 做情绪的主人	性与生命的孕育 情绪与健康 关于抑郁——与黑狗一起生活
性生理	生物学和社会学的性和性别 青春期和青春发育期	认识生物学与社会学的性与性别 促进社会性别平等 性发育的健康与异常
性心理	青春期性幻想 喜欢和爱 认识自己	距离产生美 爱情了吗？ 不曾了解的真实自我
人际关系	异性交往，你早lian了吗？ 爸爸妈妈听我说	异性交往，你早lian了吗？ 成长与跨越
性保护	"禁果"的诱惑——理性面对性行为 保护自己，远离性骚扰 预防校园欺凌与暴力	美好人生双飞翼——如何平衡爱与性 怀孕与避孕 预防性暴力
防艾教育	珍爱生命，拒绝毒品 认识艾滋病与传播	远离艾滋病病毒，关爱艾滋病病人

根据学科教学内容，开展性心理健康渗透课。针对各班学生的特殊问题，学校组织班主任开展心理班会课，在班团队活动中渗透心理健康教育，每学期进行1~2次。

（二）开展开放性的活动课程，创设良好的文化氛围

活动课程主要分为五类：辅导课通过心理中心每天开放2小时，对学生进行个体和团体辅导；电影课通过观影活动普及性教育常识；主题宣传活动主要指"5·25"心理活动月、性心理健康宣传周。心理剧包括剧本大赛和表演比赛；心理讲座主要对师生、家长进行心育知识的普及。

都江堰外国语实验学校"5·25"心理活动月系列活动

（三）打造主体性的自助课程，助力学生探索自我

学校共开设了70多门校本选修课和50多个学生社团。作为第二课堂的校本选修课，不管是选修课还是学生社团，都以尊重学生的兴趣爱好为前提，让学生自助学习、自助活动，探索自我，助力成长。

（四）深化综合性的实践课程，推进德心结合发展

实践课程分为园艺课和生涯领航课。园艺课包含"校园十景""葳蕤园"，扎染课程，"走廊园艺"和"班级园艺"。生涯领航课分为"自然之旅""人文之旅""高校之旅"。

四、整合心育成果，提升品牌特色

（一）科研引领，性心理教育品牌彰显

学校先后开展了"生涯规划""性心理健康""领导力""学习心理"等县、市、省、国

家级科研课题。

省级课题《初中生性心理健康现状及干预研究》调查初中生在性认知、性价值观、性适应三个维度上的健康现状。该课题于2018年结题。结题论文获得成都市优秀心育成果评选一等奖。国家级课题《学校干部领导力提升策略研究》于2018年结题。在该课题研究中，结合心理学理论，注重人文关怀，将"心育"工作潜移默化地运用到学校的管理中，提升教师工作的积极性和师生对学校教育的满意度。在都江堰市重点课题《新高考背景下高中生涯领航教育实践课程研究》的引领下，学校正逐步探索开发具有本校特色的生涯规划课程。心理教师参研的两个省级课题《都江堰市中小学区域性性教育研究》《都江堰市中小学性健康教育家长课堂研究》，由于成绩突出，获都江堰市教育局表彰。成都市教育科研规划"新冠肺炎疫情与成都教育应对"专项课题《新冠肺炎疫情下基于中学生线上学习心理问题的"支持性云辅导"心育模式探究》获成都市二等奖。

在课题的引领下，学校构建了青春幸福课程体系，引领心理健康教育纵深发展，逐渐形成性心理健康教育为特色的心育品牌。家长认同以性心理健康教育为特色的"青春幸福课程"，认为学校不但关注学生的学业水平、思想道德建设，还关注学生的生理、心理、道德，为学生的终身幸福奠定良好的基础，并为家长对子女开展青春期教育提供有效的指导和帮助。学生获得了正确选择学习科学性知识的通道；人格健全得到了优化，促进了学生的健康成长；学生能坦然面对困惑，并懂得寻求帮助；学生爱的能力得以提升，为幸福人生奠定了良好基础。

（二）服务社会，区域辐射效应扩大

学校持续开展心理健康教育工作15年以上，多次在校级、都江堰市级心理研讨活动中分享成果经验，区域内发挥了示范引领作用。作为都江堰市心理中心，学校每年接待参观上百人次。北京青爱教育基金会理事长、青爱工程共同发起人张银俊在深入了解学校性教育工作开展情况后，对学校青春幸福课程高度称赞，称该课题解决了大面积实施青春期性健康教育的难题；学校心理专职教师常年定期送教到都江堰中学、七一聚源中学、天马学校，承担了宁夏回族自治区、邛崃市、凉山州等地方心理教师培训任务；自编自导的心理剧《另一个自己》获成都市校园心理剧评选一等奖，参加了第三届成都市校园心理剧展演活动；央视12套《一线》栏目"少年心"专题采访报道了学校心理健康教育特色。

同时，学校联合都江堰市文明办，社区心理辅导机构，积极服务社会，到社区、敬老院开展心理讲座、组织社区趣味运动会、到幼儿园开展亲子团辅活动，关爱幼儿和老年人的心理健康。由于学校心理健康教育工作成绩凸显，得到了学生家

央视CCTV12频道专题报道学校心理健康教育特色

长的大力支持和同行广泛认可。

2020年初，面对新型冠状病毒性肺炎疫情汹汹来袭，学校率先开通防疫心理热线，为急需心理支持的来访者提供即时帮助。学校心理老师的视频课被四川省教科院采用，公开发布在四川省教育资源公共服务平台"停课不停学"数字教育资源专区，供全省中小学校线上教学使用。

学校广泛整合社会资源，丰富学校心育途径，扩大区域辐射效应。联合都江堰市教育局、都江堰市中小学卫生保健所，每周六、周日上午面向全市市民开放心理

心理咨询微信预约通道

中心。采用公众号小程序分时段预约制，通过提前在微信公众号扫码预约，为都江堰市民提供免费心理咨询服务，每月最后一周开展公益讲座、家长沙龙。

从2020年10月至今，学校已为广大市民提供咨询服务300余人次，每月一次的家长沙龙，近800位家长参与并受益，学校将优质的资源回馈社会、服务市民，产生了良好的社会影响。

仁以润心　爱满心灵

◇ 邛崃市第一中学校

邛崃市第一中学（以下简称"邛崃一中"）创建于1907年，前身属邛中学堂，至今已有一百多年的历史，以"崇仁厚德，臻于至善"为核心办学理念，以"崇仁"贯穿，以"厚德"支撑，以"臻于至善"实践，把"仁爱"理念贯穿学校教育始终，陪伴学生成长，学校心理健康教育强调以"仁爱育人"，把促进学生健康成长作为一切工作的出发点和落脚点，教育教学及管理工作充分考虑对师生心理积极正面引导，将心理健康教育纳入学校整体发展规划中，制定每年心理健康教育的发展规划，每学期工作计划和总结，尊重每一个学生的个性发展，培养学生良好的心理素质，构建和谐的人际关系，不断实现学生自我成长和自我完善。

邛崃一中校门

一、多维发展，健全保障

（一）健全心育机制，促进多维发展

学校组建了以校长为组长，专兼职心理教师为成员的心育工作小组，建立了健全的心育机构组织、完善的工作制度和规范的工作流程，并定期举行研讨活动。建立了由专职心理教师、兼职心理教师和班主任教师组成的心育师资梯级队伍。全校专职心理教师两名，其中一人取得成都市心理辅导员A证，为学校心理健康教育的深入实施提供专业指导。兼职心理教师6名，均取得成都市心理辅导员B级证书，70%的班主任教师取得B证。每月德育研讨会和每周班主任例会，有计划地组织班主任进行心理健康教育培训，提高心理教育能力，将班主任队伍发展成学校心育的重要力量。

（二）建设心育阵地，保障常态发展

学校心理健康中心现有面积约170平方米，配有情绪宣泄室、团体辅导室、心理咨询室、音乐放松室、心理测评室、沙盘游戏室六个功能室，按标准的心理咨询室配备齐全的硬件设施，为学生提供热线电话咨询、预约面询、QQ聊天沟通、团体心理健康辅导、学习方法指导、公益辅导讲座、心理健康知识宣传等服务。

（三）落实心育常规，保证持续发展

学校心理健康教育工作始终坚持从学生的兴趣、经验、需求等问题出发，结合学校、家庭、社区的实际，形成"三位一体"教育网络。专职教师守住课堂主阵地；专兼职教师根据某一时期学生出现的共性问题，有针对性开设专题讲座；班主任通过主题班会，把心理健康教育与德育管理相结合；各科任老师在课堂教学中渗透心理教育。同时，注重拓宽心理健康教育途径，利用社会和家庭的影响开展丰富多彩的活动。基于对学校心理健康教育任务的明确认识，在实施心理健康教育过程中，不断深化和完善工作途径。

邛崃一中心理健康教育中心暨邛崃市心理健康教育中心

二、多维推进，全面渗透

（一）构建双维心育课程

从各方面完善心理健康教育课，构建双维心育课程，即心理基础课程和生涯教育课程，注重学生心理自理能力培养和心理互动能力的培养。在高一、初一、初二年级设置心理课，由专

职心理教师担任教学工作，形成教学常规化。课时安排为每周每班一节，主要围绕自我认识、人际关系、情绪调节、生命教育、生涯规划等开展。

在生涯教育方面，学校做了深入的探索和实践，以积极心理学和生涯发展相关理论为指导，以"唤醒自我、发展自我"为出发点，围绕学生的职业生涯规划逐渐发展出特色鲜明的课程体系和系列活动，培养中学生的生涯意识与能力，全面提升综合素质，做好未来人生的准备。构建学生生涯规划课程体系，针对学生开设生涯规划系列常规课程，课程涵盖认识自己、了解职业、合理进行生涯决策三大模块。将常规课程、游园活动、讲师团课程、毕业班心理辅导等课程方式，结合社团活动参与养老院、特殊儿童学校，以及北京大学"心海计划"，职业体验活动等丰富多彩的方式，帮助学生从初中开始就树立生涯规划意识，主动确立自我发展目标，制定学习计划、发展计划及实现生涯目标的具体行动方案。

生涯探索之职业体验活动

将生涯规划有机融入全学科教育，积极研发实施生涯规划特色培训，将生涯规划的理念融入全学科教育体系。对学校心理教师、班主任、德育教师、学科教师进行生涯规划的基本理论培训，帮助相关老师掌握生涯规划的基本流程和知识结构，树立生涯规划基本理念，掌握如何建构中学生涯规划的课堂教学体系，设计和开展具有生涯规划导向的课堂教学。开展生涯规划成长导师活动试点，在学生自愿报名的基础上分配成长导师，有针对性地开设职业生涯规划课程、实践体验活动、团体辅导活动和个体心理咨询，也包括职业探索、家长参与等拓展部分。更加有针对性地进行专门化、持续性的成长引领，从而帮助参与学生提高自我认知能力、增进对职业与大学专业的了解，以职业生涯规划引领个人未来发展。

（二）丰富心理辅导形式

个体心理咨询与专题团体辅导有效结合。一是个体辅导咨询，心理辅导室每天开放至少两小时，为学生提供预约咨询服务，帮助学生解决成长和发展中的迷茫和困惑。二是团体辅导常规化，根据学生和家长的具体情况和需要，开展以团队建设、个人成长、人际沟通、减压训练、亲子关系等内容的团辅。考前心理减压团辅、留守儿童沙盘团辅既是常规活动也是特色活动，毕业班教师减压团体沙盘、学生"音乐放松、团体辅导"，以轻松活泼的游戏，寻找主要压力事件，以团体成员的讨论分享的形式，寻找应对考试压力的有效策略，通过成员相互激励与支持，帮助学生放松身心，增强应对考试压力的信心。在团体辅导中发现的有明显心理问题的学生，辅导中心定期进行个别干预。

（三）纳入班级常态管理

班主任是心理健康教育的主力军，心育融入班级管理主要有两种形式：一是班主任通过积极教育主题班会课，把心理健康教育与德育管理相结合。主要利用班会课进行，具体内容和时间由班主任根据班级的实际情况安排，参考资料由心理辅导室提供，侧重于让学生有一种"身临其境"的体验和感悟。二是班主任做好班级学生日常心理健康情况观察记录，填写"班级心

"让爱留守"团体沙盘活动　　　　　　　　"同在一片蓝天下"与特殊儿童联谊活动

理晴雨表",在新学期开始心理辅导室为学生建立心理档案后,将需要关注的学生具体情况反馈给班主任,班主任进行跟踪观察,对于学生在学习、生活的过程中出现的心理偏差及时地进行矫正,对有风险的学生及时转介到心理辅导室。

(四)优化多彩社团活动

学生心理社团"心灵社"是心理活动开展的主体,社团活动由学生自己组织,心理教师给予指导。以"艺"绘心活动,每学期开展心理手抄报比赛,宣传普及心理健康知识,为学生提供展示自我风采的舞台,营造了一种关注心理健康、重视心理健康的良好氛围;"敬老院之行"作为生命教育活动,尝试体会不同年龄的心理状态和感受,让学生学会换位思考和陪伴倾听,提高人际交往的能力,更加懂得尊重生命、珍惜生命;"爱心手拉手"与特殊儿童学校联谊活动,通过游戏、手工制作,为他们生活增添色彩,给他们带去来自外界的支持与关怀,学生在活动中也学会尊重他人、收获友谊。社团活动丰富多彩,还有如心理趣味运动会、心理剧拍摄、5·25心理健康节游园、心理主题演讲、模拟面试校园招聘、心理信箱行动等。利用学校心理健康教育资源,以学生社团为依托服务社区,发挥学校心理健康教育的辐射作用。

(五)家校携手共促成长

除学校教育之外还注重对家庭教育的指导,通过多种途径帮助家长纠正错误的家庭教育观念和教育方式,逐步提高家长的教育水平,使学生的健康人格在学校、家庭、社会构成的三维立体成长环境中得以良好形成。利用"家校联系手册"加强家校联系,一方面,汇报学生在校的各方面表现;另一方面,也了解学生在家的表现和家长的要求,同时坚持向家长推荐优秀的文章与网站。

(六)科研带动引领前行

学校积极开展心理健康教育科研活动,申办开展国家级课题《寄宿制学校学生心理问题的调查研究》和《高效用脑与学习效率提高研究》科研活动,均获子课题一等奖;结合学生实际情况和专职心理老师的教学辅导经验,组织编写学校心理校本课程集,提升教师的教育科研水平。

三、以"仁"润心，以爱育人

心理健康教育工作的深入开展，对学生成长产生了积极作用，学生心理发展得到了有益的帮助，师生对校园生活满意度高，学生家长对学校心理健康教育工作评价良好。

以"艺"绘心心理手抄报展评

在邛崃市文明办、教育局的支持下，2017年建设完成了"邛崃市未成年人心理成长中心""邛崃市心理健康教育中心"，被评为"成都市心理健康教育特色学校"，以此"一校双中心"为平台，学校两位专职心理老师参加市团委与各参与学校共同承办的疫情背景下关注学生心理健康的8场讲座活动，服务师生达1000余人，切实发挥了学校心理健康教育的辐射作用，这也是学校心理健康教育的特色所在，在区域内发挥了较好的示范引领作用。

心理健康教育是一项意义深远的工作，开展心理健康教育工作需要有探索的勇气，更需要有行动的决心，在行动中不断创新、改善，未来我们将继续深化心理健康教育的研究与实践，关注学生心灵，让每一个生命焕发光彩！

正心固本　启智培慧

◇　四川省崇州市崇庆中学

　　四川省崇州市崇庆中学（以下简称"崇庆中学"）是一所百年名校，是四川省一级示范校，坚持"敦教悦礼，仁润天下"的办学理念，践行"崇德弘道、近思博学"的校训，形成了"成人、成才、成功"的积极心理品质，因材施教，发展个性，培养全面发展的、具有社会责任感和国际视野的高中毕业生。在此基础上形成了学校心理健康教育的工作理念——关注每个学生的内心，让每个生命幸福成才。

崇庆中学校园风貌

　　学校以优秀的办学成绩和良好的社会声誉获得各界广泛赞誉，先后获得四川省校风示范学校、四川省省级文明单位、四川省阳光体育示范学校、全国国防教育特色示范学校等荣誉称号。学校现有教学班71个，学生人数3565名，教职工312名。学校占地面积155.8亩。学校2012年被评为成都市心理实验校，2019年被评为成都市中小学心理健康教育特色学校。

一、正心固本，启智培慧

　　人的发展历程应该是从外部到平行，再到内心。学校的教育实际上跟这个历程是相辅相成的。我们所运用的正念理念遵循了人的发展规律，将正念理念渗透到学校的教育教学中，成了学校心理健康教育的一大特色、一大亮点。

（一）正念融入校园文化建设

学校公共大环境就用了正念的理念来营造校园环境，让正念的理念真正融入校园生活。追求丰富的自然生态环境，校园内种植不同种类的树木，有高有矮，花台里栽种各种颜色、形状的花草等，营造有利于学生健康成长的育人环境。

打造多彩人文环境，包括班级环境、寝室环境，每个班级里都有自然植物进入教室。学校倡导学生亲手打造班级环境以及寝室环境，有利于学生从身边最近的环境开始培养觉察。

通过校园广播站、电视台、校园网、微信公众号对正念的宣传和报道，加大对正念的认识和普及推广。校园广播每天会出现三次"正念冥想现在开始，请大家做好准备"的语音提示，随即播放特别挑选的音乐，每次3分钟，让学生在短暂的课间通过冥想获得高效的放松，逐步养成正念冥想的习惯，也为迎接下节课做好准备。相对校内的环境而言，就是走出校园去感受外面的世界。我们提倡让学生带着好奇心，重新去探索每天都在走的上学路，再带着好奇心，去观察自己熟悉得不能再熟悉的家。

（二）正念冥想融入学科教学

学校开展了针对教师的正念训练，首先是在年轻教师中开展，年轻教师对新鲜事物有独特的好奇心，接受能力强，然后再推广到全体教职员工。正念训练通过讲解和练习的方式举行。学校提倡让教师们在日常生活中进行正念冥想的练习，包括专注练习、开放觉察练习、正念减压练习，其中正念减压练习本来就是要通过日常的正念练习帮助教师自己更好地与自我相处，关照自己的身心，由此让教师们真实体验正念冥想带来的改变。

（三）正念融入班级心理委员培训

学校鼓励心理委员积极运用包括正念减压在内的方式与同学们进行交流和实践，了解同学们的心理，为大家的心理健康服务。各班心理委员深入训练正念减压的基本流程，体验正念减压带给个人身心的放松与愉悦，掌握正念减压训练的一般方法。心理委员作为班级中上传下达同学心理动态的关键角色，对同学们心理健康的发展有非常重要的影响。学校组织心理委员进行正念培训，旨在让各班心理委员更好地明确自己的职责，掌握有效的正念冥想方法，从而更好地为同学们的心理健康服务。

（四）正念冥想融入班团队活动

班会活动课是学校心理课程的主题课程。正念主题班会创建正念扎染兴趣班、正念书法班、正念剪纸班、正念3D打印、正念太极班等主题课程。正念主题班会就是通过学生动手动脑培养学生专注力的过程，活动结束后有冥想练习的分享。活动既有物化成果展现，又有正念冥想的练习，真是一举两得。

班级心理委员培训会

（五）正念冥想融入心理课程

心理健康教育课堂是推行正念的最佳途径。将正念中的身体扫描融入自我意识的课程中，学生通过对自我身体的注意来提升对身体的感知，从而提高学生自我认识；正念情绪在情绪调节课程中的运用，让学生将注意力放在情绪的主观感受上，以平和的心态去觉知、体验和经历，提高情绪的体悟变化能力，从而与情绪和谐相处；正念方法对葡萄干进行重新认识，将感受迁移到人际关系中，帮助学生提升对外界人和事物的感悟能力，学习与人交往的重要原则。

疫情期间开展生命教育

（六）正念冥想融入心理社团

开展喜闻乐见、生动有趣的团体心理辅导、心理拓展等形式的活动。在活动中融入正念，使学生在活动中体验、感悟、分享，在潜移默化中受到感染和熏陶，使学生自我的心理品质得到提升。针对对冥想有极大兴趣和部分适合通过冥想来改善自己身心状况的目标人群，在2017届、2018届、2019届、2020届高三年级第二学期的开学之初，心理辅导中心贴出正念训练营海报，招募走神频发、失眠多梦、紧张焦虑的学生进行系统化训练。学生经过认真练习，仅几周时间就能达到快速静下心来并改善睡眠。

（七）正念冥想融入高三年级团辅

高三学生是正念服务的重点对象。针对高三学生应对考试时容易出现专注力下降、焦虑、情绪起伏变化、睡眠质量差等现象，通过正念理念的渗透以及练习，能够减轻心理压力，舒缓忧郁情绪，提高学习成绩，改善睡眠质量，提升专注力以及五感的能力。

（八）正念冥想融入个体咨询

咨询过程中发现，学校高中年级的学生面临最大的问题和挑战就是学习压力与焦虑。学生在咨询中体验正念，调整身心，改变认知，以达到自我调适的目的。

二、正念育心，提升力量

通过了解正念，练习正念，正念成为打开老师们、同学们内心的一把钥匙，重新认识生活，认识社会，认识他人，认识自己，就是达到"正心"。回归教育的本质即学习成为人。学校将正念理念融入教育教学的各个方面，形成多彩的校园文化，正念渗透到学科和活动中，学生感受到了正念的力量，开启智慧。

多年来，学校持之以恒地从环境侵染、资源整合、特色创建等方面扎实地开展心理健康教育工作，在形成学校特色文化、发展

高三年级冥想训练营活动

教师专业内涵、提高学生专注力和提升自信心方面取得了显著的成效，形成了"正心固本、启智培慧"为特色的心育文化。

（一）教师专业能力提升

当教师们带着这些真实的正念感受进入课堂时，对于学生来讲，潜移默化中逐步培养正念。教师对于正念沟通的练习，也会培养教师更为真诚的表达，学会更好的倾听，与学生真正站在一起，理解学生，也增强了教师对自己专注能力的培养。

（二）学生心理素养增强

老师们把正念理念化作新的教育方式和手段，不仅丰富了自己的专业内涵，同时也潜移默化地改变着学生；对心理委员的培训、心理社团活动的开展、团队活动、冥想训练营，这些活动和体验，都有助于学生专注力的提高，自信心的增强。

（三）学校特色发展凸显

近几年来，学校心育工作方面教育教学科研成绩有：《应用正念冥想训练提高高三学生的专注力及改善睡眠》获得成都市二等奖，杜有林老师执教的"人生长宽高——再说生命的意义"课在成都市"生命·生活·生涯教育"暨第六届心理健康教育优质课现场决赛获二等奖，2020年，本校教师撰写的论文《新冠疫情下高中学生心理健康教育案例》《新冠肺炎疫情背景下中小学心理健康教育的典型经验和做法》《学校心理健康教育与德育工作的双向结合》《在线教育下的心理健康教育课程建设与思考》等分别荣获成都市优秀心理健康教育优秀研究成果评选二、三等奖，参与研究的专项课题《新冠肺炎疫情背景下中小学心理健康现状与支持策略研究》获成都市疫情专项课题评选二等奖。

心理健康教育是一项意义深远的工作，开展心理健康教育工作需要有探索的勇气，更需要有行动的决心，在行动中不断创新、改善。学校将进一步培养学生良好的心理品质，继续专注深化心理健康教育的研究与实践，正心固本，启迪学生心灵，让每一颗生命焕发光彩！

爱溢乡间　情满福中

◇ 金堂县福兴镇初级中学

金堂县福兴镇初级中学校门

福兴中学地处金堂县福兴镇，距离县城约35公里。学校现有学生1075人，教师72人，心理健康教育专职教师1人，兼职教师6人，专职心理教师为成都市首批A证心理辅导员，B证9人，C证25人，班主任100%取得成都市心理辅导员C级资格证。学校坚持"强体健心、厚德勤学"办学理念，落实"五育并举、全面发展"育人目标。作为留守学生超50%的农村初级中学，在关注孩子们身体健康和学业发展的同时，学校更关注他们的心理成长，倡导"让每个孩子成为最好的自己"的心育理念，积极开展学校的心理健康教育工作。

一、倾情护航，活动愉心

学校在做好常规心理健康教育工作的同时，更着力于营造温馨和谐的校园环境及氛围，让孩子在这里找到归属感与安全感。

（一）建阳光小筑，铸温暖之家

学校在2006年就建立了心理咨询室，为了不断地改善咨询环境，几易其址。从最初的十多平方米的小房间到明亮宽敞，集沙盘游戏室、宣泄室、个别咨询室、心理阅览区为一体的多功能心理咨询室，全方位满足不同学生的心理需求。学校先后投入近10万元资金建设心理咨询室，配备了沙盘、宣泄人、电脑、电话、沙发、音响以及数百本专业心理辅导书籍及杂志，同学们把心理咨询室命名为"阳光小筑"。这些硬件配备为学生创造了良好的心理健康教育环境。

校园心语林及心理小画

学校还将操场后面的柚子林建成让孩子们放松身心的心语林，这里占地600平方米，树龄近30年。在这里，孩子们可以感受柚子花香，享受阳光，体味生命成长的过程与魅力。每学期学校分主题做"心语牌"挂在树上。比如以自信自强、情绪管理、人际沟通等为主题，请孩子们进行图文创作，创作中的思索是成长，在游玩嬉闹之间，赏析这些图文也带来潜移默化的心灵成长。

充分利用农村学校的劳动基地开设园艺心理成长活动，同学们播种、施肥、除草、收获等，并与老师一起分享劳动成果，既充实了孩子们的校园时光，也能让孩子感受生命的故事、体验收获的喜悦及园艺活动对心灵的疗愈。

（二）强课程建设　育健康人才

学校根据初中学生现阶段心理发展的规律，结合农村学生的心理状况及现有资源开设趣味多样的心理活动课程。学校的学生有近半是留守学生，他们的父母多在学生幼年或是儿童时期就离开家乡外出打工，他们跟着祖辈或是亲戚生活。这些留守学生多缺乏安全感与自信，适应环境能力较差，内向害羞，不知道如何与他人交往，学习上也常常感觉无助。因此，学校的心理教研组研发了校本课程——《心路》。设立的课程内容包括自我认识篇、学习心理篇、情绪管理篇、人际交往篇、生活适应篇、青春期性教育、生命教育和生涯规划等。

农村的心理健康教育，面临最大的问题可能就是资源的匮乏导致的硬件设施设备的不给力，为提高学生学习兴趣，积极参与到课堂教学中来，老师们运用乡村现有资源制作课堂道具。如在"一个都不能少"心理课中请学生自己动手在竹林砍竹竿带到学校来作为课堂道具，训练他们团结协作能力；在做穿越山洞游戏时，我们请同学想办法自带"障碍物"，他们用两个呼啦圈来代表即将穿越的山洞，课堂桌椅、扫把都是我们的"障碍物"；在"爸爸妈妈，我懂了"课程中为了让学生更形象地理解母亲怀孕辛苦，老师和孩子们用自己旧衣服装上3公斤沙一起缝制沙袋，同学们把沙袋围在腰间走路，感受沉甸甸的母爱。像这样的课堂还很多，虽然我

心理老师唐玉清参加成都市心理优质课赛课荣获一等奖

们的道具简陋，但是我们师生一起动手制作的。我们还将沙盘游戏和oh卡牌带入课堂，有时也以绘本或是心理电影为载体开展心理活动课。在这一系列的课堂活动中，师生的距离拉近了，同学们也在参与中感悟，在感悟中成长。通过我们的努力，学校的心理课也得到一些认可：2020年参加市心理优质课赛课"如果生活是一口锅"获市一等奖；2020年参加市"课堂教学大比武"心理课"追寻微光　伴我走过人生的'至暗时刻'"获市二等奖；2019年一师一优课这"男生女生大不同"获市一等奖；2016年心理课"迎着目标奔跑"获县一等奖。在县、区、校各级心理展示课中，我校教师积极献课，受到业界好评，在区域内具备较强的影响力。

二、重心理活动，促心智成长

（一）开展特色心理讲座

针对学生情感能力、人际沟通、生涯规划等方面的问题，学校每期都邀请校内外心理老师及专家进行专题讲座，帮助同学们学会调节情绪，自信大方地与人交往，规划未来的学习和生活。

（二）组织师生心理拓展活动

为了帮助师生放松心情，激活情感，乐观生活，学校经常组织心理拓展活动：如"福中一家人"教师心理拓展活动、2020年疫后的"疫后心晴，与子同行（住校生心理拓展活动）""突破重围""两人三足"等，让全校师生感受团结协作之乐，培养勇气与毅力。

疫情后开展心理拓展活动

（三）提供心理咨询平台

针对个别心理有困扰的学生，由专业心理老师为他们开展个别心理咨询。每周一至周五中午和下午休息时段心理咨询室定时开放，其他时间预约咨询。通过沙盘游戏、击打宣泄人、促膝交流等方法，有效地疏导矫治他们的不良心理和行为，帮助他们走出心理阴霾，重新展露笑颜。

针对有着类似心理困惑的学生，学校不定期地进行团体辅导，让他们分享感受，聆听心声，获得归属感与安全感。在互助中解开心结、调整不良认知，走出心灵的沼泽。

（四）开展心理健康活动周

在每年5·25心理健康主题活动周，通过请专家开展心理讲座、现场咨询、观看心理电影、趣味游戏、举办心理手抄报比赛等普及心理知识，宣传健康心理理念，真正地让同学们快乐成长，阳光生活。

5·25心理活动周启动仪式

三、系统推进，和谐心育

（一）建心理干预 疏危机状况

学校成立了心理危机干预小组，以校长为组长，成员包括专兼职心理健康教师、班主任及德育处相关同志。建立心理危机干预预警制度，完善心理危机干预流程，定期对班主任进行培训，使心理危机干预工作做到有规可依、有章可循。

（二）抓课题研究 促实践探索

为提升教师科研能力，培养学生的情感能力，2019年年初学校特申请县级心理健康教育课题《农村初中学生情感能力培养策略研究》，该课题为县重点课题，专门聘请专家做课题指导，取得了一些重要研究成果。

（三）兴家社之育 拓心育之途

在教育中，我们常常议论5+2=0的问题，虽夸张，却让我们看到农村孩子周末及假期的教育需求。因此，学校利用假期主动联合社区开展心灵关爱活动。学校出师资、社区布场地，书法、歌唱、体育竞赛、花艺、沙盘游戏、手工、读书会、心理拓展等活动，丰富了留守孩子的假期生活，拓展了心理教育空间。这一系列举措获得了社区和家长们的支持与点赞，增强了社会对于农村学生，尤其是留守儿童的关注。

四、辛勤十载，终有所获

从2006年至今，学校通过心育活动关注学生，尤其是留守学生成长10多年来，基本解决了因留守而造成的失学现象，帮助近万名留守孩子健康成长，学校教育教学质量也随着学生的心理健康成长和积极乐观的学习态度不断提升。鉴于学校在学生，尤其是留守学生心理教育方面的努力，我们成为金堂心育的一张名片，与县内多所兄弟学校及县外龙泉驿区、江油、威远多地学校交流学习。2009年，学校被评为成都市心理健康教育实验学校，2017年，学校被评为成都市心理健康教育特色学校。

虽然学校心理健康教育还存在硬件上的不足及场地上受限等诸多困难，但我们用心去呵护，用爱去滋润，用情去温暖，助农村学生走出心灵的荒漠，走进爱的绿洲。

幸福从此熙熙攘攘

◇ 大邑县晋原初级中学

大邑县晋原初级中学始建于1903年,至今已有百年办学历史,地震后学校异地重建,涅槃重生。学校现有38个教学班,学生1820人,在岗教职工140人,是一所地处城郊接合部的单设义务教育初中学校。在"晋习养性,固原成器"办学理念的指引下,学校以"建三立课堂、创健康校园,育智慧学生、做幸福教师"为心育理念,建立健全工作机制,有计划、有步骤地开展心理健康教育活动,努力构建具有我校特色的心理健康教育运行体系,学校先后被评为"成都市心理健康教育实验学校""成都市义务教育阶段新优质学校""成都市首批心理健康教育特色校"等市、县级示范校。

大邑晋原初级中学校门

一、不断完善组织建设,健全制度

学校认真贯彻落实教育部《中小学心理健康教育指导纲要》和《成都市中小学心理健康教育发展规划》等文件精神,制订了学校心理健康教育发展规划,将心理健康教育纳入学校整体发展规划;成立了由校长为组长,分管德育的副校长和德育主任为副组长,心理健康专、兼职老师为成员的心理健康教育领导小组和心理健康教研组,定期召开专题工作会议和教研活动,建立健全规章制度,建立了学校、年级、心理老师三级危机预警及干预机制。

注重教师培训，多次选派教师参加国家、市县等各级培训和教研活动，全面提高教师的理论和专业素养。学校心理专职教师在大邑县率先享受班主任待遇，同时在评优评比、职务评聘等方面优先照顾。

二、深入落实工作机制，鼓励参与

（一）创设有心课程

"感谢有你"住校生团体拓展活动

心理健康教育活动课是心理健康教育工作的主渠道，学校充分利用地方教材《生命·生活·安全》，同时结合学生的年龄特征自行设计课程，编写教案，面向全体学生开设心理课，间周一节，将心理健康教育纳入课堂教学，培养学生积极、乐观向上的心理品质，促进其人格的健全发展。同时学校倡导"每个教师都是心理辅导员"，在"三环六步教学模式指导要求"和"三环六步课堂教学评价表"中明确要求学科教师要注重渗透心理健康教育；而在班团工作中，更要求班主任积极渗透心理健康教育，定期开展心理班会课和主题教育活动。

（二）营造温馨氛围

我校是灾后重建学校，在建校之初，就对全校校园文化精心打造，力图让每一面墙、每一条走廊、每一间教室都散发出人文关怀的光芒，传达出对生命的敬重。同时，通过5·25心理健康节、心理剧社、"心灵之声"心理健康网站、校园广播站的"心情驿站"栏目、"长大未成人"青春期讲座、"心期三"心理沙龙活动和黑板报等形式营造浓厚的心理健康教育氛围。2016年学校微信公众号开通后，学校定期上传心理小故事，通过"小故事大道理"的形式传递正能量，给人以启迪。

（三）开展暖心的辅导

本着真诚、负责、温暖、保密的原则，学校心理老师轮流值班，接待来访学生、家长，及时有效地解决学生的心理困惑，消除心理障碍，让他们恢复正常的学习和生活，同时针对辅导，做好记录，整理心理辅导档案，并做好每次个案与交流反思。对个别有严重心理疾病的学生，及时识别，及时转诊。

三、持续提升教育效果，注重合作

学校心理健康教育在实施过程中不可避免地会受到家庭教育的影响，学生的成长环境、家长的教养方式、亲子关系等因素都会对学生心理健康造成影响，并在学校生活中彰显，因此，学校一直注重开展家校合作，用家庭教育的优势来弥补学校教育的不足，让学校教育指导家庭教育，最终使家庭教育再来支持和强化学校教育。学校充分利用校外资源，多次邀请专家、学者到校开展心理健康教育活动。

学校先后邀请成都大学心理健康教育与研究中心的安老师和苟老师、县关工委领导、四川大学附属中学的何平老师在我校开展"家长教子——父母大课堂"家庭教育公益巡回讲座。学校也通过定期开展家长会、印发家长学校学习资料、成立家委会，家校QQ群等形式为学生和家长答疑解难，引导家长学会理解孩子，学会与孩子沟通，赢得了家长对学校的支持。

四、针对开展课题研究，科学发展

科研是学校心理健康教育加强针对性、提高实效性的有效途径，学校一直都在积极开展心理健康教育科研工作，经过多年的积累，学校分年级出版了心理校本课程《生命成长的二十四把金钥匙》；参与的全国教育科学"十一五"规划课题《成都市区域性推进中小学生命教育的实践研究》子课题，已顺利结题，并以课题为引领，广泛开展"生命教育"研究，增强师生的生命教育意识，培养生存能力，提高生活品质。课题《以校园心理剧促进初中学生积极心理素养形成的实践研究》于2013年12月被批准为成都市教育局规划课题，学校就这一课题展开系列研究，受到各级领导、专家和家长的肯定。

五、形成三类特色活动，引领发展

（一）关注单亲孩子和留守儿童，开展团体辅导活动

我校是处于城乡接合处的单设初中学校，学生们正处于青春叛逆期，单亲孩子和留守儿童较多。针对此种情况，学校开展了一系列团体辅导活动，先后邀请成都LP24、LP25青年志愿者，组织了"生命手拉手，把爱传出去"公益活动，来自全国各地的志愿者及学校部分学生、家长和教师共计1000多人参与了该活动，不少家长和学生在活动中流下了感动

"生命手拉手，把爱传出去"大型公益活动

的泪水。学校还多次开展"我们在一起""信任之旅""相亲相爱一家人"留守儿童和单亲孩子团体辅导活动、"感谢有你"住校生团体辅导、"圆梦大邑，青春奉献"志愿者服务、"关爱情，暖冬行"爱心活动。不同主题的团体辅导，让同学们在游戏中体验，在活动中感悟，在感悟中成长，得到了师生的广泛认可和欢迎。

（二）创办心理健康节等活动，营造积极氛围

从2011年开始，学校建立了班级心理委员制度，在全校每个班都设立了两位心理委员，心理老师定期对他们进行培训，心理委员不仅要关注班级学生心理状况，填写"心理气象表"，还要运用朋辈沟通的理念对那些心理有困惑的同学及时发现、耐心开导，如果发现有比较严重心理问题的同学时，他们会及时向班主任或心理老师报告。在此基础之上，学校组建了"阳光使者"心理社团，心理委员制度和"阳光使者"心理社团让学校心理健康教育的预警机制从被动转化为主动，收到了很好的效果。从2015年开始，学校开展了5·25心理健康节系列活动：校园心理剧剧本创作比赛、校园心理剧展评活动、"心灵相约·快乐同行"漫画手抄报比赛、"我的专属印章"征集活动、精彩纷呈的活动既丰富了校园文化生活，又全面提升了学生的心理素质，受到学生和家长的普遍欢迎。每周定期开设"心期三"心理沙龙活动，同学们就"心期三"心理沙龙社团名称的寓意进行了讨论，从"恒心、信心、用心"到"心想事成、雄心壮志"；从"期许、期待"到"不期而遇、后会有期"。

校园心理剧展演

（三）原创校园心理剧，拓展多种路径

学校从2011年开始接触校园心理剧，学校每年都会组织心理老师对师生进行校园心理剧相关知识培训，开展剧本创作比赛和校园心理剧展评活动。几年来，师生们对校园心理剧从陌生到了解，从被动接受到积极参与，现在校园心理剧已经成为同学们最喜爱的一种心育形式，成为校园里一道最亮丽的风景线。学校成功举办了多届校园心理剧比赛，其中优秀剧目《与爱一起成长》《蒲公英的梦》，在成都市校园心理剧展评活动中均获得二等奖，《一帆也能风顺》在参加2014年成都市中小学校艺术调演暨艺术教师技能大赛中获得一等奖。学校把这些节目录制成光碟，在校园电视台上播放，让更多的人获得教育和启发。学校探索不断拓宽校园心理剧的途径，尝试了校园微电影、模拟法庭，取得了较好的效果。

"雄关漫道真如铁，而今迈步从头越"，心理健康教育是一项系统工程，我们相信，在各级政府和教育局的正确领导下，在学校领导和老师的大力支持下，学校的心理健康教育一定会朝着系统化、规范化和特色化发展，我们愿意继续用我们的爱心、宽容和智慧，陪伴学生们一起成长。

呵护心灵，静待花开

◇ 四川省蒲江中学实验学校

四川省蒲江中学实验学校，坐落于四川省成都市蒲江县城西河畔，位于蒲江县鹤山镇河西路50号。学校占地面积7000多平方米，建筑面积2000多平方米。学校现有57个教学班，学生2670余人，教职工200余人，其中高级教师40人，县级以上名师50余人。学校是"四川省文明单位""成都市课程改革先进集体""成都市心理健康特色学校""首届川派初中名校""四川省蒲江中学实验学校少年军校""全国优秀家长实验基地""北京师范大学生命教育实验学校"、国家级"青少年体育俱乐部"。学校荣获"四川省优秀教学成果二等奖"，被评为"四川省教育工作先进集体"。学校以"为人生幸福奠基，为未来发展蓄力"为办学理念，积极实施幸福教育改革，培养"品行端正、身心健康、人文丰厚、学力强劲"的新一代社会公民。

四川省蒲江中学实验学校校门

一、护阳光心灵，待灿烂花开

一直以来，学校秉承"为人生幸福奠基 为未来发展蓄力"办学理念，以促进人的全面发展为宗旨，积极打造立德树人，五育融合课程体系，同时高度重视心理健康教育工作，以积极心理学理论为导向，坚持发展为主、预防为辅、咨询为补充的工作思路，通过课程教学、活动开展、心理咨询、课题研究、危机预防与干预等方式为学生搭建幸福乐园，不断助力学生身心健康发展，不断为培养身心健康，积极乐观，有大德大爱大情怀的新时代阳光少年而努力。

二、建幸福乐园，筑温馨港湾

（一）加强组织机构建设

学校成立了以校长卢登奎任学校心理健康教育工作小组组长、德育副校长杜晓主管、德育主任黄春莲及专职心理教师陈先兵、曹丽霞、杨岚岚为核心，班主任为骨干，全体教师共同参与的工作机制。心理教师管理制度、咨询制度等各项制度完善，保证了各项工作有序开展。

学生心理健康教育活动课

（二）加强阵地建设

学校心理中心设在学校较安静的幸福乐园，设有心理咨询室、团辅室、箱庭室、办公室、阅览室等多个功能室，面积约220平方米。学校投入大量资金，对学校幸福乐园进行设计、改造，将其打造为学生成长的指导站，集学生生涯发展、家庭教育和心理健康教育为一体，配齐心理测量软件、箱庭及团体辅导箱等基础设备，并确保常态化使用。

（三）加强队伍建设

在心理健康教育师资上，学校有两位专职心理健康教师，均为心理学专业毕业，一位老师正在参加成都市第二批学校心理辅导员A证培训，两位教师都是蒲江县心理健康教育中心组成员。还有两名兼职教师，均受过专业的心理学培训，其中国家二级心理咨询师1名。学校所有班主任都参加了成都市学校心理辅导员C证培训，30多位班主任参加了B证培训。

学校将心理健康教育列入师资培训内容，每学期至少组织一次全体教师的心理健康教育培训。心理专兼职教师积极参加区（市）县及以上教研部门组织的继续教育培训、心理教研活动等，通过形式多样的活动，不断提升教师的心育能力。学校还制定了学校心理危机预警及干预方案，建立科学有效的心理危机预警机制。

三、展特色活动，播心灵阳光

（一）开设心理课程

学校在六、七年级开设了专门的心理健康教育课程，列入课表，每周一节，为学生心理赋能，在培养学生积极心理品质和学习心理等方面有较大的作用。编辑形成了校本教案集《心晴之旅》，获成都市校本特色课程及评选三等奖。八、九年级以心理讲座和团体辅导的方式进行。另外还邀请专家面向家长开设相关的家校共育心理健康教育讲座。学校心理老师每周一次校级教研活动，每月参加一次县级教研，每学期至少参加两次市级教研。

（二）开展心理辅导

学校重视对学生心理早期预警工作，对全校学生进行心理健康普查，建立心理老师、班主任、德育处联动的心理危机预警和干预机制，做好对危机干预对象的支持、监护系统等。新生入学前，先对全体同学进行全面的心理健康筛查，建立心理健康档案，对有心理问题倾向的学生重点关注，了解原因，加强引导。学校心理咨询室每天定时对全校师生及家长开放，咨询记录、辅导过程记录完整并及时归档，有相应的分析、对策和辅导效果评价，依法保护学生隐私；对个别有严重心理问题的学生，能够及时识别、告知家长并转介到相关心理诊治部门。

（三）注重学科渗透

学校每周召开一次全体教师例会，引导各学科教师坚持以人为本，在学科教学中渗透心理健康教育；每月一次班主任主题教研，对班级管理、学生问题，尤其是学生心理问题进行分析，提出解决办法。

（四）丰富文化建设

学校建有心理健康广场，创设了符合心理健康教育要求的物质环境；开展丰富多彩的心理健康教育活动：每周开设有心理校本课程、心理社团，国旗下展示的心理剧表演和心理讲座等，学校还通过心理健康教育活动周、校园网站、校园广播、校报校刊，以及微博微信等校园新媒体开展形式多样的心理健康教育宣传，营造良好的心理健康教育氛围。每年5月开展"心理健康周"活动，为缓解考生压力，疏导考前心理问题，学校每年5月开始定期对初三年级学生进行考前辅导，由心理教师组织学生进行考前团辅活动。

（五）密切社会合作

学校与家庭积极配合，共同开展学生的心理健康教育工作。学校共设计了四年8次家校共育主题，帮助家长了解和掌握孩子成长的特点、规律以及教育方法，关心孩子心理健康。此外，学校心理健康还辐射周边：周鸿群老师（国家二级心理咨询师）被聘为成都市中级人民法院心理咨询专家，受邀到其他学校、妇联、法院等做公益心理指导；陈先兵老师在全市心理健康教育交流中做重要讲座；曹丽霞老师担任县心理热线辅导老师等。

四、研心育课题，助幸福成长

学校历来重视课题研究，坚持走科研引领发展之路。学校市级课题《幸福教育下，初中课程体系研究》的子课题《健身心》，心健组认真参与，积极研究，勇于实践，不断创新，为学生心灵保驾护航。

经过多年的探索实践，学校被评为成都市心理健康教育特色学校，心理健康教育工作在县上形成了一定的影响力。我们深知心育工作任重而道远，心理健康教育是一个长期的过程，在学校的高度重视下，家长的密切配合下，社会各界的亲切关怀下，才能真正实现为学生人身幸福奠基，为学生未来发展蓄力。我们将在现有的基础上，加强学习不断完善，努力提升自己，进一步探索心育工作，不断创新，开创学校心理健康教育新局面，更好地促进学生的发展，为学生的终身幸福奠基。

校园心理社团活动

德心融合促成长　多样生命竞绽放

◇ 成都师范附属小学

　　成都师范附属小学（简称"成师附小"）创办于1908年，学校被授予全国"巾帼文明示范岗"，是四川省首批"校风示范学校"，成都市义务教育示范学校，成都市中小学心理健康教育特色学校。学校秉承"赤诚教育 追求卓越"的精神，在"万类霜天竞自由"的办学理念引领之下，致力于培养拥有"健康的身，聪明的脑，温暖的心"的成师附小学子。学校历来重视心理健康教育工作，提出了"多样生命竞绽放"的心育理念，在多年的实践中形成了德心并重模式，以融合式方略推进学校心理健康教育工作，探索出了德心并重、协同管理助持续推进，德心融合、多方着力助全面开展，德心相辅、资源保障增育人质量，联合发声、区域辐射显引领作用四条工作策略，以促进学生在自由和谐氛围中成为人格丰满、全面发展的人。

成都师范附属小学校门

一、德心并重，确立常态工作模式

　　心理健康教育的实施能促进学校德育工作的高效开展，而德育工作也为心理健康教育提供了持续生长的沃土。基于此，学校提出了"德心并重"的心理健康教育工作推进思路。

（一）协同管理，制定完善的工作制度

　　学校建立了校长领导、德育主任协同、心理专兼职教师为骨干、班主任为主力军、全体教

师共同参与的心理健康教育组织机构，通过三年规划的制订与推进，以及完善的工作制度的落实，实现各方协同管理，进而推进学校心理健康教育工作的顺利开展。

（二）资源保障，建设完备的专业阵地

学校2009年成立心理成长中心，其办公区分为"静心室""晴心室""宁心室"三大功能区，配有沙盘、音乐舒缓椅、团辅箱、宣泄人等专业器械，用于学生心理咨询、团体辅导、情绪宣泄，以及教师的压力舒缓等，为心理健康教育的开展提供了硬件保障。同时学校还建立和完善了各项心理健康教育工作的规章制度，保证中心开放与运行的常态化。

（三）有理有据，融入日常的班级管理

学校根据学生年段心理特点，提出了"有质量的班级生活"的12条标准：班级目标一致、班风积极向上、一日常规扎实、岗位人人负责、活动丰富多彩、锻炼积极有效、同伴团结互助、师生关系和谐、班级管理民主、学业质量优异、班级风格突出、家校深度融合，并在此基础上针对每条标准提出了具体要求。

二、系统思考，架构融合课程体系

德心融合课程由心育学科课程、养成课程、服务课程和综合实践课程组成，在尊重孩子差异的前提下，开展多元活动，搭建展示平台，帮助孩子发挥优势，实现个性化成长。

（一）心理专业课程

心理专业课程由专职心理教师授课，内容包含自我认识、学习心理、生活与适应、情绪、人际交往、生涯规划六大版块，分为积极心理品质培养课、综合实践活动课、探究展示课三种课型。积极心理品质培育课以积极心理学为指导，以活动为载体，帮助学生获得积极体验，在讨论中获得心灵启示，助力积极心理品质的形成。综合实践活动课是结合高年级学生积极心理品质测评结果，本着积极心理学

成师附小"积极心理品质"培育综合实践活动

"扬长"的理念，开展的"坚持力"培养的综合实践活动课。学生在活动中习得坚持方法，培养坚持意识，增进亲子关系。探究展示课是为学生搭建的自主探索、自我展示的平台。课程内容丰富，同学们从不同的视角为大家呈现出精彩纷呈的心空：抑郁症的人性解读、揭开催眠的神秘面纱、有趣的心理效应、记忆曲线的神奇……大家相互学习，与心理学走得更近。

（二）社团选修课程

社团选修课程根据学生需求和学校发展需要，开设了"沙盘世界"、团体心理素质训练和校园心理剧社团，活动体验丰富，深受学生欢迎。沙盘世界社团以体验式沙盘活动为主，帮助学生觉察自己，在分享与交流中增进对彼此的了解。教师作为陪伴者为学生提供安全的创作、

成师附小校园心理剧《第一名》展演活动

交流空间，学生在小组中认识自我，了解他人，在积极的反馈中拉近彼此的距离，探索与人交往的方法，获得积极情绪体验的同时，也促进了团体凝聚力的增加。团体心理素质训练课程采用室外团辅方式，聚焦学生人际交往素质，开展以"合作"以及"依依同学情"为主题的活动。氛围轻松，活动有趣，让学生在积极参与的同时获得体验与感悟，很好地发挥了学生的主体作用，深受学生的欢迎。

校园心理剧社团创设于2011年，是学校选修课程中的精品社团，由心理教师和语文老师协同管理。学生们学习校园心理剧相关知识，共同观摩赏析优秀剧作，商讨撰写剧本，并用精湛的演绎诠释心灵成长，让自己收获的同时，也为观众带去深思与启示。学校的校园心理剧《第一名》《竞选风波》先后在锦江区和学校展演，并获得观演师生的一致好评。

（三）浸心课程

成师附小服务课程之"我是小小分餐员"

浸心课程是德育和心育深度融合的体现，包含养成课程和服务课程。心理教师结合学生心理特点，在理论支撑及方法指导上给予支持，与德育处共同搭建课程框架，设计主题活动，由班主任老师具体实施。

养成课程重在学生品格培养，采取"三个一"策略，即一次共学"年段学生心理特点"、一个关键词"着力点"、一组系列活动，养成课程包括适应、立规、调适、自我认识、自主管理和自我发展六个主题。

服务课程旨在让每一个附小学子参与到学校的日常工作与活动中，感受服务他人的快乐，体验自我价值的实现，促进基本素养的形成。比如：1—6年级的服务课程分别以"我是小小管理员""我是图书小卫士""我是图书管理员""大手牵小手爱心接力棒""我是小小分餐员""我是附小值周生"为主题。

（四）亲子课程

亲子课程重在帮助家长了解孩子在不同年龄段的普遍心理特点，通过参与学校活动增进相互了解，与学校达成教育共识，促进亲子关系和谐发展。一年级的"红领巾与祝福同行"，见证孩子入学后的成长；二年级的"教学观摩"，了解孩子合作学习情况；三年级的"亲子运动会"，与孩子共创快乐回忆；四年级的"我们的名字 父母的期望"主题班会，感受爱与被爱的幸福；五年级的"七彩童年 风采尽显"展演，发现孩子的艺术特长；六年级的观摩毕业典礼，见证孩子毕业，与孩子共同开启人生新篇章。家长们在课程中了解孩子的生活、学习、能力发展状况，见证孩子进步的同时，自己也在不断学习和成长。

三、培训助力，建设优质心育团队

心育队伍是保障学校心理健康教育工作持续推进的关键。一是加强心理专兼职教师专业培训，积极组织教师参加成都市心理辅导员B、C证培训。二是狠抓班主任队伍建设，通过"儿童地图""我的治班策略""心理班会赛"等载体，引导班主任教师不断突破自我，追求更优。三是通过好书推荐、专题讲座、主题体验式活动开展全员心理健康教育培训。

四、齐耕沃土，竞放缤纷生命活力

融合式方略推进学校心理健康教育工作成效显著。学校学生的生命体验更加丰富，生命力量更加强韧，心理素质得到全面提升。他们乐观阳光，个性灵动，近五年在区域质量监测中"情绪与行为"方面表现优秀。学校家长的教育理念更加科学，亲子关系更加密切，家庭氛围更加和谐。

成师附小亲子活动课程

学校先后获得三次市级心理赛课一等奖和心理班会赛课一等奖，近五年来成师附小涌现出四川省十佳辅导员1人，成都市优秀班主任4人、市优秀德育工作者1人、市优秀辅导员3人，锦江区优秀班主任10人、优秀德育工作者2人。学校心理健康教育特色经验《融合式方略让心育真正育心》发表于《中小学管理》，该论文联合其系列论文获得成都市哲学社会科学二等奖。

"德心融合促成长，多样生命竞绽放"，以融合式方略推进心理健康教育工作的做法是科学的、高效的。学校将继续深入开展心理健康教育工作，为师生的身心健康成长不断探索和前进！

自助助人小天使　幸福成长看得见

◇ 成都市锦江区教育科学研究院附属小学

成都市锦江区教育科学研究院附属小学（简称"教科院附小"）地处成都双桥立交桥附近，60多年办学历史中数易其名，2020年6月正式更名为现校名，学校目前有36个教学班。学校秉承"为了每一个孩子一生的幸福"办学理念，以"让幸福看得见"为价值追求，对学生培育目标"爱锻炼，善思考，有个性，能适应"有清晰的心育解读。

成都市锦江区教科院附属小学校园一景

一、依托"幸福多巴胺"，践行幸福教育

学校2012年建成了心理辅导室"学生发展支持中心"，命名旨在凸显"发展"和"支持"的心育追求，并避免"有心理问题才需要心理辅导"的认知误区，持续建设至今。目前，中心面积300余平方米，八个功能区用富有童趣的名字命名。"无忧无虑玩具屋"和"多姿多彩挑战园"是学生们最喜欢去的地方。

中心在"无痕融合·多维支持"的心育理念指引下，结合"幸福多巴胺"的表达，用男孩多多、女孩安安、萌宠好巴三个角色来具象化呈现幸福教育，通过心育课程的研发推广，可视、可感、可玩的心育文化环境建设，开展朋辈辅导的"心灵

幸福校园萌物

小天使"团队建设，不断提升全校师生的主观幸福感。

学校心育课程建设始于2008年。10余年努力架构起的"学生发展支持课程"，以学生身心积极发展为目的，依托团体动力和心理辅导技术开发实施。集学生支持、教师支持、家长支持的九大类课程有明晰的课程目标：营造积极心理氛围，获得积极情绪体验，习得积极行为方式，增强积极心理品质，形成积极互助团队。

2018年，学校参与省教科院课题《中小学心育文化建设研究》（此课题获省政府一等奖），确立子课题《小学心育课程文化建设研究》，启动了学校心育文化建设研究项目，进一步探索课程价值、心育理念、培育目标的统合，探索心育课程的内容、过程与评价。我们认为，心育课程文化，就是学校在持续的心育课程开发与实施过程中，逐步形成的心育课程价值理念、框架序列、目标流程、内容方法、实施策略、评价反馈等精神与制度，并通过培育学生积极心理品质，注重学生主体参与、朋辈互助和教师的回应共情，引导学生在开放、自主、互动中获得积极情绪体验、习得积极行为方式、增强积极心理品质、形成积极互助团队。通过这样的心育课程体现学校的精神风貌和优化学校的办学行为。

教科院附小活跃着极富特色的一支队伍——心灵小天使团队。它始于2008年的小学生朋辈辅导操作方式探索，目的是培养学生心理自助和互助的能力。

小天使们秉承"陪伴与支持"服务理念和"助人自助"工作原则，通过系统的"体验式培训"课程，以及日常活动中的"任务式培训"和"作品表达与宣传"后授牌上岗。他们活跃在班级里、校园内，是学校心育文化的生动体现。

"心灵小天使"团体辅导

二、模拟工作岗位，开启生涯启蒙教育

（一）生涯教育——朝向未来的姿势

新高考改革，把生涯教育推到了学校心理健康工作的重要位置。小学生涯教育的重点在哪里？不断追问中，我们澄清了五个问题：

第一，学校生涯教育的研究和实践，是心理教师的重要工作内容。第二，生涯发展理论、职业选择理论、生涯决策理论、生涯混沌理论等，提供的是学校生涯教育的"寻宝图"，具体实施的"工程图"需要心理教师去研发。第三，生涯教育课程和生涯教育综合实践活动，是学校实施生涯教育的两大基石。第四，开展生涯教育需要与学校的办学特色、心育实践基础相匹配才更落地。第五，基于学生终身发展的"大生涯观"，是小学生涯教育的价值追求和终极目标。

（二）心育实践——"假装"是对"现实"的预演

基于课程基础和团队优势，学校开展了"模拟工作岗位"心育综合实践，学生们"假装"打工人，在导师（心理老师和部分学科教师）的陪伴支持和正向反馈中，申报或自创不同"工作岗位"并获得相应"报酬"（积分），用以兑换"生活所需"（精神或物质奖励）。

活动旨在培育学生自主决策、自主探索的意识；触发学生自我驱动、寻求资源的行为；锻炼学生团队协作、解决问题的能力。学生在心育课程学习中"分数自己挣，成绩自己打"。自主确定成绩目标后，通过常规学习和模拟工作岗位等多种渠道挣分来兑换。超出的分数可自由支配，累加到下一学期、换奖或是赠送同学皆可。学生申报或自创的丰富岗位可以让自己和伙伴挣到更多的分数。岗位包括但不限于：

心灵小天使：班级心理委员和学校心理社团成员，通过培训和授牌成为"心灵小天使"，为同学提供"支持与陪伴"的朋辈辅导。团队主体为2—6年级学生。（另有临时到岗的"小天使志愿者"。）

自报自设岗位：学生根据自身需求与特长，自主申报（或创设）工作岗位，完成不同的任务要求后，获得相应的分数回报。如"课前氛围组""学习小秘书""电脑管理员""绿化小分队""多安萌宠台"等。

班级小天使课堂：小组讨论指导

校级小天使课堂：心理教师设计10~20分钟的心理活动课程，组织、培训心灵小天使讲师，到全校所有班级开展学生教学生的课程。

班级小天使课堂：五、六年级各班自主或随机分组，初步形成有一定凝聚力的工作团队后，借鉴心理活动课"暖身、转换、工作、结束"流程，自选主题设计课堂活动，为班级同学授课。教师作为导师提供陪伴、支持与评价反馈。小天使课堂是五、六年级所有学生均参与的生涯体验活动，学生被点燃后，课堂不断上演着许许多多有趣的故事。

"模拟工作岗位"的岗位设置遵循"为他人提供服务""帮自己提高能力"的"双提"原则，过程管理依据"无差别信任"的用人原则，遵循"无条件支持"的导师制度。

过程评价强调"无成见反馈"，具体方式是正向反馈、量化行为，即"分数自己挣，成绩自己打。好行为加分，分多可换奖"。事情做得不好，只要没有违反"不伤害自己和他人"的约定，都视为被允许和鼓励的"试错"。违规就承担相应后果——扣分。扣分表示通过"承担后果"为自己的不良行为买了单，就不会（不允许）被同学指责或贬低。同时，扣分后教师会鼓励（创造机会）学生努力挣回来。

（三）作用机理——探究有效的原因

异同对比："模拟工作岗位"和学生未来要进入的职业世界中真实的"工作岗位"比较，

共同点是都需要遵守规则、完成任务，并获得价值与反馈，不同在于，"模拟工作岗位"是引导学生用"自主"与"行动"来学习和锻炼，教师鼓励试错并提供指导与支持。真实"工作岗位"强调的是能力与岗位匹配，正确做事并创造价值。二者获得的价值在表现形式上也有不同，"模拟工作岗位"获得的分数代表着好成绩、荣誉感和选择权，真实"工作岗位"能获得金钱报酬，反馈在社会比较中。

效果原理：以教为学的心育主题学习方式和自我创造的特色岗位，能选择和掌控学习进程，能发挥自己的独特优势，犯错不会被惩罚，反而可收获经验与教训，极大地激发出学生的自主性和创造性；在解决问题的真实（丰富、多变）场景中获得有效反馈和具体的指导与支持，帮助普通学生也能获得宝贵的成功经验。

归纳提炼，"模拟"有效（积极行为激发与保持）的心理逻辑有如下"三要素"：

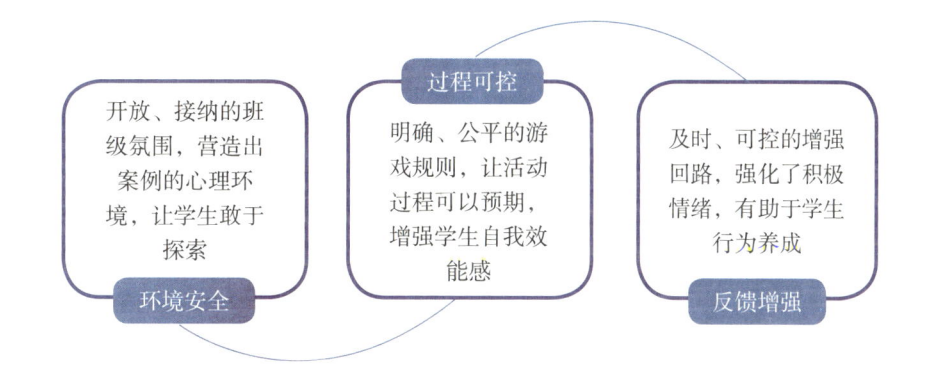

- 环境安全：开放、接纳的班级氛围，营造出案例的心理环境，让学生敢于探索
- 过程可控：明确、公平的游戏规则，让活动过程可以预期，增强学生自我效能感
- 反馈增强：及时、可控的增强回路，强化了积极情绪，有助于学生行为养成

对教师的挑战：课堂和学习的主动权交回给学生后，教师的情绪工作和课程优化能力，启发式提问和指导性反馈等都更加重要。同时，学生没有涉及但该年段需要开展的学习，也需要教师及时灵活地设计出心理活动课，并用示范课的状态呈现给学生。

三、彰显心育特色，深化开启生涯启蒙教育

心育课程"心灵小天使"团队和"模拟工作岗位"，是成都市锦江区教育科学研究院附属小学最鲜明的心育特色。课程实践不断提升教师课程研发能力，并辐射支持到省、市、区各兄弟学校。成都市考前心理辅导和教师心育培训，区内外心理危机干预，都能看到学校心理教师活跃的身影。全员参与的"小天使课堂"，助人自助的朋辈辅导，以学生为主体的"模拟工作岗位"，让学生感受到只要积极参与，每一次的实践都能帮助自己学到和得到，遇到困难寻求帮助是勇敢而有效的应对方式。

2019年7月，学校受邀参加北京师范大学主办的《2019年中小学生涯教育国际论坛》并做主题发言，介绍了"模拟工作岗位"实践，受到与会专家的高度肯定。连续几年第三方质量监测中，学生生活满意度、幸福感两项指标远远高于区平均，孤独感、焦虑、抑郁等负面情绪的指标，却远远低于区平均。学校心育工作多次在各级平台交流，也接待了许多省内外同行的来访，孩子们以来宾为对象的小天使课堂呈现，让资深教育行家们惊喜赞叹。

从心育雅 成就幸福

◇ 成都市实验小学

　　成都市实验小学（简称"实小"）始建于1918年，前身是国立成都市高等师范学校附属小学，1952更名为成都市实验小学。学校先后被命名为全国未来学校创新联盟示范学校、四川省校风示范校、四川省小公民道德建设示范基地、成都市心理健康教育特色学校等。学校以"实验研究 辅导地方"为建校使命，矢志不渝；以"堂堂正正做人 勤勤恳恳做事"为校训，百年传承。学校先后两获"全国教学成果二等奖"，三获"四川省教学成果一等奖"，"专业与学术"是引领学校不断前行的核心动力。"从心育雅，成就幸福"是学校的心育理念。"雅"是学校的文化标识，追求教师儒雅、学生文雅，家长和雅，学校高雅。"未来学校，小学大雅"是学校的办学理念，为学生终身幸福与发展奠基。

成都市实验小学校园风貌

一、顶层设计明确心育蓝图

（一）四维目标——为学生终身幸福与发展奠定基础

　　"为学生的终身幸福奠定基础"是成都市实验小学百年不变的使命。随着社会的发展，人的终身幸福越来越依赖于人的心灵成长。而心灵的成长离不开教育的呵护与引导，心理健康教育是新时期学校教育的核心。

　　"雅教育"理念认为，实现人的自主发展，兼有健康的生命状态、健全的人格品质与完满的幸福生活是学校心理健康教育的终极目标。于是，成都市实验小学着手进行了"从心育雅，成就幸福"的学校特色心理健康教育探索。

（二）三大策略：全面分步推动心育落地落实

做好顶层设计规划，立足成都市实验小学的历史积淀，全方位思考，确定学校心理健康教育发展策略，制订分步实施计划。以心理课程建设为突破，以融合活动为延伸，以校园文化育心确保学校心理工作全面有条不紊地进行。

全方位学习、深度理解，找到学校心理健康教育突破口。尤其紧跟成都市心理健康教育发展步伐，期望可以站在巨人的肩上，探索具有实验小学特色的心理健康教育特色：立足课堂，辐射校园生活。做好细致计划，分解目标，落实到位；扎根专业，融合创新。

二、全域保障构建心育生态

（一）管理保障

学校非常重视心理健康工作，心育工作由校长全面负责，分管校长负责组织；德育室、教导处分管，心理健康教研组具体实施。校长、书记均具有心理咨询师资格证，分管校长具有B证，熟悉心理健康教育工作。书记和德育主任均是心理健康任课教师，分别获得心理A证和B证资格。因此，学校管理层对心理健康教育保持高度的重视和一致的认识，让学校的心理健康工作可以在学校全方位落实。

（二）人员保障

在心理教师人才培养上，学校坚持"专职+兼职"双线并行，同步推进。

1. 心理专职教师队伍建设

2005年青羊区教育局前瞻性地与四川师范大学联合培养了首批心理教师，夏英老师成了青羊区第一批专职心理教师。从2005年至今一直坚守在心理健康教育第一线，守住了心理健康课堂这一心育的重要阵地。

2007年，为推动心理健康教育学科专业化发展，学校引进心理学专业硕士研究生张小涛老师，从此实小有了心理健康教研组，心理学科发展更加有规划。2021年，张小涛和夏英两位心理老师获得成都市首届中小学心理辅导员A级证书。

2020年，一校三区，专业团队形成有实小特色的专职心理教师三棱锥体系。书记协调部门，行政支持；德育主任联动班主任，让心育工作下沉到班级，传递到家长；教研组组长立足核心素养，跨学科整合推动心理教育；新进心理教师链接新教师群体，在心理技术、活动设计、创新上更有活力；每个点位的老师辐射到面，互相支持，互相成就，覆盖学校心理工作各个系统，全面融入学校整体工作，成为文化育心的重要承载人。六位心理教师的专业队伍，其中三位硕士，两位具有A证资格，三位二级心理咨询师，三位

成都市实验小学心理健康教研组

具有B证资格，实力雄厚。

2. 班主任兼职心理教师培养

稳定专业的心理专兼职教师队伍，是学校心理健康教育工作持续良好发展的重要保障。学校借力青羊区的力量，实现班主任普及心理培训，以赛代培扩大心理兼职教师队伍。学校通过参加一次次的心理班会课比赛，心理老师和班主任一起研究、打磨、展示，让广大班主任学习在教育教学实践中尝试使用心理理论和技术，促进班主任育人能力的全面提升。学校多位班主任在心理班会课赛课、班主任技能大赛中获得市区一等奖的好成绩。也因此带动了一批对心理学感兴趣的老师加入心理兼职教师的队伍中，一起成为学生心理健康的守护神。

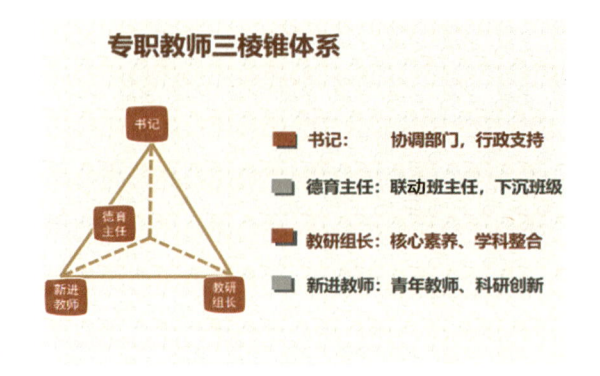

成都市实验小学专职心理教师三棱锥体系

（三）组织保障

学校的扁平化管理模式，让心理教师有机会和学校各个部门跨界教研、联动设计，参与指导各类师生活动，制定各类教师培训方案、家庭教育指导等工作。学校的心理健康教育得以从课堂走向全面，为师生打下健康底色。

三、心育课程搭建多元路径

（一）核心：心理健康教育校本课程

心理辅导活动课，间周一节，1—6年级开齐开足。专职心理教师逐步完善1—6年级校本心理课程体系，有整体目标，有分年段具体目标，开发相应具体课例。

情景体验式教学模式——"体验中学教学模式"探索，是成都市实验小学在校本教材研究中的摸索与尝试。"体验中学教学模式"，即将《中小学心理健康教育指导纲要》和实小活动教学相结合，以教室情景创设和学生体验分享为核心，使学生在亲历实践、感性活动中发展自我认识、积极情绪管理、和谐人际关系、培养行为习惯和提升学习能力的实践性学习方式。

固定教研时间：每周二下午。教研形式：青羊区心理教研培训、青羊区积极心理项目学习、友好学校相互参观学习、成都市心理教研培训、校内听评课教学研究。教研内容：打磨典型课例、累积经典课例、分年段梳理教学目标、课程框架梳理、形成校本教案集。实小形成了系列化的校本心理教案集，全校开足开齐心理健康课，这些均得益于学校的心理健康学科扎实的教研机制。

专用心理咨询室（心雅小屋），为有特殊需要的学生及家长提供个体咨询、小团体辅导，满足学生个体需求和个性化成长指导。让每个实小孩子都能得到心理健康的关爱。

（二）重点：学科跨界融合课堂

顺应儿童在不同阶段身心发展、认知能力的不同需要，心理学科与其他学科尝试跨界融合。以幼小衔接为例，"始业课程"关注新生入学适应和习惯养成教育，在新生入学第一周，所有学科教师全学科融合共同推进"四爱"主题学习（我爱雅园、我爱学习、我爱玩耍、我爱文雅）。

成都市实验小学校园心理剧荣获成都市一等奖 　　　成都市实验小学校园心理拓展活动

学校心理学科为学校各个学科课堂教学和课程研发提供更为科学的儿童观，让更多教育人了解儿童身心发展特点，引导教师在教学设计与实施上更加符合儿童身心发展的规律，将心理技术广泛运用到师生的教育教学活动中，为学生的个性化健康发展提供保障。

四、心育成果优化教育氛围

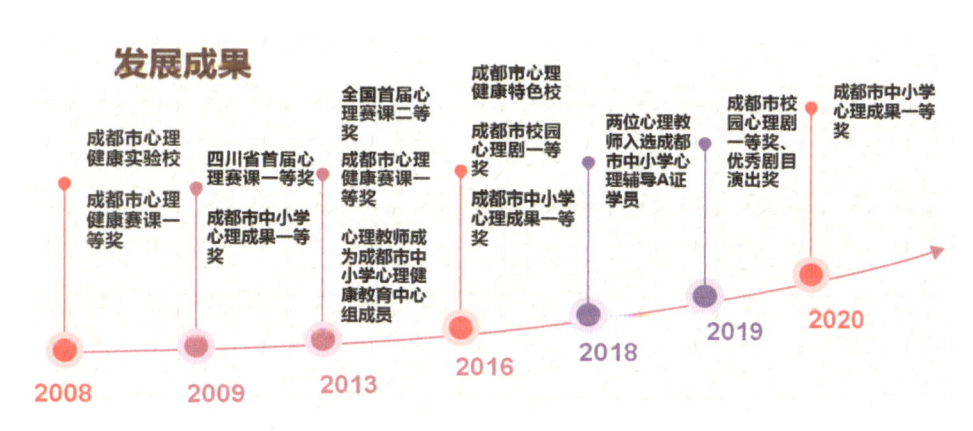

发展成果

- 2008：成都市心理健康实验校；成都市心理健康赛课一等奖
- 2009：四川省首届心理赛课一等奖；成都市中小学心理成果一等奖
- 2013：全国首届心理赛课二等奖；成都市心理健康赛课一等奖；心理教师成为成都市中小学心理健康教育中心组成员
- 2016：成都市心理健康特色校；成都市校园心理剧一等奖；成都市中小学心理成果一等奖
- 2018：两位心理教师入选成都市中小学心理辅导A证学员
- 2019：成都市校园心理剧一等奖、优秀剧目演出奖
- 2020：成都市中小学心理成果一等奖

成都市实验小学心理工作成果

所有的教育都应该是基于对儿童的了解，提供适合儿童身心发展的教育，发展儿童的身心。心理健康既是学校教育的底色，又蕴含着科学的教育方法，更是学校的教育目标。

我们希望未来心理健康能完全渗透进学校育人的各个环节，让儿童的需要得到充分满足，心理得到全面的关照与支持。我们希望营造安全和谐的校园环境，让儿童看见自己欣赏自己，拥有最适宜身心成长的空间，为儿童的未来生活做好充足的心理准备。

成都市实验小学心理健康工作部分成果

点亮积极人生，创美未来无限

◇ 成都市草堂小学西区分校

2008年9月，成都市草堂小学西区分校作为草堂小学教育集团发展的里程碑，在城西建起。占地20亩，现有班级42个，学生人数1870人，教师人数116人。以"我有一所房子，诗意栖居"为学校的办学价值追求，学校心理健康教育秉承"以人为本 育人健心"的理念，高度重视学校心理健康教育工作的组织与管理，为每一个孩子的生命成长提供适合的空间，让成都市草堂小学西区分校成为一所守护童年的学校、一所诗歌浸润的学校、一所书香弥漫的学校、一所课程丰富的学校、一所连接世界的学校、一所陶冶灵性的学校。

成都市草堂小学西区分校校园风貌

一、以人为本，育人健心

自建校以来，学校就以心理健康课的形式开始了心育工作。学校为全面推进素质教育实施方案，以努力培养人格自尊、自强自立的合格人才为指导思想，以成功教育理论为指导，以服务每个学生为目标，既注重学生"成才"，更注重学生"做人"，将心理健康教育作为学校德育教育的重要内容，将"成人与成才，齐头并进"作为学校的育人目标。学校现有专职心理教师1名，兼职心理教师3名。成都市草堂小学西区分校心育以课程建设为基础，开展活动、创设校园环境为辅助，让校园里的每一处，每一名教师都参与其中。力图给学生营造一个诗意、温暖、美好的环境。

二、诗意沁润，环境育心

（一）校园环境：美丽空间，让疗愈看得见

空间，是有疗愈作用的。校园里的一石一木，一步一景都是美的化身。在成都市草堂小学西区分校，校园空间是另一位神秘的心理老师。她用自己的美和包容给予孩子踏实与安全，让他们看见美好、感受美好，消散消极情绪。

（二）心育团队：专业引领，让成长摸得到

学校的心理健康教育并非只是心理健康教师一人的工作，学校里的每一位教职工都是关护学生成长，帮助学生直面困难的心育人。当发现学生问题需要帮扶，自己力所能及时，每一位教职工都可以对其进行安抚，抚慰他的情绪，帮助其找到解决问题的方法。

三、融合课程，积极润心

学校心理健康工作以"积极教育"为特色，从学生、教师、家长三个维度，以课程、活动、科研为具体方式推行积极教育。

（一）学生课堂：发现美好

在根据积极心理理论设计的课程里，为了培养学生的积极向上，善于发现身边的美好与趣事的能力，每节心理健康课前教师会邀请3名学生做"让我开心的事件"分享，让同学们以开心的情绪开始一节课。此外，学校还在科技厅设立了一个快乐分享栏，主要用于征集发生在学生身上快乐的事。学生自发地写下快乐的事并张贴在快乐分享栏中，让全校的学生都可以一起分享他的快乐，使积极情绪以这样的方式进行传递。

成都市草堂小学西区分校的学科融合课程之多彩的情绪世界

学校在进行积极教育课程推进时，将积极情绪中的内容与其他学科进行有机融合。不同学科与积极心理的不断碰撞，让学生们以不同的形式接收新的知识，加深了他们对自己大脑、情绪的认识，学会用绘画与音乐来表达情绪。

学校还充分利用家长资源，邀请各领域就业有分享意愿的家长入校为孩子们带来一堂堂有关职业、最新科技知识、生命安全等知识讲座。

（二）教师课程：助力成长

教师也是学校心理健康工作的重要组成部分，教师的身心健康同样会影响学生的心理健康，为此学校基于对教师的一种人文关怀，让老师们在工作中能够得以开阔视野、丰富生活、陶冶情趣、精进技能，聘请了校内、校外专业能力较强的老师进行授课。由老师自主选择感兴趣课程进行学习。现已有国画、书法、瑜伽、摄影、刺绣、吉他、计算机等课程。极大地丰富了教师的生活，深受教师喜爱。

成都市草堂小学西区分校教师课程

随着对积极心理学的了解加深，学校领导对心理工作高度重视，持续特邀相关专家到校进行积极心理普适性知识讲座，如"幸福科学，走进积极心理学""积极心理学——认知并发现你的优势""萨提亚———一致性沟通"等。每年持续推选教师参加区上组织的成都市心理辅导员B、C证培训，增强教师的专业技能能力。

（三）家长课程：创建幸福

父母是孩子的第一任老师，良好的家庭教育能导向孩子积极正面的发展。为了让学校的积极教育实现由老师到学生到家庭再到学生的无缝全面链接，良性循环。学校积极发动家长，走出教室，走出学校，让家长成为积极教育的有力载体。我们推动家长参与区级层面的积极教育培训。为了扩大积极教育在家长范围的影响面，让更多的家长在家门口就能沾染积极教育之花的芳华。学校先后邀请了相关专家为家长进行了家长课程讲座。

其中最亮眼的，当数付锦校长每年都不曾缺席的新生家长会培训。在每一次家长会培训上，付校长都与家长细致地分享自己在亲子沟通，家庭教育中运用积极教育的成功经验，在家长中产生了一浪高过一浪的支持和认可。

四、丰富活动，点滴润心

（一）午间冥想，感受参与的力量

在成都市草堂小学西区分校，每日午休时分校园里就会响起冥想音乐，让师生能够在午休时间随着呼吸的变化慢慢放空大脑，调整自身状态，达到精神和身体的放松，以便更好地进入下午的教学与学习中。

每年的"5·25心理健康节"，学校会根据不同的主题进行活动，如主题班会、相关知识展板、国旗下活动宣传等。2018年5月，学校面向全校的学生开展了职业体验活动，让不同年龄阶段孩子通过不同的方式：采访身边的职业、实地职业体验、跟岗记录、职业分享讲座等。多维度地让学生了解身边的职业种类、工作内容、能力要求。使学生在此过程中结合自己的兴趣爱好，发现自己的优势去思考自己的未来职业方向，激发其学习动力。

成都市草堂小学西区分校午间冥想练习

（二）教师活动：个性的成长

为了让教师在工作中获得自尊和自信，取得成就感。每月末的教师大会上由全校教师民主投票选举诞生一位校级管理教师。该教师的"执政"期为一个月，要展现有自己特色、富有学科特点的执政梦想，并主持召开圆自己梦想的行政会，部署具体的工作，并在同伴的协助下让教师实现梦想。

每逢寒暑假，学校还会组织教师进行书籍共读，交流打卡活动。之前学校曾共读塞利格曼的《真实的幸福》，并在微信群里做每天感恩三件事分享。用阅读将彼此联系在一起，加深交流，并且在工作日期间的每日早餐以及"为你煎蛋"活动中，将同事间的关爱进行传递，使积极的情绪在教师中得到蔓延。

五、拓展研究，心田花开

为更好地提升学校教师的心理品质，科学深入地推进积极教育的实行，学校申报了市级心理课题《体验式活动提升教师积极心理品质的应用研究》。以开展体验式活动的方式促进教师积极心理品质的发展，课题组在疫情期间依然坚持开展课题活动，将活动形式从线下面对面互动转变为线上微课等方式，给予教师心理支持，将大家在特殊时期紧紧地联系在一起，教师们也从活动中习得一些具体可行的方法纾解自己的消极情绪，并将自己从活动中的启发沿用至学生身上，达到了课题目标，本课题已于2021年5月成功结题。

13年来，成都市草堂小学西区分校不断夯实心理健康工作，寻找自我特色。2019年学校被评为"成都市中小学心理健康教育特色学校"，此外学校专兼职心理教师的论文、教学设计、公开赛课获得市级一等奖2项，二等奖 2项；青羊区赛课一等奖2项，二等奖1项；国家级子课题1 项，市级课题 1 项，两名专兼职心理教师被评为"青羊区优秀教师"，心理课题云端科研文章被刊登于《时代教育》上。

积极教育如一道彩虹，散发着光和希望，让我们朝着培养阳光自信、诗意成长的孩子，成就拥有幸福完整教育人生的教师，造就充满正能量的积极家长的美好愿景，而不断尝试推进并有了较为显著的成果。

追寻"芯"心相印 呵护每颗心灵

◇ 成都市武侯科技园小学

成都市武侯科技园小学以"追寻'芯'心相印的美"为办学理念，用科学的教育精神、人文的教育情怀关爱关注每一个学生、每一位老师，创造'芯'心相印的美。学校办学水平连续十年获得区政府表彰，先后被评为"全国体育联盟实验学校""四川省机器人实验学校""成都市新优质学校""成都市阳光体育示范学校""成都市心理健康教育实验学校""成都市心理健康教育特色学校""成都市农民工子女科普教育基地校"。

学校以办"品质与特色并重的优质学校"为目标，确立了"质量立校，文化润校，特色强校"的办学思路，制定了"先规范、聚质量、重特色"的发展策略，以"天天用心，事事入芯，人人是星"为校训，坚持"大健康教育"原则，培养学生用心做事，科学思维，自强自信的健康品格，人人实现全面发展，成为最好的自己。

成都市武侯科技园小学"芯"心相印美校园

一、追寻"芯"心相印，呵护心灵之美

追寻"'芯'心相印的美"，其中的"心"是指关怀全校师生的心理健康，尊重关爱每一位师生，让每一个孩子成为身心健康和人格健全的人。成就每个个体，使其"各美其美"是学校育人育心的目标。学校现有30平方米的个体心理辅导室和150平方米的团体心理辅导区，1名心理专职教师和5名兼职教师。教师团体通过课程建设和实践，形成了"三类十项"心理校本课程，成为学校特色。

二、创新特色课程，激发心育合力

学校自上而下、统筹规划，做到了"三个面向"：通过德育阵地、班级课堂等面向全体学生积极引导、正向教育，保障学生群体的身心健康；借助"芯"技术，面向全体师生定期心理普查，及时发现异常心理和异常情绪行为的师生；借助心理专业技术面向特殊心理的学生个体一一建档，细心帮扶，做到早发现、早干预、早转介。

熊科琴校长在武侯区调研工作会上介绍学校心育特色经验

近年来，在教研员和课题专家的指引下，以课题为牵引，将心理健康教育各级各类活动逐步课程化，形成了学校独具特色的校本课程——"三类十项"课程，即"个体心理辅导、团体心理辅导、特色心理活动"三类和"注意力训练、情绪管理、学习策略、社交沟通、青春期、心理午间广播、校园心理剧社团、校园小记者社团、正向教养家长工作坊、心理信箱、学生取教师回信"十项。

星期	个体心理辅导		团体心理辅导		特色心理活动	
	时间	教师	主题	教师	主题	教师
周一	12:50-13:50	刘俐	注意力训练	刘俐	心理午间广播	胡欣怡
周二	12:50-13:50	刘俐	情绪管理	胡欣怡	校园心理剧社团	廖婉伊 黎思琴
周三	8:30-12:00 12:50-13:50	刘俐	学习策略	黎思琴	校园小记者社团	刘俐 何萍 王仕平
周四	12:50-13:50	刘俐	社交沟通	廖婉伊	正向教养家长工作坊	刘俐 叶芹 冉晟琳 朱利霞
周五	12:50-13:50	刘俐	青春期	朱利霞 何丽君	心理信箱 学生取教师回信	刘俐

（一）常规课程抓牢

1.常规教学中抓好心育质量

抓好课堂常规，保障教学质量。学校以《生命生态安全》教材为载体，以心理专题课、心理班会课、心理综合实践课为主阵地，专兼职心理老师及各班班主任根据学生年龄及心理特点，聚焦课堂活动主题，通过观摩交流、讨论辩论、分享沟通、模拟演示等多种形式组织学生探讨人际交往、挫折教育、网络影响、安全自护、接纳自我等话题，引发学生思考，从中获取正向的心理能量，树立正确的人生观、价值观。

2. 班级文化中融入品格教育

作为市品格教育实验学校，每个年级都有四个不同的心理品格教育目标，其体现在班级文化展示墙上，如故事栏、便利贴、心愿墙、感恩树等，让学生从身边温暖故事中汲取心理能量，在班级文化氛围中受到心理熏陶。

（二）特色课程做亮

学校构建了个体心理辅导、团体心理辅导、特色心理活动相互支撑的三大类心理健康教育校本课程体系，切实保障、落实心理健康教育与辅导。

1. 个体心理辅导，天天开

学校每天中午12：50—13：50和每周三上午8：30—12：00心理专职教师面向有需求的学生、家长和老师开放，将音乐、绘画、沙盘等艺术形式融入辅导中，帮助特殊学生制订适合辅导计划，并展开实施。个体心理访谈和个体辅导是学校心理健康教育的重要内容。通过学生、教师、家长多方访谈及学生动作、语言、心理、情绪行为等方面的能力评估和能力训练，可以了解到学生异常情绪行为背后的原因和深层的心理需求。个体心理辅导还是设计团体辅导方案和课程的起点。自开展辅导以来，接受个体辅导的学生已经超过300名。

2. 团体心理辅导，师师领

根据学生所遇到的学业问题、人际问题、青春期问题等开展团体心理辅导课。课程由五位心理专兼职教师集体开发。

3. 特色心理活动，日日新

特色心理活动由心理专兼职教师和部分班主任老师在周一至周五合作开展。学校通过心理午间广播向全校师生普及心理学常识，引发学生兴趣；通过校园心理剧自编自导自演自己或者

小记者社团合作分享 　　　　心理剧社团团队建设

社交沟通小组游戏活动 　　　　心理绘画表达与释放

身边的故事，表达心理情绪，释放心理压力，满足心理需求，增强解决心理问题的能力；通过心理信箱满足重视隐私、不愿当面求助的学生需求，让学生多形式求助，不受时空限制。

（1）校园小记者社团，高度融合。学校在区教育局和国际救助儿童会的支持下成立了四川省首个小记者站。记者站的孩子们有两类："特殊"孩子和来自大队委推荐的3—6年级的热心助人的、喜欢采访和制作手抄报的能干的孩子。后者主要是前者的学习伙伴，每人会带领一个"特殊"孩子一起完成学习任务，孩子们在这样的融合社团中学会了自主采访、拍摄、编辑图文、制作手抄报、举办作品展等，通过这些活动，孩子们变得更加专注、自信。

（2）正向教养家长工作坊，深度合作。家庭教育是学校教育的重要组成部分，家校合力才能真正帮到学生，才能够事半功倍。因此，学校在全校范围内广泛开展家长培训学习活动，同时针对有特殊心理问题的孩子家长举办工作坊，进行集中培训。

面向全体家长的常规活动：线上线下结合邀请家长定期交流家庭教育经验、分享育儿心得、成立"育子讲堂"；家长们互相鼓励支招，解决育儿难题，举办育儿沙龙；邀请各种职业的家长自愿报名进课堂，他们带着独有爱好和专长走进校园，让孩子们体验到丰富的不同领域的课堂风采，既开阔视野，又丰富了认知；开展亲子运动会、亲子阅读、亲子锻炼、亲子劳动等丰富的校内外亲子活动，每个活动学校都精心设计，师生全员参与，这些亲子活动有效地密切了亲子沟通，促进了亲子关系。

"育子讲堂"家长培训家长 　　家长志愿者进课堂讲学

亲子劳动——剥蒜 　　亲子劳动——扫地

最重要的是学校基于学生和家长的家庭问卷调查，发现一些"特殊"孩子的家长们的教养理念和方式，教育教养能力和方法方面都很欠缺的家长，孩子的问题均源于家长的问题，于是我们自2017年始，为特殊心理的学生家长集中举办参与式、系列化"正向教养家长工作坊"培训活动。经过3期的实践与探索，学校服务了近百名家长，形成了系列家长课程。我们发现家长

们能更好地看到和改善自身的状况，通过学习，自身心理状况变得更好，拥有了更好的教养方法和技巧，亲子关系得到了大大改善，孩子们也在优化后的环境中成长得更好。

4—6年级正向教养家长培训

工作坊邀请孩子进课堂

学习情绪工作坊

工作坊合影

三、整合特色资源，主推整体发展

学校创建和运用了"三级干预、全面关护"的模式，做到了全校师生无死角的大排查与关护，促进了全员心理健康发展；队伍建设上，学校采取了"请专家进校、让名优师讲学"的方式，培养专业教师，扩大心育影响。近年来，专家进校开设讲座10余场，名师、优师分享交流活动30余场；课程建设上，学校"面向全体、立足个体"，在地方课程开足的基础上大胆开发校本课程，形成了特色的校本课程资源，能更好地服务全校师生和家长；教育科研上，学校借力课题，进行实践研究，参与了成都市教育科学规划办重点课题《家庭系统影响中小学生在校情绪行为调控能力的现状研究》，申请立项了课题《通过家长正向教养提升小学生情绪行为调控能力的实践研究》，并荣获武侯区规划课题年度考评三等奖，同时，该课题之相关研究成果获市级一等奖6项，二等奖10余项，心育成效显著。

（一）学生发展——各美其美

三级心理辅导相辅相成，学生发展各美其美。通过面向全体的心理健康发展性辅导、面向部分学生的预防性辅导、面向特定学生的矫治性辅导三层级辅导与关爱，培养每一位学生健康心理品质，帮助学生解决了成长中的困惑，促进了全体学生身心健康发展，每位孩子都能找到自己的爱好与特长，各美其美，成为大家心中的星。

（二）教师发展——个性突出

学校专职心理教师引领心育团队共同成长，专兼职心理教师们积极参加心理健康教育各级各类赛课、技能大赛、成果评比，屡屡获奖。2016年至今本校老师年年荣获成都市心理健康教育成果评选一等奖；在武侯区心理学科赛课和心理班会课赛课评选中，本校教师荣获一等奖5项；专职心理教师2018年和2019年分别荣获"成都市骨干教师"和"武侯区学科带头人"称号；5名兼职教师均荣获"成都市优秀班主任"称号；学校专职心理教师在武侯区专兼职心理教师培训会上主题发言2次，参编心理学专著1本。

学校将本着"心理健康教育服务于学生成长、服务于教师发展、服务于家庭教育、服务于学校发展"的宗旨，扎实地开展心理健康教育工作，做到呵护每一个生命，浇灌每一个梦想，成就每一名师生！

育心向善　若水少年乐成长

◇ 四川大学附属实验小学清水河分校

四川大学附属实验小学清水河分校（简称"附小"）约建于1933年，占地12.5亩，现有教学班级23个，学生889人，教师67人，省市区级学科带头人、骨干教师等42人。学校秉持"学生事大"附小立场，秉承"海纳百川·行知合一"附小精神和"于天地间立人·于生活中新民"的附小使命，努力培育具有"良好素养，鲜明个性并能共同创造和享受美好生活的新生代公民"。学校以附小现代生活教育文化内涵为根基，在实践中生长并丰富"行知并芳·建本若水"的学校文化个性，以此展开推动学校心育工作高质量发展。落建学校的"武侯区小学生心理健康维护中心"在师生的生命成长中发挥着积极的促进作用，迅速提升的办学品质得到各级领导、兄弟学校及学生、家长和社区的高度赞誉。

四川大学附属实验小学清水河分校校园一景

一、创特色，知行合一

（一）特色课程，培育心理品质

心理健康课与其他学科不同，它注重非智力因素的开发，不依靠知识的讲解、灌输，而是以学生的生活为轴心，以学生现实的社会生活经验为基础，提倡将普遍性教育和个别化教育相

结合。学校充分挖掘心理健康课中适合小学生身心发展的课程，并将这些课程作为学校的心育特色，在各个班级进行积极尝试，引导学生积极参与，从而取得了良好的育人效果。

课程名称	时长	频率	育人价值
晨间心语	5分钟	每天1次	利用晨会，为迎接新的一天创设良好的学习氛围
心理健康课	40分钟	每周1次	通过体验、感悟呈现鲜活、生动和丰富的特质，形成自己独特的个性
心理午会	20分钟	每周1次	通过讲述故事、分享感受等形式，解决学生心中的困惑，排解烦恼
个别化辅导	50分钟	每周2~3次	关注特殊学生情绪和行为，以关注、鼓励的形式走进学生，帮助学生形成强大社会支持体系，使特殊学生不再"特殊"
特色团辅	40分钟	每周1次	缓解负面情绪，在团队中有强烈的归属感，能在团队中得到支持、帮助，健康成长
心理社团	50分钟	每周1次	滋养学生心灵、陶冶学生情操，培养动手动脑的能力，在活动中展示自我，保持积极乐观的心态
亲子课堂	2小时	每月1次	觉察到自身与孩子固有的相处模式，体验和审视亲子沟通中存在的问题，有利于家校沟通

1. 晨间心语

一日之计在于晨，学校通过晨会播放舒缓放松的音乐和积极心理提示语，有效地唤醒学生的身心，为一日校园生活做好愉快的心理准备。

2. 心理健康课

心理健康教育课是学校心理健康教育主要渠道之一。针对学校1—6年级所有班级的学生每周开设一节心理健康活动课。专职心理教师任课，结合学校自身情况进行课程设计和教学。从生命教育、亲子关系、同伴交往、意志培养等主题开设了一系列的活动课程。

心理课程主题	形式	体验方法	心理学技巧
自我肯定——天生我才	全班	游戏式体验活动	认知调整
情绪处理——打开心扉	全班	体验式活动	情绪管理
压力处理——四两拨千斤	全班	调查访问式、游戏式体验活动	积极暗示（空椅）

续表

心理课程主题	形式	体验方法	心理学技巧
人际关系——友情无阻碍	全班、个人	互动式体验活动	情绪控制
青春年少——背后的小秘密	全班男女生	角色扮演式体验活动	认知行为调整
宽容感恩——绽放生命的美	全班	角色扮演式体验活动	行为调校
逆境自强——笑对生活	全班、个人	情景式、游戏式体验活动	积极暗示
……	……	……	……

3. 心理午会

心理午会是2012年以来学校心理工作的一个传统和特色，利用每周固定的午会时间，由学校两位专职心理教师向全校师生直播的一档广播节目，主要是针对学生在学习、生活中有关心理方面的问题进行探讨、帮助或教育。通过心理午会向全校师生普及心理学常识，引发大家对心理知识的兴趣，同时减轻心理上的烦恼，增强解决心理问题的能力。在不断实践中积累经验，几年来心理午会的内容和形式也通过不断地探索得到调整。随着实践中经验的不断积累，内容渐渐形成了三个版块："心语心愿"（针对学生的提问进行回复）；"心灵鸡汤"（选播学生投稿，分享心情故事，或烦恼解决的途径）；"趣味常识"（通过心理小测试或趣味故事，激发学生对心理学的兴趣，普及心理常识）。

心理午会不仅是心理健康教育课堂的一个延伸，也是帮助师生疏解心理压力的一个渠道，同时还是表达内心情感的一个平台。通过师生的共同努力，心理午会围绕交友、亲子关系、学习方法、性格等方面和学生们进行了广泛的探讨，对学生心理素质的培养起到了明显的效果，也让心理午会成为了学校心理教育的一张"名片"。

（二）定制活动，提升心理素养

1. 个别化辅导

对学生进行心理咨询，是学校心理健康教育的重要内容。每天中午的12：40-13：40是学生固定的心理咨询时间，由专职的心理咨询老师提供咨询服务，将个别辅导与音乐、绘画、沙盘等艺术形式相结合，帮助个体特殊学生制订适合的辅导计划并实施。在这个过程中学校会发现学生的诸多变化，需要不断调整实施方案，总结经验，完善个案辅导策略。待学生能融入集体，有效地控制自我情绪和行为，心理老师逐步放手，以关注、鼓励的形式跟进，最终使特殊学生不再"特殊"。学校的心理咨询服务不仅仅是为心理有"问题"的学生进行心理治疗效果的服务，更多的是针对健康学生群体进行发展性疏导教育。自开设心理咨询室以来，接受咨询服务的学生人数已经超过1000人次。

温馨的女生团辅室

2. 特色团辅

团体辅导具有影响力大，效率高，适应范围广等诸多优点。学生可自愿报名，组成学习团队。通过启发性谈话和学生间的相互沟通了解，建立信任感及团体规则。老师组织以游戏为主的团体活动，鼓励学生积极投入，诱导学生表露情绪，表达自己的困境，思考自身存在的问题。团体辅导让每一个成员有了宣泄的好机会，他们可以自由表达心底的感受，自卑、恐惧、担忧、愤怒、内疚等负面的情绪可以得到极大地缓解，在成员接纳、认可、怜惜中产生团队归属感。

3. 心理社团

通过自愿报名和选拔，学校成立了心理社团"七彩心理社"。一方面，培养学生协助老师更好地开展心理健康教育工作；另一方面，也让有兴趣的同学进一步学习相关的心理知识，促进更好的个人成长。

4. 亲子课堂

针对本校学生和家长开展"成长的天空"团辅活动。为取得良好的成效，团辅活动将家长教育技能的提升作为重点，面向家长和孩子开展每周一次的线上和线下活动，通过老师与家长交流、家庭教养方式案例的分享，改变家长与孩子沟通的方法，促进他们的学业提升。

心育领导团队展风采　　校园心理剧《成长的变奏曲》

二、用融合，向上向好

（一）成果：常态与个性有机融合的教育模式

（1）晨间心语常态开展，丰富学生校园生活。
（2）心理午会系列开展，助力学生身心健康发展。
（3）亲子课堂个性开展，家校联合促进学生成长。

（二）主要成效：积极创新与区域引领

2019年，学校心理剧本《斑斑》在武侯区中小学校园心理剧评选活动中获一等奖；2021年，心理剧《成长的变奏曲》在武侯区第十三届中小学生艺术节荣获二等奖；学校专兼职心理老师在武侯区中小学心理班会课优质课评选、特殊教育课堂教学评比活动、心理教师技能大赛、心理活动课例中获得一等奖3项，二等奖10项。专职心理教师撰写的论文在国家级核心刊物上发表，教学案例及心理论文获市级一、二等奖。学校荣获"四川省优秀少先队集体""四川省卫生先进单位""成都市心理健康教育特色学校""成都市阳光体育示范学校""成都市体育设施向社区开放优质学校""成都市廉政文化进学校示范校"等荣誉称号。在心育这条路上，四川大学附属实验小学清水河分校已开拓了一片崭新的天地，在今后的教育路上，仍将秉承"上善温润·若水灵动"的教育追求，继续为学生"向上向好"的健康成长保驾护航！

做为学生幸福奠基的心理健康教育

◇ 成都市华西小学

成都市华西小学地处华西坝优质教育圈，与四川大学华西校区、成都七中、龙江路小学等名校为邻，学校占地8.6亩，是一所硬件设施齐备，文化氛围浓厚，育人环境优美的现代化公办小学。学校坚持"致童心·至风景"办学理念，以"把童年还给孩子，每个孩子都是一道风景线，最美的风景是共性天空里的个性光芒"为育人目标，学校先后被授予"全国首批体育工作示范学校""四川省阳光体育示范校""四川省家长学校示范校""成都市文明单位""成都市阳光体育示范校""成都市心理健康特色示范校"称号。

成都市华西小学校园风貌

一、以"成长中心"为依托

当你走进位于胜利村118号、具有中西合璧建筑风格的华西小学校门时，其实你已经走进了武侯区未成年人心理成长中心。"成长中心"位于学校五楼，建于2017年8月，总投入110万元，中心建有"一廊十区"，场地面积360平方米，心理咨询室、多功能室、心理走廊、团辅室一应俱有，功能区域分布合理。中心自成立以来，在区文明办、区教育局领导的支持下，以未成年人心理成长关怀为己任，坚持立足学校、面向社会，服务大众。

二、以"名师领衔"为依靠

位于华西小学的武侯区未成年人心理成长中心

华西小学心理健康教育团队包括领衔人1名、分管领导1名，兼职教师5名。其中领衔人蒋慧老师为成都市中级人民法院心理咨询专家，成都市首届A证心理辅导员，国家二级心理咨询师；分管副校长李文全为成都市学科带头人、区级名师工作室领衔人、四川省地方课程教材《生命·生态·安全》编者。德育主任陈颖为武侯区学科带头人，5名兼职教师均为学校心理健康课题《基于厕所革命的小学生性健康教育实践研究》的主研成员。优秀的管理团队和教师团队均由名师领衔或课题领衔，成为学校心理健康教育持续发展的中坚力量，华西小学心理健康教育正是依靠这些名师引领和推动，在区域领域优势发展。

三、以"机制运行"为保障

（一）心理健康星纳入学校德育评价机制

华西小学德育评价机制为"PPMD"评选。"PPMD"由心理健康（psychological health）、身体健康（physical health）、智力健康（mental health）和生活健康（daily life health）的英语首字母组成。其中心理健康星为德育评价之首。"PPMD"评选，从心、体、智、生四个方面评选"学生健康榜样星"，以"三二二"为评选机制，即PPMD学生健康星《成长足迹》《评选方案》和《评选指标》"三个纲要"；日练日评"两个行为"，即每天学生依据"指标"指导校园生活，拿"健康成长足迹"到班主任处盖"体生智心"logo章。"两个榜样"，即每月评出"班级"健康星，全年评选出100名"校级"学生健康星。"PPMD"自开展以来，共计评选900名，其中心理健康星达225名。

（二）心理专职教师纳入学校班主任管理机制

华西小学心理专职教师享受班主任双算待遇，即课时待遇、津贴待遇。2018年，华西小学全体教师通过了《工作量及系数实施方案》，该方案明确规定，专职心理咨询教师兼"成长中心"管理按满工作量0.5计算即10课时，2020年，学校实行岗位定量核算，心理专职教师计10课时，享受正班主任津贴。学校内部治理将心理专职教师纳入班主任序列，确保了学校心理健康教师的班主任待遇。

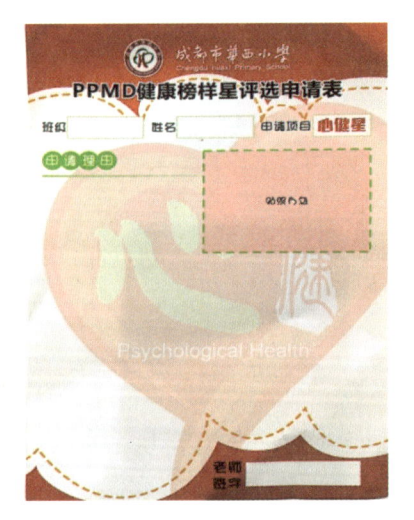

华西小学心理健康星评选

(三) 心理健康教育纳入区未成年人心理成长中心管理

华西小学心理健康教育实行两块牌子一套人马的工作机制，行政上接受武侯区教育局德宣科和武侯区文明办双重领导，业务上接受武侯区教科院心理教研员指导。近年来，学校心理健康教育先后代表武侯区未成年人心理成长中心，参加了成都市未成年人心理特色项目申报、成都市未成年人心理成长特色中心申报均获好评。代表武侯区未成年人成长中心承办了全国文明办未成年人心理成长调查活动。

四、以"家校协作"为补充

为补充师资和教育力量不足的局限，学校借助家长学校平台，通过购买服务方式，开设"情绪管理"主题研修课程。该研修班培训周期为一年，该课程以情绪管理为中心主题，精心设计心理健康教育课程，分段分批次推进。2020年12月4日至18日，"情绪管理课程"研修班进行了首批次研修。受疫情影响，该课程在线上和线下同时进行。来自成都市家庭教育促进会家庭教育课程注册导师、家庭教育专家周友芳女士主讲了"父母的情绪管理"专题，深受家长好评。

"大手牵小手"——家校协作提升学生心理素养研究。该项目针对新冠肺炎疫情下的特殊应对策略，从2020年5月开始实施，有针对疫情期间学生心理不适的线上心理课堂，有亲子阅读、"我爱我家""知心话儿对你说"等系列亲子活动。这些活动为学生营造出了良好的心理环境、人际环境与发展环境，帮助学生掌握了科学的心理知识和心理调节方法。

近期，课题组对孩子们进行了心理测评。测评结果如下：因为疫情的影响，大家表示更注重饮食健康了，这样的人群占53.31%。有64.57%的人表示更加注重睡眠质量，每晚睡眠8小时以上。大家更加注重身体锻炼了，有62.58%的人坚持在家锻炼，有15.23%的人选择去周边人少、空旷场所锻炼。因为在家隔离，74.83%的人表示有更多时间和家人在一起。61.92%的人表示有更多的时间自由地读书学习和玩耍。58.61%的人表示提升了某些技能。从测评结果我们可以看出，疫情对大家确实造成了一定的影响，但通过"大手牵小手"活动，家长和孩子们依然可以很好地照顾好自己。

心理健康家长培训

区级微改革项目

五、以"健康运动"为特色

作为华西小学心理健康教育的一张名片,全员心理健康运动会,是学校整体育人理念下的一项重要内容,每年一届,举行了8届,已经成为孩子每年翘首以盼的节日。这项活动,一直在不断地发展和完善,由最初的关注学生到现在关注全员;由最初的项目为主,演变为情境为主,项目为辅;由最初的以心论心,丰富为在社会时事、热点为教育背景下培育心灵。该运动会具有如下特点。

(一)全员参与

心理健康运动会的出发点,在于全体学生、教师和家长,共同关注和提升心理的健康,形成合力,共育共进。

(二)以体育心

心理健康问题,已是当下政治、社会和家庭等的重要要求和呼声。"不竞技,只心灵",心理健康运动会用体育和游戏这一最有效手段,关注全体,尊重个体,紧扣心理健康发展。

一年一度的全校大型心理健康运动会

(三)尊重个体

心理健康运动会坚持"三个原则",一是"个体体验最大"原则,心灵感受和成长是个体的,虽然是全员运动会,但是活动的评价、内容、形式等都围绕个体的体验。二是"由外向内"原则,以体育游戏为主,辅以音乐治疗和语言暗示等手段,根本是要触动学生心灵。三是"团队育人"原则,榜样的力量、集体的力量是强大的,将个体心灵的成长放在团队活动中。

全员心理健康运动会打破了传统对体育和心理的理解,将体育和心理进行完美的结合,以体育心,"不竞技,只心灵",关注全体,尊重个体,紧扣心理健康发展。从体验到疗愈,让学生在不同的主题中获得成长,自开展以来,深受学生和家长的欢迎和好评。

未来,华西小学将以武侯区华西坝大健康产业建设为契机,立足武侯区未成年人心理成长中心,结合五年发展规划,进一步做优学校心理健康教育,设立心理健康体验馆,争创四川省心理健康特色示范校,全面提升学校心理健康教育品质。

艺"融"护心　"驿"路花开

◇ 成都市龙泉驿区航天小学校

成都市龙泉驿区航天小学有着20余年的办学历史，学校地处龙泉航天城腹地，一校两址，蓝红两校，争奇斗艳。学校坚持"立德树人、五育并举"的教育方针，承负"培根、铸魂、启智、润心"的教育使命，秉承"融·创"的办学理念，依托"生态·交互"的融创环境、"品质·温度"的融创管理、"专业·幸福"的融创教师、"并举·融合"的融创教学、"健全·优秀"的融创学生等五维支撑的"融创教育文化战略"，生动营造"在创造中共生，在创造中发展，在创造中幸福"的教育情态。学校致力于培养身心健康者、责任担当者、问题解决者、优雅生活者，为学生的幸福人生奠基，为社会的未来发展赋能。

成都市龙泉驿区航天小学校校门

一、规范管理，全面构建心育制度文化

心理健康教育，是学校教育的重要内容，学校以"助人自助，共同成长"为心理健康教育工作的核心理念，强化生涯规划、人格健全等意识，倡导"人人都是心理健康教育工作者"的思想，规范管理，落实三级管理制度。

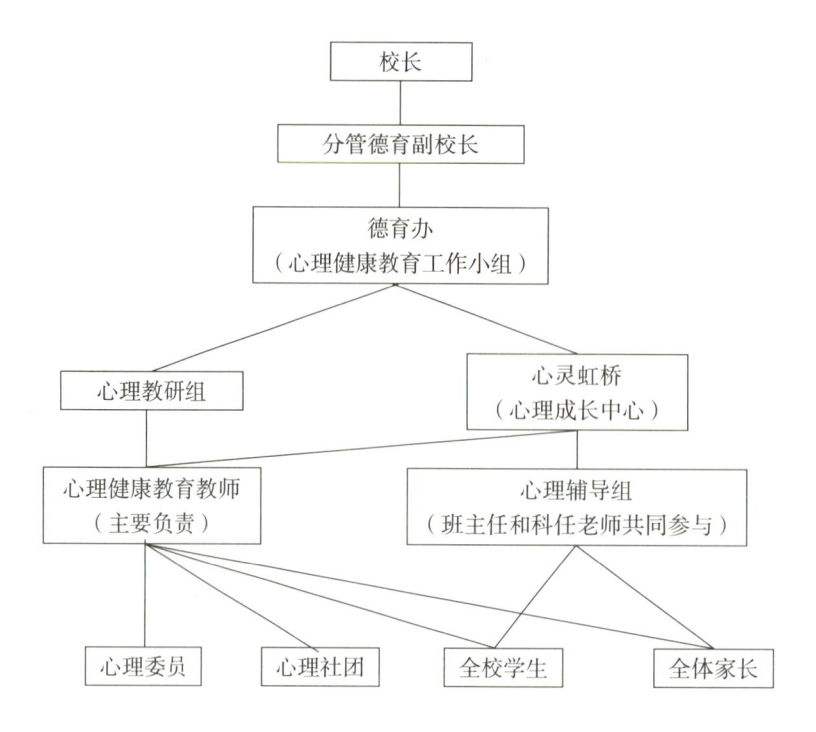

```
                    ┌──────┐
                    │ 校长 │
                    └──┬───┘
                       │
              ┌────────┴────────┐
              │ 分管德育副校长  │
              └────────┬────────┘
                       │
              ┌────────┴────────┐
              │     德育办      │
              │(心理健康教育工作小组)│
              └────────┬────────┘
                       │
          ┌────────────┴────────────┐
          │                         │
    ┌─────┴─────┐         ┌────────┴────────┐
    │ 心理教研组 │         │   心灵虹桥      │
    └─────┬─────┘         │(心理成长中心)   │
          │               └────────┬────────┘
          │                         │
   ┌──────┴──────┐         ┌───────┴────────┐
   │心理健康教育教师│         │  心理辅导组     │
   │ (主要负责)   │         │(班主任和科任老师共同参与)│
   └──────┬──────┘         └───────┬────────┘
```

成都市龙泉驿区航天小学校心理健康教育工作体系

学校认真贯彻执行各级心理健康教育文件精神，广泛开展心理健康教育，通过制度管理、环境浸润、课题研究、活动聚焦、课堂渗透、校园文化相互融合，健全工作机制，根据学校的发展完善学校的心理健康教育工作体系，成立了心理健康教育工作领导小组、心理健康教育工作小组、心理危机预防和干预工作小组、心理成长中心工作小组、心理教研组、心理辅导工作小组（专班工作小组）、心理社团工作小组为一体的心理健康教育工作体系。

（一）定期研讨，了解心理动态

由学校心理健康教育工作领导小组每月组织一次班主任培训会，定期了解各班学生心理动态。根据学生心理状态调整干预方案，并形成台账。同时加强班主任和科任教师的心理知识和技能培训，开展有针对性的心理融合活动。例如：我爱我班活动，让学生在活动中学会爱同学、爱班集体，增加集体荣誉感。

（二）心理普查，树立正确观念

每学期开展全覆盖心理普查，通过问卷星、课堂观察、个别谈话、绘画心理测试等途径，全面了解学生当前身心状态，梳理学生产生心理健康问题的原因，有针对性地开展心理辅导，并建立追踪档案。

（三）特殊学生，建立个辅档案

对心理普查发现的需重点关注、关爱的特殊学生，建立个人档案，进行个别心理辅导。学校关爱专班（心理辅导组）工作小组成员每周对其家庭和上课状况进行一次交流，掌握学生在校在家情绪状态、言行举止、人际交往、学习情况等，并指导家长开展好家庭教育，建立良好的沟通渠道，改善亲子关系，减少家庭矛盾。

（四）朋辈心理，动态跟踪辅导

每班设立男女各一名心理观察员，是开展学生之间朋辈心理辅导的主要成员，是在班级里积极宣传心理健康知识的"宣传员"，是时刻关注同学心理健康的"观察员"，是维护同学心理健康的"助人者"，是协助班主任开展班级心理健康教育活动的"参谋员"。

（五）生命第一，家校联动干预

学校根据《心理健康隐患排查制度》排查出心理危机学生的等级，而学校的《心理危机预防、预警、干预预案》明确和细化了各等级的心理危机的干预处置措施，发现学生异常情况及时进行危机干预，集合学校、家庭、医院、公安派出所等各方力量保障学生生命安全。

二、着眼全局，精心打造心育环境文化

优美的校园环境不仅能净化学生的心灵、陶冶情操、规范行为，更具有积极的心理导向功能。学校以航天文化精神为载体，精心打造优秀的心理健康教育环境文化。

学校校门以"航天"首写拼音为外形，以红、蓝双色为主色调，红色象征热情，蓝色象征安宁，金色的太阳、展翅的和平鸽、闪亮的小星星，为师生展现的是一幅美丽的天空梦幻图画。楼宇的命名，分别为"启航""领航""远航"，"问天"和"飞天"。"航"，侧重于生涯规划的过程体验，是追梦的根基、愿望、付出，象征航小师生在这里启航；"天"，侧重于生涯规划的目标和境界追求，是蔚蓝的梦，与苍天对话，与高手对决，反思自己、着眼未来，点亮自己心中的梦想。班级板报、心育文化长廊、学校网站心理健康教育专栏、艺术节开展的心育活动等校园文化，为促进学生健全人格，拥有阳光的心态，提供了良好的氛围。

三、科学研究，以课题构筑心育科研文化

学校积极践行"生本教育"理念，坚持以生为本，培养学生主动参与，合作探究的精神，并以课题研究为载体，激发学生学习的主动性和积极性，取得了良好的效果。

名称	时间	类别
《家校共育，培养儿童良好礼仪习惯研究》（编号01100255）	2016年4月	中国青少年研究中心课题
《活用沙盘游戏提高小学低段学生说写能力的实践研究》	2016年6月	龙泉驿区微课题
《青春健康教育项目》	2018年9月	成都市计划生育协会项目
《妙用沙游提高小学低段学生创造力的实践研究》	2018年9月	龙泉驿区微课题
《新冠肺炎疫情下聚焦艺术融合心理活动培育小学生积极情绪的实践研究》（编号：YQZX618）	2020年9月	成都市教育科学研究院课题

四、聚焦活动，积极培育心育行为文化

（一）开设沙盘游戏活动课程

龙泉驿区航天小学在2013年开始了沙盘游戏活动课程的实践，形成了自己的特色，受到了同行好评。

1. 好玩的游戏到有趣的课程

学校开设了《悦沙游》社团课，将沙盘游戏活动进行课程化。沙盘中的小玩具对小学生有着很强的吸引力，他们很喜欢玩，学生通过玩沙盘可以让自己更放松，心情愉快。

2. 社团实践到课题研究

学校构建了主题沙盘游戏活动课的操作体系。

《悦沙游》心理社团课

学校开展了区级微课题《活用沙盘游戏提高小学低段学生说写能力的实践研究》《妙用沙游提高小学低段学生创造力的实践研究》，验证了沙盘游戏对提高学生的学习能力有效果。

3. 区内探索到市级交流

龙泉驿区航天小学在区内做过多次沙盘游戏活动课展示，并在成都市心理健康教育特色校推广会上推广主题沙盘体验活动《青春，你好！》。学校接待了东莞市中小学生心理健康教育管理团队，并做了学生主题沙盘游戏活动课和教师沙盘体验课。

（二）拓展艺术融合心理活动

艺术也是一种语言，是全世界通用的语言。这种交流，有助于情感的表达与法治，对人的发展意义重大。龙泉驿区航天小学的心理老师发现，喜欢艺术的孩子身心比较愉快，学校成立了众多的艺术社团（绘画、古筝、书法、舞蹈……），而龙泉驿区航天小学已于2015年成功创建四川省艺术教育特色学校。

1. 单纯的艺术到艺术的融合

从由艺术老师负责设计学校的校园活动到现在是由艺术老师与心理老师一起设计校园活动（六一活动、庆祝活动），让培育学生积极情绪贯穿学校的所有活动，全校所有师生参与其中。

2. 社团实践到课题研究

学校一直在探索艺心融合的实践研究。2020年初新冠肺炎疫情的突如其来，更是坚定我们把艺术融合心理活动培育学生的积极情绪作为专项课题来研究，学校构建了艺术融合心理活动培育学生积极情绪的理论和操作体系（创作—鉴赏—交流）。

（三）特色心育成果百花齐放

多年来，心育教师团队多次获得成都市龙泉驿区心理健康教育赛课一等奖，在成都市、龙泉驿区公开献课及交流多次。学校专兼职心理教师的论文、教学设计、录像课获得国家级一等奖1项，国家级二等奖1项；省级三等奖1项；市级一等奖3项，二等奖6项；市级课题2项；区级课题3项。发表论文5篇。

龙泉驿区航天小学心育工作坚持"助人自助·共同发展"的核心工作理念，积极创新，成效明显。心理健康教育课程全校开设，也是全区第一个开设沙盘游戏课程的学校，经过多年的

建设与发展，龙泉驿区航天小学心育的机制体制完善、活动多样、实施途径多元，并走在龙泉驿区教育的前沿，形成了以"沙盘游戏活动课""艺术融合心理活动"为特色的心理文化氛围的校园。

艺术融合的心理活动课

学校先后被评为四川省艺术教育特色学校、成都市第二批中小学心理健康教育特色学校。心理教师先后被评为成都市优秀德育工作者、龙泉驿区骨干教师、龙泉驿区优秀青年教师。

心理健康教育任重而道远，我们将继续采用适合孩子成长的方式，守护孩子们每一个飞天的梦，为孩子们创造每一次飞天的美，打造一个积极向上、不断追求卓越的文化校园。

育心启智　开启美丽"心"世界

◇ 成都经济技术开发区实验小学校

成都经济技术开发区实验小学校（简称"经开区实小"）创建于2013年9月，是一所绿色、开放、现代的公办学校。学校现有4名专职心理教师，其中成都市心理健康学科带头人1名，国家二级心理咨询师2名，以及20名具有成都市学校心理辅导员B证的老师组成了心理健康教育教师队伍。

学校以"开启美丽心世界"为心理健康教育工作理念，将心理健康教育工作与学校文化、学校管理和学校高度融合。"让每一个经开区实小孩子能够向美好的方向生长"是学校心理健康教育的指导思想。在积极心理学和脑科学的指导下，学校以培养学生积极心理品质为重点，开展"开美"心育课程塑造学生"身心打开　向美而生"。以学生学习思维力的培养作为学校课堂落脚的出发点与关键点，聚焦头、手、心的开启，形成HI3的课程体系，引导学生"科学学习"，取得了一定的经验与实效。

成都经济技术开发区实验小学校园风貌

一、师资培养，助推心育发展

学校大力开展心理健康教育培训，促进教师专业化成长，将心理健康教育列入师资培训，开展一系列的培训。如：品格朝会课练兵，利用校外资源，进行家庭教育指导员培训。学校还构建了学科教师心理教育资源库，共同分享课堂心理训练小游戏、课间活动小游戏、注意力训练集、心理班会资源集、心理调适音乐等，帮助学科教师提升专业能力。2018年起学校开展

《班主任菜单式校本教研》课题，"抑郁症的知识普及""心理危机事件的发现和处理""如何和学生有效沟通"等内容供老师们选择学习，导师学员学分制，小班培训，大大提升了班主任心理健康教育水平。针对一年级新教师，学校也开展专题培训，让新老师尽快适应工作岗位。

学校还成立了跨学科的脑育项目小组，聘请专家进行指导，参加各级培训，开展周研月结的交流活动，每周进行一次交流分享，每月进行一次小结。通过读书分享、叙事交流、课例观摩、技能训练等方式，指导教师更好地进行课堂实践，培养学生良好的思维力，2020年5月《以脑科学为导向的小学生学习思维力培养的研究》立项为市级规划课题。

经开区实小"脑科学与教育"研究活动

二、文化浸润，营造心育氛围

良好的自然和社会环境刺激能有效激发学生积极情绪，提升大脑的使用效率，减少疲惫和压力，因此我们重视学校良好的心育文化氛围营造。在楼道的外显文化建设中，通过图文呈现24种积极心理品质和行为的描述，潜移默化地影响学生的言行。在脑科学专家团队的指导下，学校从声音、光线、气味、色彩等方面对学生的学习环境进行了改造，如：通过实施音量分级，控制学习环境的噪音；通过中午播放轻缓的音乐，帮助学生缓解疲劳和压力；针对学校光照不好的情况，更换了学校传统的灯罩，使用光线更好更稳定的灯；对厕所进行了改造，孩子

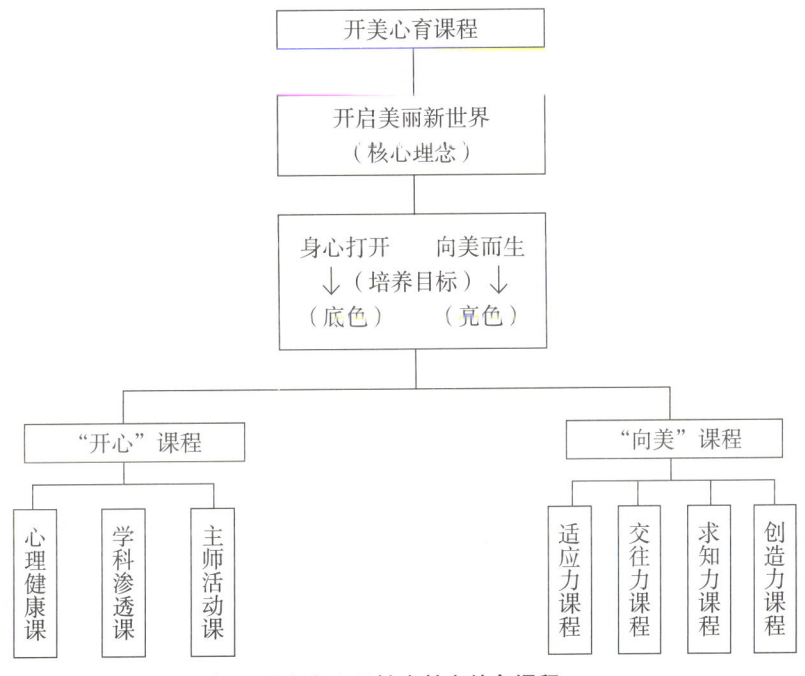

经开区实小心理健康教育特色课程

们用自己的作品对环境进行了美化，并且进行了香薰；进行教室光线改造，更换照明灯，将每一个教室墙面改为淡绿色，并在教室摆放绿色植物，给孩子提供一个更加易于平静、易于消除大脑疲劳、使人精力充沛的环境。另外学校微博和微信公众号等校园新媒体也会及时宣传学校心理健康教育的动态，特别是疫情以来，学校特别关注学生心理健康，发布相关心理知识、心理活动、亲子关系等主题的文稿56篇。

三、心灵加油，落实心育功效

学校心灵加油站作为学校重要的心育阵地，占地400余平方米，包括心灵接待室、阅心室、舒心室、净心室、绘心室、释心室和潜能开展室等。为了更加有效发挥心灵加油站，每周一至四，学校中午开放心灵阅读书吧，学生可以午饭后前来阅读放松身心。开展教师沙盘体验、学生团辅活动。组建了教师"放松训练"社团、学生"潜能开发"社团。为了让有需要的学生能够及时得到心理帮助，采用线下领取心灵预约卡和线上联系的方式预约，目前学校每周接待咨询学生30余名。

四、"开美"课程，提升心育品质

从学生的好奇心和兴趣出发，保持开放的姿态，以心理健康课堂为主要阵地，强调学科渗透，积极开展心理健康教育主题活动，用"开心""向美"课程呵护孩子的心灵成长。

"开心"课程：学校一直以来重视心理健康课程建设，坚持按照国家课程计划，每班间周一节心理健康课。同时，学校鼓励各学科探索心理健康教育的的融合。积极开展丰富多彩的心育活动课程，取得了良好的效果。

"丰富多彩的心理月"：学校每年心理月都会开展丰富多彩的活动，学生在活动中了解心理健康方面的知识，获得积极的心理体验。

"心理志愿者系列活动"：从五年级挑选出10名心理志愿者，通过班主任推荐，从一、二年级挑选出人际交往不良的学生10名，进行一对一的帮扶活动，通过心理游戏、阅读等活动，增强学生的人际交往能力，帮助他们适应校园生活。

"奇妙合唱团"项目：学校心理老师和音乐老师合作，通过班主任推荐，选出人际交往不良的学生共18名，将心理团辅的一些内容和合唱结合起来，增强学生归属感和自信心，促进学生人际交往。

经开区实小特色心育活动

"向美"课程：在积极心理学引导下，以适应力、交往力、求知力和创造力这四大积极心理品质培养为重点开设阶段化序列校本课程。

适应力品质培养专门的新生入学适应课程帮助一年级新生尽快适应校园生活。交往力品质培养从友善、宽容、诚信、责任、感恩等方面入手，帮助学生友善对待他人，学会与他人交往。学校交往力品质培养课题《防欺凌 促友善》提出了一系列预防欺凌现象的有效举措，目前该课题已结题。求知力品质培养从守时、专注、有序等方面入手，以思维导图、注意力训练等方式，开展"脑科学进校园"心理月系列活动。创造力品质培养则依托艺术课堂，通过亲子活动等方式，引导学生大开脑洞，鼓励创新与创造。

五、脑育研究，提升"心"特色

学校立足自身现实，努力探索切实对学生身心发展有益的心理特色项目及课程，如"一年级的入学适应课程""开美四力课程""校园反欺凌促友善课程"。2019年，学校成为成都市首批脑科学与教育试点校，在成都市教科院以及北京师范大学薛贵教授的团队指引下，学校成立了脑科学项目组，将心理健康与脑科学紧密连接起来，通过对学生进行基于学习力的脑育测评，从数据层面精准了解学生认知发展情况；开展基于脑科学的"走进脑科学"心理月活动，使孩子们初步认识脑育，另外通过每周五的心理微讲堂进行心理和大脑科学知识的普及，了解优化大脑的小技巧。

在课堂教学中，学校深入实践。结合学校培养目标，通过思维训练课、学科融合课和综合辅助课来进行实践。以思维可视化、思维活动化为主要策略，对学生进行思维力培养，如每周开一节脑育课程，对学生进行科学使用脑、保护脑、开发脑的学习，同时通过针对性学习和思维训练课程的具体实施，提高学生学习思维力，丰富和巩固教师基于脑科学的课堂实践能力。

2019年，学校成功创建为成都市心理健康教育特色学校，在心育方面取得一定成绩。多次参加心理健康学科展示课和赛课，分别获得市级一等奖和区级二等奖；2019年12月，熊婷宇老师在龙江路小学参加成都市首次脑育课展示，获专家好评；2020年12月16日，卢永宏校长代表学校在大城市教科院联盟全国第三次学术年会暨"第三届脑科学与教育论坛"做主旨发言，对学校的做法进行了积极的推广。2020年12月25日，学校参加市教科院"脑科学与教育"研究课例评选获1个一等奖，2个二等奖，1个三等奖。目前学校脑育项目已成功立项1个市级规划课题，1个市级重点课题子课题，1个区级规划课题和多个区级微型课题。

经开区实小卢永宏校长在全国"第三届脑科学与教育论坛"做主旨发言

未来，学校将进行更深的研究，以积极心理品质与脑育研究作为研究方向，培养学生成长为最美好的自己。

"班心"联动　借力社团

◇ 成都市青白江区实验小学

成都市青白江区实验小学始建于1958年，是青白江区小学名校、实验小学教育集团龙头学校。学校现有53个教学班，学生2600余名，教职工170余人。学校以"自然教育"为特色，坚持"让孩子们心中的琴弦响起来"的办学理念，崇尚"顺木致性，各尽其能"的教育思想，建设仁爱、务实、创新、健康、幸福的教师队伍，培育仁爱、自信、自主、健康、快乐的实小学生。

学校是全国校园足球特色学校、校园篮球特色学校、奥林匹克教育示范学校、青少年网球特色学校；四川省小公民道德建设实践基地、消防安全教育示范学校、应急教育示范学校；获得成都市新优质学校、心理健康教育特色学校、德育工作先进集体等荣誉称号。

成都市青白江区实验小学校园风貌

一、常规心育打基础

（一）加强软硬件建设

经三次改扩建，现学校心理中心占地180平方米，有独立团体辅导室、心理个辅区、沙盘游戏区、情绪调整区域和活动学习区、心理档案区。心理中心配有丰富的桌面游戏和视听资料以及各类团辅道具。现学校有专职心理教师1名，全体班主任均兼职心理健康教师，接受成都市学校心理辅导员B/C证培训。学校已建立健全各类心理健康教育制度、危机预警及干预制度。

（二）开展专业心理辅导

心理中心面向全校同学，提供环境适应、人际交往、学习心理、情绪行为、青春期烦恼、潜能开发等方面的心理辅导服务，同时向有特殊需求的学生提供个别化教育支持服务。

全体班主任教师均作为兼职心理教师，他们熟悉学生转介流程和心理辅导保密机制。心育教师为来访者建立心理档案，对于需要进一步转介的学生及时报备，并通知家长；对于需要科任教师配合的个案，在尊重学生意愿的前提下及时与任课教师沟通交流学生情况，提出心育建议。

（三）落实心理班会活动

全校每班每周均有一堂心理健康教育活动课，主要由专兼职心育教师担任授课教师，课程资源包括教材《生命·生态·安全》《成长》以及学校自主汇编的《心理健康教育教案集》。在历年教学开放周中均进行心理健康教育活动课展示，受到观摩教师及家长肯定。同时，全校坚持每班每周三固定开展心理健康主题班会课。

（四）开展丰富心育活动

学校定期组织开展各类心育活动。如编排创演校园心理剧，在创演过程中深化学生体验，取得了良好教育效果。如高学段学生青春期专题团体辅导或讲座，防性侵专题教育活动；留守儿童团体心理辅导；毕业班级团体辅导等。

每年举行"5·25"心育活动周，汇集心理游戏体验和班级心育活动，受到孩子们的欢迎。

运用沙盘开展心理团辅

（五）完善多元评价方案

校级"实小之星"体系完善，年级和班级自主根据本班动态情况设立各类动态的"班级之星"。各级"小明星"评价机制，使得各个不同特点的孩子都有机会被充分肯定，顺天之木以致其性，引导学生正确认识自己，发现自己的优势，在相互鼓励和竞争中积极地释放潜能。

（六）发展积极教育理念

学校不定期开展教职工团建及心理讲座，邀请各级知名专家到校做好教职工心理建设。心理中心义务为家长提供家庭教育咨询，接待数百次家长来访，并在线通过QQ为家长解答孩子心理教育问题，获得家长们的肯定。

家长学校开展多次家庭教育讲座。针对每届一年级新生开设有新生家长培训，向家长发放"心育需求问卷"，根据家长需求安排不同主题家长讲座，如"亲子关系中的听与说"等。

二、特色心育助成长

（一）"班心"联动整合资源

学校首创青白江区"小学班级心理委员"培养工作。从2017年起，在3—6年级所有班级的班干部体系中增设置"班级心理委员"，并启动"班级心理委员"系列培训，经过3个月的间周培训合格方能"上岗"。心理委员每周利用《班级晴雨表》对本班本周整体心理状况做记录，利用学习到的沟通技巧主动化解同学矛盾、疏

班级心理委员培训

导同学心情，对于超出自己能力范围的，报告给班主任或心理老师。

"班"一指班级心理委员，二指班主任教师。"心"一指学校心理中心，二指专职心理教师。"班心"联动是学校利用学生资源促进朋辈互帮互助，利用班主任资源实施全方位心育的重要举措。

班级心理委员与心理中心联动。班级心理委员成为各个班级与学校心理中心的纽带。他们怀揣助人自助的善意，是心理中心派到各个班级的小天使，他们是观察班级心理"晴雨状况"的岗哨，是送温暖与关爱到同学心间的一缕春风，他们本身就是"自爱—爱人"理念的践行者和示范者。

班主任与心理健康教师联动。在专职心理健康教师人数不足的客观实际下，班主任教师便成为了实施心理健康课程的主力军，她们利用每周三的心理班会课，强有力的发挥了心理健康教育"预防"大于"补救"的作用。

（二）"多彩"活动，丰富辅导

学校心理社团"氧心社"，以心理中心为主阵地，借助丰富的桌面游戏如"思维越狱""情绪葫芦棋""沟通岛""我有好记性""价值拍卖"等，结合常规心理游戏，如"心有千千结""1元5毛""我的自画像"等，开展多次成长性团体心理辅导，经过数个学期的反复实践，形成了以"积极成长"为核心主题的校本团体辅导方案集。

特色心理活动课之黏土创作

2014至2019年，心理中心整合校级心理社团活动方案资源，形成了以"积极成长"为核心主题的校本团体辅导方案集。心理中心挖掘黏土在情绪疏导和心理教育中的内涵作用，开发特色黏土心理课，在学校教学开放周展示中获得好评。

（三）定制主题，预防护航

2020年宅家学习期间，学校心理中心从问卷调查、量身设计7次心理网课、开展"线上+线下"心育活动、开放网络心理辅导、宣传普及心理防护知识等多方面着手，全方位保驾护航实小娃的居家学习生活。学校专职心理健康教师，从学生提交的2000余幅"情绪涂鸦"画中，筛选具有潜在心理危机的学生，及时与家长取得联系。借助网课线上指导家庭互动，帮助调节亲子关系。学校关于疫情期间线上教学效果的问卷调查结果显示，在"孩子收获最大的学科"中，心理健康科目排在了非考试科目的第一位。

学生返校后，学校开展全方位心理普查，联合安全办对具有潜在校园欺凌风险和心理危机风险的学生进行保密摸排及个别化追踪，同时根据不同年级段的具体情况，适时调整心理健康课内容安排。

疫情发生以来，各学科教学中渗透心育效果提升。2020年全校有25名教师获得成都市心理健康教育优秀研究成果奖。

三、心育工作出成果

心理剧《大卫不是坏孩子》获得四川省校园影视剧评选二等奖、成都市第四届校园心理剧评选三等奖、青白江区第七届艺术节校园剧大赛一等奖。《战胜心魔》获成都市第三届校园心理剧剧本评选一等奖。近年来的"5·25"心理健康周活动多次被四川新闻网等媒体报道。

专职心理教师毛政弘多次参加市区级心理健康赛课并获得多个一等奖，多次参与青白江区心育团队送教下乡、送团体辅导下乡活动。班主任老师温妮、熊滢分别在2019年和2020年获得青白江区班主任技能大赛一等奖、成都市班主任技能大赛一等奖。

原创心理剧展演活动

家校"Love"行　共育幸福心

◇ 成都市新都区大丰小学校

成都市新都区大丰小学地处成都北郊，辖中心、三元两个校区，前身是文昌宫，创建于清咸丰年间，是一所百年老校，文化底蕴丰厚。百年发展中，学校秉承"主导中华文化，弘扬民族精神；构建书香校园，创造快乐生活"的办学思想，以"大善、大识、丰文、丰美"为校训，形成了"倡导德性、增进学识、推崇文明、健美身心"的校风，"言传、身教、心育、趣导"的教风，以及"勤学、好学、善学、乐学"的学风，立足五育并举，致力于培养符合社会发展需求、身心健康的时代新人。

成都市新都区大丰小学校园风貌

一、坚持以爱育心，奠基幸福人生

学校历来重视心理健康教育，坚持以"为每一位学生幸福人生奠基"为心育理念，结合家长资源分层跨度大、全职家长逐年增多、成都市心理特色校申创等特点，通过心育与家校工作的深度融合，以提高教师、家长、学生爱的能力为目标，打造了具有学校特色的包括家长赋能系统、学生蓄能系统、教师提能系统三大子系统的家校心育合作体系——"LOVE"行动体系，并在此基础上打造出PS幸福力精品课程，提出了家长525成长模式。通过这一体系的运行，以期在学生生理需求基本被满足的现在，用爱满足孩子安全、被尊重的需求，在学生表达爱、给予爱的过程中，完成自我实现，继而形成家、校、生共同向上生长的良好心育氛围，培养出人格健全、动力十足、充满生命力的丰小学子。

二、三方同心同行，五爱共生共长

（一）"Love"体系构建，融爱育人育心

学校发现"唯爱是家长、学校、孩子三者共同的期待，更是每两者之间最有效的黏合剂"，因此为落实中小学核心素养的培养要求、提升家长家庭教育能力、提高学校满意度、促使学生健全人格实现自我的育人目标，学校以积极心理学为理论指导，坚持以"唤醒自我，助人自助"为核心理念，构建了五爱行动体系。

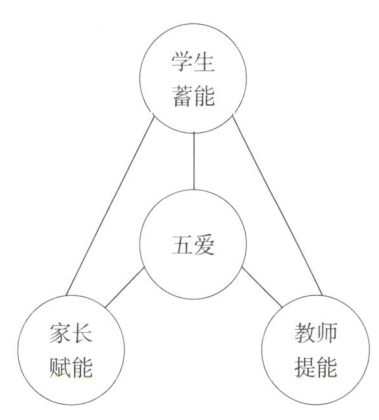

"Love"家校三维共生体系

"五爱"是学校心理辅导中心通过对家长、学生及教师的实际调查结果，提炼出的五大爱的能力，分别是：

爱的五大能力内容

倾听共情能力	善解人意理解爱
情绪管理能力	管好情绪发现爱
接纳允许能力	全然接受学会爱
合力表达能力	说出感受表达爱
示范影响能力	帮助成长示范爱

爱是对孩子进行一切良好教育的基础和前提。为了让爱成长，在体系构建过程中，学校设计了体系LOGO。LOGO（图1、图2、图3）是橙色的爱的手势，寓意肯定、接纳、尊重、平等、多元、向上生长。

"成长爱"1.0版　　"成长爱"2.0版　　"成长爱"3.0版

"Love"LOGO，象征在爱的围绕中，以提高爱的能力为目标，孩子、家长、教师共同成长。该体系从个人到家庭，再从家庭到学校、社会，让教师、学生、家长在融合中提升爱的能力。

（二）"Love"课程全覆盖，学生蓄能自爱

学校心理辅导中心结合学校实际，以《中小学心理健康教育指导纲要》为准绳，实行心育课程全覆盖，学校从2012年开始，每班每周开设一节心理健康教育课。在抓好心育课这个主阵地的同时，心理辅导中心还不断加强心理社团课和心理班会课的质量，积极促进各学科中心育内容的融合，形成了学生为爱蓄能的方式。

大丰小学"Love"学生蓄能课程安排

"爱的五大能力"提升	课程名称	主讲人	课程时间	学生"五爱"	心理健康教育内容
理解爱	心理健康教育课	专兼职心理教师	每周每班1课时	爱自己 爱学习 爱交往 爱生命 爱社会	认识自我、学会学习、情绪调节、适应环境、人际交往、活动能力、升学选择、社会角色
学会爱	心理健康教育课	专兼职心理教师			
发现爱	心理班会课	班主任	每月1次		
表达爱	心理社团课	专职心理教师	每两个年级每周1次		
示范爱	心理渗透课	科任教师	随堂		

大丰小学的心理健康特色课程

（三）"Love"行动全关注，教师提能护心

教师作为整个教育不可或缺的重要部分，一方面，学校心育工作对教师本人状态进行积极关注；另一方面，学校注重教师育人育心的专业提升。教师"Love"提能子系统，始终围绕"爱自己，爱学生"的理念开展，形成了三大类课程——"爱的成长"教师育心专题培训课、"爱上自己"教师心育社团课、"传递爱"教师课堂暖身游戏课程。其中培训课结合成都市级B、C证培训及教师需求，完成了心育知识培训全落实；社团课则是学校通过组建不同的社团，

增强团队的凝聚力和行动力；暖身游戏课程是学校心理中心为科任教师设计的心理类开课游戏集，让教师改变开课方式，活跃课堂气氛又促进心理知识的学科渗透。

（四）"Love"课程新设计，家长赋能养心

依托家长学校逐步构建了PS家长幸福力课程和525成长模式。

PS家长幸福课程525成长模式	五项能力	情绪管理力、亲子倾听力（倾听共情能力）、自我觉察力（接纳允许能力）、亲子沟通力（合力表达能力）、家校合作力（示范影响能力）
	二层内涵	内涵一：Parents&school父母学校，阐释了父母和学校的关系，明确课程的核心是父母学习共同成长 内涵二：Personal&Society阐释了个人和社会的关系，明确课程的目标是培养人格健全的社会人
	五类课程	通识课程：主题性家庭教育基本理论讲解，全体家长必修课 体验式课程：改善亲子关系的主题选修课 心理工作坊：心理辅导中心根据当下普遍问题进行家长引领 个性课程：特定家长必修课和困难家长选修课 "父范"课堂：榜样示范、职业生涯规划启蒙

PS家长幸福课程和525成长模式

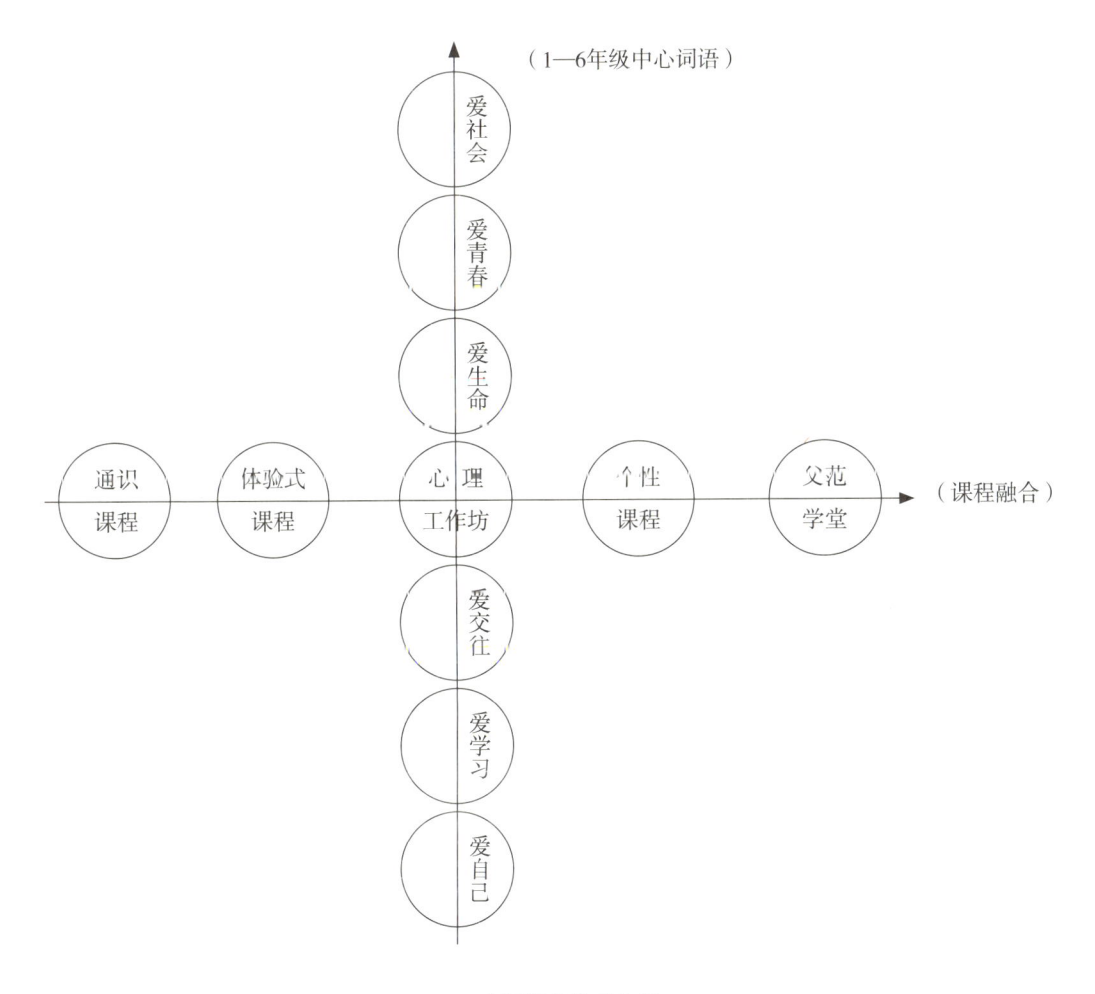

PS幸福课程整体架构

1. 通识课程：全体家长的必修课

该课程以办学理念（爱学校）、亲子沟通（理解爱）、情绪管理（发现爱）、自我认识（学会爱）、青春期教育（表达爱）、生涯规划（示范爱）为主要内容开展全校性家长培训。借助家长学校，每学期开展至少4次必修课。通识课程是学校教育理念、规章制度、教育要求的整合，是普识性家庭教育理论的宣讲，课程的开展，有效促进了家校教育联盟的建立。

2. "体验式"课堂：改善亲子关系的主题选修课

"体验式"家长课以心理团辅技术为主，围绕"爱的五大能力"，改变家长会的模式，让家长主动参与。学校把"体验式"课程实践与课题研究相结合，立足家校心育实际，不断突破，不断促进家校心育工作的特色化发展，逐步形成了体验式教师用书。2020年《体验式家长课的实践研究》区级课题顺利结题，研究报告荣获成都市心理健康教育成果一等奖，2021年课题重新出发申报省级课题已获得批准。

"体验式"家长课在区级教研活动中展示

"体验式"家长课学习菜单

"爱的五大能力"提升	课程菜单	课程地点	课程时间	主讲人	课程形式
理解爱 学会爱 发现爱 表达爱 示范爱	招聘父母	中心校区：体操房 三元校区：多功能厅	根据选课人数确定时间	新都区专兼职心理健康教师	体验式活动课
	让孩子爱上学习				体验式讲座
	沟通从心开始				体验式讲座
	怎样听孩子才会说				体验式讲座
	倾听从心开始				体验式活动课
	怎样说孩子才会听				体验式讲座
	培养高情商孩子				体验式讲座
	让孩子拥有持久的学习动力				体验式活动课
	家庭自画像				体验式活动课
	愤怒情绪处理				体验式讲座
	探寻亲密关系的沟通密码				体验式活动课
	和孩子谈谈性				体验式讲座
	孩子手机成瘾怎么办				体验式活动课
	焦虑情绪疏导				体验式活动课

3. 心理工作坊：家长自助式选修课

学校心理中心聘请专家，以工作坊的形式开展培训课程。工作坊以每班1~5人为限，家长通过自主报名参与课程，该课程主要解决了同质家长的教育困惑。2020年疫情后工作坊由学校心理辅导教师带领，每期至少开展8次。

家长心理工作坊

4. 个性化课程：特定家长必修课和困难家长选修课

该课程主要将个性访谈进行整理，逐步形成包括孩子拖延、孩子手机上瘾、焦虑情绪处理等内容的个性化课程菜单，进一步推动课程的系统化发展，该类课程还包括"1V1"帮扶及一对一心理辅导。

5. "父范"课堂：榜样示范、职业生涯规划启蒙课

立足生涯启蒙，聘请班级"父范"讲师，开展职业讲解课程深受学生喜欢。"父范"课堂于2019年开设，完成了不少于140多人次，一直坚持每个班每月1次开课。

经过实践，学校建立了家长评价机制，主要通过问卷调查、个体访谈的形式，检测家长的学习效果，再将效果与考勤作为优秀家长的评选条件。凭借优秀家长评选过程，建立家长课程的评价体系，确保课程效果。

三、"Love"成果初显，丰小育心传爱

（一）课题引领，推动学校心育特色化发展

2014年学校申报的国家基础教育实验中心"十一五"重点课题《中国学校心理健康教育行动研究》子课题《小学心理健康教育课程实效性研究》顺利结题，该课题还荣获了课题研究成果一等奖，其中有两位老师的课题案例荣获全国优质教育成果一等奖。2015年，区级课题3项，成都市级课题1项，形成了首本体验式家长课校本教材。在课题研究过程中，学校整理编制了课题问卷5个，根据课题撰写的论文参与成都市优秀成果评比荣获一等奖3篇，二等奖若干。心理教师参加区说课、赛课每年都荣获一等奖。教师论文获各级成果一、二等奖40余人次。

"父范"课堂

（二）辐射引领，推动区域心育专业化提升

近五年来，学校每年至少承办一次区级专题研讨活动，承办各类赛课观摩活动，连续三年在区德育工作会上就家校心育工作进行交流分享，学校心理健康教师还作为讲师，参加了成都市、新都区的考前辅导送教，新都区教育开放日，区内兄弟学校家长培训、学生大型心理团体辅导等活动，深受好评。学校心理教师参与撰写的论文在国家级刊物《全国中小学心理健康教育》《华夏教师》上发表，多篇心育论文在省级刊物《基础教育论坛》、区级刊物《新都教育》上发表。学校心理教师获评成都市优秀青年教师。

学校成功申创为全国普法教育先进单位、全国安全教育示范校、全国红领巾示范校、四川省文明校园、成都市心理健康教育实验校、成都市流动儿童和农村留守儿童健康关爱示范学校、成都市继续教育优秀学校、成都市家庭教育示范学校、成都市心理健康教育特色校。

建构多元心育课程　成长幸福实小学子

◇ 成都市双流区实验小学

成都市双流区实验小学（简称"双流实小"）从1936年办学至今，学校以"一个都不能少"的办学理念引领发展，建构了以"尊重差异，让每一个生命都绽放异彩"的核心价值文化体系，明确了"让每一个孩子如花儿般尽情绽放"的发展愿景。努力追求全员、全程、全面、差异、和谐的个体发展。在促进学生全面发展和建设幸福校园的实践过程中，学校深知心理健康教育越来越重要。为了成就幸福学生，学校从课程建设、家校协同、职业体验、资源整合角度来促进心理健康教育的发展。

一、课程建设，点面结合

成都市双流区实验小学将心理健康教育课程纳入学校五年发展规划，从学校发展的角度将心育工作深入教育教学的各个环节。在心育理论支撑层面，学校开展多元化的教师培训体系，借助四川大学应用心理与心理健康教育研究所陈智教授的理论支撑，为学校心育骨干教师开展专题培训，提升骨干教师的心理健康教育理论水平。在提升骨干教师的理论水平的同时，为全校教师开展有针对性的心理讲座，主要围绕教师的专业发展、特质学生教育、教育教学过程中遇到的问题开展针对性的专家讲座。

成都市双流实小心理健康教育专题培训

在学生心理健康教育层面，学校坚持"点面结合、面向全体、针对特质、个体咨询"的原则，将溢真楼三楼作为学校的心育中心，成立心育教研组，由学校杨伟老师担任组长，6名教师共同参与心理活动的设计、研讨、学生心理辅导、教师团辅活动、家长心育交流等活动。心育教研组开发、设计出适合各个学段的心理健康教育课程实施方案，由专兼职心育教师、班主任老师负责课程的实施。对于个别特质学生，建立档案制度，并由陈智教授对有需求的家长做个体心理咨询。心理健康教育课程体系的建设兼顾群体与个体的需求，从学校课程层面服务学生、家长、家庭，多角度、全方位地为学生的心理健康保驾护航。

二、家校协同，共育成长

父母是孩子的第一任教师，儿童心理健康的发展需要家长给予密切的配合。很多家长认识到自己在子女教育过程中的重要性，但苦于缺乏科学的教养方式，因此家长在子女教育过程中存在的困难和疑惑就得不到有效的解决。针对这个问题，学校建立了"家庭教育指导与服务中心"，坚持"建设融洽、和谐、生态的家校社共育环境"的发展愿景，将该中心打造为促进学校与家长，家长与学生之间的亲密联系与融洽沟通的场所。

学校聘请家长义工、校本学科专家、专家指导团（四川大学陈智教授、全国家庭教育高级指导师肖汉英、成都源果果教育曾苏尧）作为中心的导师为家长咨询提供支持。每周周三下午为"中心"集中指导时间，利用主题讲座、现场答疑等形式开展活动。为家长在子女身心发展教育方面答疑解惑，这一举措解决了大部分家长在子女教育、子女心理健康发展方面的困惑。

对于有特殊需求的家长，开设专家咨询通道，按照"预约—评估—咨询—反馈"的工作流程为家长提供一对一的家长咨询，按照"灵活+固定"的咨询时间为家长安排咨询时间，学校"心语小屋"每周周一到周五定时开放，有专职心理健康老师为来访者提供帮助。对于咨询师的设定，采用"校本+专家"的组合方式，在对预约的来访者中进行合理的评估后，学校的专职心理健康教师分担常规的家长咨询，需求较高的来访者，将由更高一级的专家进行咨询，按照每月一次的集中咨询时间，聘请四川大学的专家对来访者进行咨询。

成都市双流实小家庭教育指导与服务中心

一对一家长咨询

家庭教育专题讲座

三、职业体验，未来添彩

立足当下，放眼未来，学校不仅对灯光课堂进行了调整，还拓展了阳光课堂，依托2014年度四川省教育科研资助项目《"小学校，大社区"有效运行的实践研究》的课题研究，利用"小学校，大社区"这个学生自我管理的组织，为孩子们找到了更多校外的活动场地，让孩子们走出学校，走进社会，开阔视野，培养阳光心理。分别开设："小主人"体验课程、角色体验实践课程、主题活动课程等多种课程类型。学校每年"六一"儿童节开设的"跳蚤市场"，学生和老师一起成为本班的负责人，组织、策划、落实具体工作，是市场上的买方和卖方，还体验了多种角色——收银员、宣传员、城管、收税员、清洁工、小记者、播音员、模特、小警察……不仅仅是校内的职业体验活动，还有常态性开展的"小交警"活动，让学生轮流走上街头，和交警一起指挥交通、宣传交通规则、劝导路人、帮助有需要的人。"小农夫"活动，让学生走进田野，种植庄稼、喂养动物、体验农活。每届五年级学生都会"走进军营"，参加为期一周的社会实践活动，学习内务整理、训练军姿、开展拓展活动等。阳光课程的构建，使得学生的生命拥有了自由舒展的空间。并将成都市"新三生"教育落实到校本活动中来，在活动中体会生活、体悟生命、体验生涯。

四、资源整合，多元支撑

学校心育工作需要利用校外教育资源作为补充，学校与成都源果果教育合作开展心育项目，为有需求的学生提供个体咨询和团体辅导。利用学校微信公众号推送心理健康相关科普知识，例如在2020年居家学习期间，学校每周一次为学生和家长推送情绪调适、生活适应、学习方法等有关内容，为学生度过特殊时期提供强大的心理支撑。合理转介是保障心理咨询和治疗有效性的重要措施，学校设置转介制度，在突发心理危机时，双流区人民医院为个案转介提供绿色通道。

学校将心理健康教育与学校的各项发展相结合，高度重视心理健康教育工作，成立由祝波校长任组长的领导小组牵头心理健康教育工作，在制度、师资、培训、经费、场地等方面狠抓落实，注重心理健康教育在学科教学、德育活动等学校常规工作中的渗透。对于硬件的建设，学校为心理健康工作提供人财物的保障，配备专门的心理咨询室、团辅室、心语小屋、学生体验活动室、教师心理体验活

学生职业体验活动

动室。学校将溢真楼三楼作为学校的心理健康中心，先后完善了《双流区实验小学心理健康教育工作制度》《心理教师保密制度》等。学校采取"全员培训，人人参与"，截至2020年，全校教职员工均参加了成都市心理辅导资格C证培训，并全部通过考试获得资格证书。同时，从2012年开始，学校每期都选送老师参加成都市心理B证培训，目前学校已经有73名教师参加了心理辅导B证培训并取得资格，另有3名教师（王冬艳、李小梅、王晨园）取得了三级心理咨询师资格。从心育的师资上来说，基本保证了学校心理健康教育的需求。在课程建设上，以学校心理健康教育团队为主要核心力量，开发适合低段、中段、高段的心理健康教育课程体系，逐步建立了心育课程资源包，心理活动课的教学设计、课件、教学具等进行逐步的更新和补充，确保班主任老师可以利用"资源包"上好心理健康课。在与社会力量的合作上，四川大学陈智教授团队在2020年度开展5次心育骨干教师培训，2次全校心理健康讲座，30余人次的家长个体咨询。

成都市双流区实验小学是一所朝气蓬勃的学校，学校将继续秉承"育心育人"的原则努力追求全员、全程、全面、差异、和谐的个体发展，成就幸福学生。我们坚信，开放灯光课堂，拓展阳光课程，孩子们的笑容与自信将不断滋长。我们深信：在双流实小的大花园里，每一朵花儿终将绽放！

心晴相约　向美而行

◇ 四川省彭州市延秀小学

四川省彭州市延秀小学（简称"延秀小学"）始创于1910年，迄今有110年的历史。学校分为总部和里仁两个校区，总占地面积120余亩，堪称目前成都市面积最大的小学。现有教学班112个，学生5600余人，在岗教职工296人。学校推行扬长教育，实践"育名师、树名人、办名校"策略，"踏实、朴实、扎实、真实"的办学传统和"春华秋实"的校园精神文化，营造了良好的育人氛围，构建了和谐教育生态，聚合推进事业发展强大动力，学校连年被评为"彭州市教育质量先进单位"，先后荣获"全国特色育人成功学校""全国读书育人特色学校""全国优秀家长学校""全国青少年文明基地""四川省艺术教育特色学校""成都市阳光体育示范学校""成都市心理健康教育特色学校"等国家、省、市级荣誉称号200多项。

在党的十八大、十九大精神指引下，延秀小学以习近平新时代中国特色社会主义思想为指导，坚持立德树人的办学思想，扎实推进以"阳光教育"为特色的心理健康教育，努力营造"家校同向共创快乐生活环境"的阳光教育氛围，学生阳光自信，教师健康豁达，校园和顺和谐，班风校风、校容校貌持续向好，教育教学取得了可喜的成绩。

一、心晴相约，自信向美而行

"心晴相约　向美而行"是彭州市延秀小学的心育理念。"晴"的本义是指雨止云散，与"太阳""阳光"有关，引申开去"晴"也比喻泪水停止或泪干。"心晴相约"简单说就是"心育工作"是心灵与心灵的相约、相遇，促进彼此"内在晴朗明亮、内心和谐健康"；"羊""大"两字构成"美"，羊大，生命力旺盛。"向美而行"是一个过程，我们先是发现自身之美，然后是发现欣赏他人之美，再到相互欣赏赞美，最后达到一致与融合，正契合了费孝通先生主张的"各美其美，美人之美，美美与共，天下大同"之意。

二、三级预防，维持健康生态

延秀小学心理健康教育领导小组组长是周伟校长，副组长是高雪霞副校长和陈莉总辅导员，成员有龚泽玉、王瑛、汪小波、刘锐、王发碧、吴丹老师以及各班班主任。学校、家庭、社会努力创设有利于师生心理健康所需要的物质环境、人际环境、心理环境，始终维持健康生态环境。

（一）初级预防面向"一般学生"

1. 课程意识更重要

学校始终持之以恒开展班级心理辅导活动，心理班会课、心理健康活动课以及渗入了心理健康教育的少先队活动，校内外体育、艺术、兴趣等。教师提供更多的分享机会，让每一个参与活动的学生能充分表达自己的体验和收获，开发心理活动课程，心理班会课程，上研讨课、竞赛课，然后推广成常规课。

专职心理老师龚泽玉上常态示范课　　　　　　吴丹老师上常规心理活动课

延秀小学专兼职心理教师参加成都市心理健康赛课一览表

时间	姓名	课题	类别	奖项
2011	龚泽玉	同伴支持	人际交往辅导	成都市一等奖
2012	汪小波	学习有益思维　积极面对生活	认知行为辅导	成都市二等奖
2013	何艳	我想有个好心情	情绪辅导	成都市二等奖
2014	龚泽玉	你是我们的记忆小能手	学习心理辅导	成都市三等奖
2014	刘锐	你是我的眼	班级凝聚力团辅	成都市二等奖
2016	龚泽玉	我的第一幅生涯彩虹图	生涯辅导	成都市二等奖
2020	龚泽玉	我的周末披萨图	生命.生活.生涯	成都市一等奖

2. 在学科教学中渗透

许多学科在其课程标准和教学目标中明确提出了与心理健康教育相似的目标，例如，语文课程应培养学生热爱祖国的思想感情，在培养语文综合素养的同时发展健康的个性，形成健全的人格。在学科教学工作当中渗透心理健康教育，能帮助学生增强学习中的智力与非智力因素的投入水平与效果。学校班主任及各学科的教师积极撰写相关心理健康教育案例报告或者学术论文并获奖。比如，2020年的成果数量是7篇，江登捷老师的《新冠肺炎疫情下，儿童居家学习心理健康教育策略——诗画语文给孩子一束光亮》，韩丹老师的《疫情期间语文教学中心理健康教育的渗透初探》均获得成都市二等奖。

（二）次级预防面向"高关怀学生"

1. 全体教师实施个别化教育

全体教师实施个别化教育，特别是班主任积极留意学生在学习生活中是否出现突发事件，及时给情绪有困扰的学生进行疏导，纠正不良行为。全校各班开设了"悄悄话"信箱，班主任积极建立困难学生的心理档案，做好个案研究。为拓宽延秀学子倾诉困惑的渠道，学校心理健康教育中心拟开通线下"心灵树洞"，延延和秀秀们可自愿投递信件，如果是匿名的来信，学校心理健康中心会根据情况做出一些公开的答复。如果是有联系方式的私信，学校心理健康中心会根据具体情况给予回信，或者开展相关的个体辅导或者团体辅导。

2. 专职心理教师做好个别辅导

学校心理健康教育中心是次级预防的主阵地，中心坚持定期开放，专人值班，每周开放接待时间不少于10小时，学生可以通过班主任、家长帮忙预约或者自己主动预约（上门或来信、来电等方式）与专职心理教师联系，由专职心理教师进行评估，评估之后决定进行个别心理辅导或转介。

学校合作	学生	个别辅导
父母工作		转介

延秀小学"系统化辅导方案"模式图

3. 专兼职心理教师做好团体辅导

2020年复学后，学校心理健康教育中心的创新做法是：邀请了彭州教育系统具有胜任力的同行比如贾颖杰、扬升蓉、代文渊为学生做公益的个别心理辅导。我们的创新做法还有，聚集校内外力量将延秀小学的校本课程"学习习惯训练营"进行丰富和完善，在实施过程中获得了学生、家长、校内外同行、专业团队领导们的赞誉。我们在上学期带了两次大团体，每次活动服务的是全班同学；下学期龚泽玉、张玉、周媛媛每人带8人小组，每周二的中午1：00 1：50进行，持续了6次。"课前研讨+课程实施+课后研讨"这种教研模式值得持续下去。

学习习惯训练营之"兴趣船启航"　　　　学习习惯训练营之团体活动

4. 资源教室持续服务特教儿童

王发碧老师坚持充分利用资源教室的功能，让正常儿童和特教儿童共同娱乐，玩耍，动脑筋拼图等，有助于特教学生心理健康发展。每学期她至少对学生做30人次个体辅导。

5. "网络热线"为高关怀学生及家长服务

充分利用微信、QQ等新媒体加强学校的心理健康教育工作宣传，向广大师生和家长公布"彭州市中小学心理咨询网络热线"，方便关怀学生及家长求助。

（三）三级预防面向"高危学生"

延秀小学心理健康教育中心有"危机干预"的相关预案，如果发现重点高危学生学校会及时实施干预、转介，进行针对性的援助与干预，减少心理危机对个体、家庭和学校的影响。学校还可以利用的区域内心理危机干预资源包括：彭州市心理咨询专家团队以及成都市、四川省的心理危机干预专业团队，学校还应该积极与当地专业卫生服务机构建立畅通的双向转介通道。

三、师资队伍德才兼备

学校心理健康教育团队爱岗敬业、乐于奉献。疫情期间，心理健康教育中心的龚泽玉、王瑛、王发碧老师参与"彭州市中小学抗疫心理支持网络热线"值班工作。另外，龚泽玉同志被聘为成都市中级人民法院心理咨询专家。目前，龚泽玉、王瑛都是注册系统心理师，全校有30多位B证辅导员，学校班主任基本实现C证全员覆盖。

百年的浸润滋养，百年的教育求索，延秀校园生机勃勃，延秀师生代代延秀。

家人同心　特殊陪伴

◇ 四川省成都市第五十二中学

四川省成都市第五十二中学（简称"五十二中"）是成都市唯一一所初中生的专门教育学校，所招收多为有不良行为的学生。学校秉承"人文关怀，创美创新"的办学理念，以"心育"纠偏，以"心育"补差，以"心育"塑行，实现"心育"育人。学校自2003年成立心理健康服务中心，18年的坚守，学校心理健康教育经历了自主发展—创新发展—特色发展的三个阶段，逐步建立了"行政指导·专业引领·全员参与"的心理健康教育工作体系，形成了"四为"支持"家""人"共育的心育模式。

四川省成都市五十二中承办成都市5·25心理健康教育活动现场

一、"家""人"共育是助推学校发展的引擎

特别的学生决定了心理健康教育在学校的特殊作用和重要地位。心理健康教育是专门学校最重要的教育资源，"四为"支持"家""人"共育心育模式是推动学校优质特色发展的重要引擎。

心育模式之"家"，是指家庭。每一个问题孩子的背后都有一个家庭教育存在问题的家庭。挽救孩子的同时，必须教育孩子的父母链接上断裂的亲情纽带，让学生回归家庭，就是找到了治愈孩子心灵的良方。在学校营造"家庭式"育人文化和环境氛围，让学生体会"家"的温暖舒适，同时指导学生原生家庭重构科学的家庭育人环境和文化。

心育模式之"人"，强调学生是鲜活的生命个体，是发展中的人。强调"人"就是强调辩证看待学生身上存在"问题"，同时抓住学校学生心理发展方面存在的突出问题——人际关系紧张或者障碍。学校的"心育"工作重心是从认识生命本真的存在开始，让学生在不断纠错中形成良性的人际互动，重塑人际模式。

心育模式的"四为"，是班级老师"为"基石；专职心理教师"为"骨干；心理专家"为"支撑；个案研究帮扶"为"突破。在学校人人都是班主任，个个都是心理教师，都担负着培养学生健全人格，促进学生健康发展的责任。五十二中人将心理学的理论和方法与学校教育工作密切结合起来，做好学生行为问题和心理问题的矫正，以及健康心理品质的培育工作，实现了"人人都是助人者，处处都是健康地"。中国教育报以"走进学生心灵世界"为题报道了学校心理健康教育成效。中央电视台（CCTV-12）《心理访谈》栏目多次到校追踪采访，解密学校心理健康教育的成功之路。

五十二中法治场馆内的模拟法庭　　中央电视台《心理访谈》对学校心理健康工作专题报道

二、育心先育己是加速教师成长的关键

（一）育心先育己，专业乐成长

矫治学生行为、抚慰学生心灵、帮助其回归正途是一场持久战。要打赢这场持久战，教师的心理素养、专业成长是关键。我们坚信只有健康快乐的教师才能培养出健康快乐的学生，心育先育己。学校实施"人人都是心理健康工作者"计划，开拓渠道、搭建平台，帮助教师实现心理健康专业成长。全校现有35名教师，有国家三级心理咨询师2人，二级心理咨询师3人；27人取得成都市心理辅导员C级证书；16人取得成都市心理辅导员B级证书；专职心理教师向虹完成成都市学校心理辅导员A证培训，霍笑咏老师通过选拔参加第二轮成都市学校心理辅导员A证培训。

（二）春风化雨，心育润无声

学校以感恩为主题，以"家"为载体，将心育渗透到学校教育生活的全过程全方位。所有老师都是心理健康工作的一线参与者和受益者，教师在教育教学中感受、运用心理健康教育理念，将心理的正能量传递，温暖着学生。孩子们赞誉：老师的微笑是校园里最美的花。

学校心理中心每月一次的"园艺插花"沙龙、糕点烘焙分享、即兴表演艺术工作坊等丰富活动，都是老师们的最爱，在交流分享中悦己助人，快乐成长。近五年，又有32人次在成都市心理健康教育科研论文评选中获一、二等奖。2019年在全国专门学校年会上，周文静老师以《学生心理问题的解决途径——个案诊疗》为题作专题报告，得到国内同行的一致肯定。

三、常情陪伴是助力学生成长的简洁良方

（一）陪伴成长，以心育心

陪伴成长是学校最独特的育人方法。以班主任为核心的班级教师值班集体，具有多重身份，他们是老师、是父母、是朋友、是玩伴……是"家"人，更胜似"家"人，24小时与学生一起生活，与学生沟通、批改学生心灵日记、记录学生成长过程，多角度、全方位、全心关注所有学生的心理健康发展。教师的言行是最真实、最有力的教育。"过去的老师也苦口婆心地讲，但他只是给我谈话，我可以假装听，却什么也听不进去。在这里不一样，一天24小时，除去睡觉8小时，老师都和我们在一起。有老师整天都和我在一起，假装听行不通了。渐渐地，通过看和听也就懂了一些道理，想清楚了一些事。"

五十二中"向美而生"主题心理园艺活动

（二）"眼中有人"，静待花开

以心理健康教育为指导的教育转化是学校育人工作的重要组成，必须做到心中有人，眼中见人。学生的问题是发展过程中出现问题，只有在破中立，在促进其健康成长中解决。学校心理健康专职教师包班蹲点，参与班级管理，与班主任和班级老师结成同盟军，将心理学的理论和技术渗入班级管理全过程。在班级住宿生活中重塑"家"的依恋模式；在学生日记批改中应用积极心理学原理"关注学生闪光点"。从学生进入学校的第一个地点"招生办"开始、到学生上课的教室、寝室，以及学校的特色课堂——书法、绘画、陶艺、蜀绣……所有的环境中都有积极心理学的元素给予暗示和鼓励。

学校将"好的关系就是好的教育"的成功实践经验，以家庭团体辅导、家长学校等方式向学生的原生家庭延伸。我们淡化"问题学生来自问题家庭"的传统观点，将学生、家长团结在一起，聚焦"问题本身"，减轻家长的羞耻感和抵触情绪，很好地促进了学生和家长亲子关系的修复。2020年新冠疫情，这对好动贪玩的学生是极大的冲击。针对家长的焦虑，学校心理中心对全校209个家庭进行了问卷调查，组织召开4次线上家长会，指导调适亲子关系，从2020年2月14日起，要求学生和家长配合，在班级群接龙报平安。策划"'宅'在家里'奇'乐无穷"手工创意大赛等系列和"防控疫情、和谐家庭"主题心理健康教育活动。合力共渡难关，疫情宅家期间，没有学生因亲子冲突而影响在家学习；全体学

五十二中师生共同耕作家庭开心农场

生按时返校；返校后的全校学生心理满意度调查中，传统的亲子冲突也不是困扰学生的最大原因；返校至今未发生学生心理危机事件。

四、家人同"心"是落实育心工作实效的保障

学校根据《成都市中小学心理健康教育发展规划（2019-2022）》的要求，编制学校心理教育中心"十四五"发展规划，将心理健康教育作为落实"立德树人"根本任务的重要途径，做优做强"四为"支持"家""人"共育品牌，以"心育"助五育，探索适合学校学生发展的"心理+学科""心理+活动"等"心理+"融合模式，打破学科壁垒，研究跨学科合作路径，建立多元化心理健康教育课程系统，探索实施更具操作性的真方法，让心理健康教育为学生问题行为的矫治和良好心理素养的培养保驾护航。进一步关注教师的心理健康问题，帮助学校构建教师心理健康关护机制，让教师实现专业成长，体会职业的幸福。通过三级家委会、家长学校、家长课程等途径，面向家长宣传普及心理健康知识，引导家长对孩子合理预期，促进家长形成科学家教观，优化家庭教育方式，改善亲子关系，关注重大家庭生活事件对学生心理的影响，优化家校共育，建设和谐家庭。

"灯塔"守护之毕业学生回校教老师插花活动

以生为本　以心拓能　融合发展

◇ 成都市特殊教育学校

　　成都市特殊教育学校创建于1922年，是四川省历史最悠久、规模最大、师资力量最雄厚的综合性特殊教育学校，主要从事对视力障碍、听力障碍、智力障碍三类残障学生的教育培养工作，涵盖学前教育、义务教育、普通高中和中职教育。学校秉持"铸造健全人格，练就生存技能，融入和谐社会"的办学思想，全面推进素质教育，为残障学生提供优质教育和服务，着力培养身心健康、意志坚定、兴趣广泛、有一技之长、能自食其力、残而有为的合格人才。

　　学校领导对心理健康教育高度重视，学校师资力量雄厚、场地功能齐全、心育制度完善，2009年被评为"成都市心理健康教育实验学校"，2016年被评为"成都市心理健康教育特色学校"。

　　学校现有在读学生共400余名，专职心理健康教育教师2人，兼职心理健康教育教师4人，其中国家二级心理咨询师2人，三级心理咨询师4人，成都市A级心理辅导员2人。全校班主任中，B级心理辅导员超80%，C级心理辅导员100%。学校以专职心理教师为核心，以班主任和兼职心理教师为骨干，全体教职工共同参与的心理健康教育工作，通力协作，实现全员育心。

　　学校心理健康教育在坚持"阳光心育"的基础上，进一步结合三类残障学生身心发展的特点和需求，从积极心理学的视角出发，将表达性艺术疗法、园艺疗法、叙事疗法等心育技术与缺陷补偿等教育康复理念有机结合，探索更适合特殊学生的心育途径，以培养其积极心理品质，挖掘其心理潜能，促进其顺利融入社会。

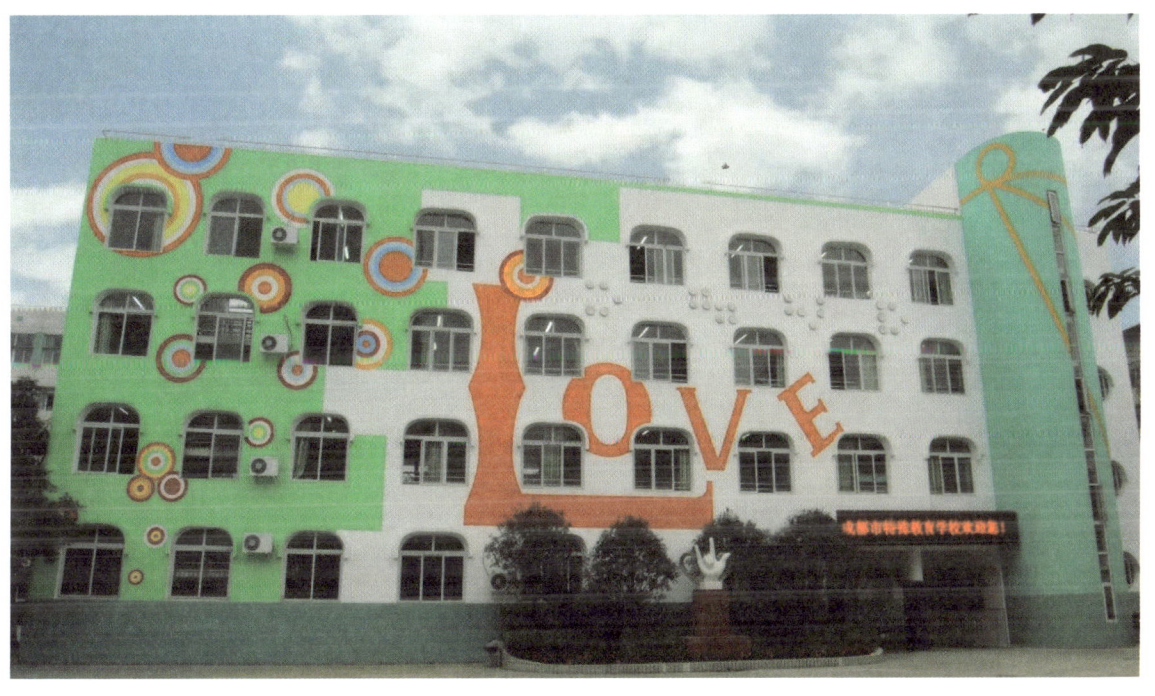

成都市特殊教育学校校园风貌

一、聚焦"特点"，优化课程

针对不同类型的残障学生身心发展的特点和需求，以表达性艺术疗法与教育康复理念为理论指导，进一步优化学校心育特色课程。

心理健康教育教研组将表达性艺术疗法的多元性、隐秘性、趣味性与残障学生的认知方式、情感需求、行为特征等身心特点相结合，以"缺陷补偿"的教育康复理念与"在体验中发展"为指导思想，将残障学生的感官体验作为主要途径，关注活动过程及情感体验，开发出能促使其积极参与、充分体验、乐于分享的系列心育活动课程，例如：触摸心声的植物拼贴活动课、共谱和谐的乐曲弹唱活动课、以画见心的心灵涂鸦活动课、回归内在的音乐冥想活动课、自我疗愈的剧本创作活动课等。

学校将心理健康教育纳入课程教学计划，从小学四年级至高中，每周1节心育课，课程内容涵盖从自我意识、情绪管理、人际交往、学习心理、意志品质培养、生命教育、生涯规划等主题。学校根据教育部颁布的《中小学心理健康教育指导纲要》精神，从视障学生心理需求出发，以积极心理学核心理念为理论依据，选取学生学习和生活的真实故事为素材，将盲校老师们的经验、同学们的体验及感悟进行整合，编写的校本课程集《心灵之旅——盲校初中心理健康教育》正式出版，并获得成都市中学心理健康教育校本特色课程一等奖。

校本特色课程《心灵之旅》

各类残障学生在体验式心育活动课中，利用潜能感官，积极地参与各个活动环节，充分地体验各种活动过程，也敢于用自己的方式分享感悟和收获，有效地唤醒了残障学生内在的积极潜能与力量，激发了残障学生的生命活力，进而有效促进其心理品质的提升。

二、以心拓能，扬长避短

（一）个辅抚心

学校个体心理辅导的途径分为面谈辅导与网络咨询，主要由学生提前预约或由班级心扉联系转介，引导学生学会应对因家庭、学业、情感、人际等方面引发的心理困惑。

（二）社团连心

通过创建"心灵之旅"学生心理社团，间周开展不同主题的团体心理辅导和心理健康教育活动，定期培训心理互助委员，每学期出版两期心理小报，还负责校园广播、学校微信公众号的推送，向全校师生传播心理健康知识。学校心理小报《心灵之旅》两次获得成都市中小学心理健康优秀成果评选一等奖。

学生心理社团成立十周年纪念

（三）活动塑心

学校每年举办一次"5·25"心理健康主题活动周。学校通过组织学生创作和表演心理剧、绘本剧，演讲心理故事、绘制心理手抄报，参与心理游戏等方式，宣传心理健康知识，培养学生积极的心理品质，提升学生心理素质。

《心灵之旅》心理小报

（四）培训凝心

学校每学期为专兼职心理教师、班主任以及对心理健康教育感兴趣的教师开展"特教沙龙"活动，提升其心理理论技术的同时促进教师身心和谐；定期举办家长成长训练营、家长主题体验课等活动，向家长传授心理知识，提高其家庭教育能力的同时帮助其调节不良情绪；组织以生活教导员为主的后勤服务人员开展系列心理教育讲座，让生活老师了解残障学生的身心特点，为学生成长助力。由此形成校内外的合力，共同凝聚心育力量。

（五）科教研心

学校在心理健康教育方面的课题研究从未间断，坚持问题即课题，行动即研究，成长即成果的科研思路，心理健康教育组教师通过教研活动、科研项目，对特殊教育对象的心理发展进行了深入研究，一系列的科学成果有效地指导了教育教学实践，促使学校心育发生了深刻的变化。

三、创新活动，融合发展

学校心育以学生的现实生活为原型，在学生认知经验的基础上，充分发挥其优势潜能，创新开展"团体参与体验训练"活动，拓展学生融入和谐社会所需的积极心理品质与适应能力。

（一）叙事视角编写心理剧本

通过同质性分组，心理社团召集有相同心理困惑的学生一起分享自身经历，共同探讨解决方案，并以此作为创作素材，重构自己的生命故事，共同创编心理剧本。

（二）艺术表达创新活动形式

除了借鉴传统的校园心理剧的表演形式外，视障学生用声音和音乐演绎心灵成长广播剧，听障学生用手语和绘画展示成长蜕变绘本剧，心智障碍学生用肢体和表情模仿生活情景剧。

目前，学校已创编演出多个校园心理剧本，学生们在创编、表演、观看校园心理剧的过程中，发现问题本质，明确症结所在，找到解决方法，培养了学生积极心理品质，拓展了学生的人际交往、团队协作、语言表达、阅读写作、音乐创作等多元智能。其中原创校园心理剧《黑暗中的梦之光》获得成都市第三届中小学校园心理剧评选活动一等奖，并代表优秀获奖作品展演，搜狐视频进行了现场直播，《时代教育》《教育导报》进行了专题报道，获得专家、同行和师生一致好评；原创校园心理剧《一缕阳光》获得成都市第四届中小学校园心理剧评选活动一等奖；心灵成长广播剧《岁月是一场有"趣"无回的旅行》、成长蜕变绘本剧《维维变形记》均在省级心育杂志上刊载。

《黑暗中的梦之光》荣获成都市第三届中小学校园心理剧一等奖

心理健康教育既是一门科学，也是一门艺术，而了解并满足学生们的"特点"是关键，这也是特校心育工作的"特色和亮点"。因为他们不仅仅只有"看不见"或"听不见"这个"特点"，他们的其他感官更是"亮点"。我们将更加关注学生本身拥有的更加广阔的"感受空间"，探索更加符合他们身心特点和需求的教育教学方式，发掘学生更多的"亮点"，以心拓能，点燃特殊教育的融合梦想！

构建德育"心"模式 培育建筑好工匠

◇ 成都市建筑职业中专校

成都市建筑职业中专校（简称"建筑职中"）是一所省级重点职业学校，树立"文化立校、文化育人、育人先育心"的办学思想，"建设人生、筑梦天下"的办学理念和"雕梁画栋"的学校精神（校训），高度关注中职学生的心理健康教育，着眼学生积极的未来人生建设。从学校文化建设的高度实施学校德育改革，提出了中职德育教育的新模式——德育"心"模式，即把德育与心理健康教育有机结合，把社会规范、品德养成、人生价值观教育同积极心理素质培养结合，实现以"心"促"德"，以"德"育"心"的多重效益，创建了学校"心灵建筑"的教育品牌。

成都市建筑职业中专校校园风貌

一、结合职教特色 制定育人目标

立德树人，把学生培养成为爱党爱国、拥有梦想、遵纪守法，具有良好道德品质和文明行为习惯的社会主义合格公民；成为敬业爱岗、诚信友善、具有社会责任感，有创新精神和实践能力的高素质劳动者和技术技能人才，成为新时代中国特色社会主义事业德智体美劳全面发展的合格建设者和可靠接班人。

（一）树立自信，唤醒潜能

根据中职学生生理、心理发展特点和规律，运用心理健康教育的知识理论和方法技能，提高全体学生的心理素质，充分开发学生的心理潜能，培养学生积极向上，开朗乐观的心理品质，促进学生身心全面和谐可持续发展。

（二）疏导心理，健全人格

学校关注中职生的心理需要，并按照其心理发展的规律去培养他们积极的心理品质，即把中职学校的德育置于学生人生价值观教育和人文素养教育的框架下，通过了解他们的心理需要、满足他们的心理发展需要，进而激发他们对生活的热爱，重塑他们的人生目标和自信心这样一个持续的心灵建设过程。

二、建设心育课程，实施"心"模式

学校在"建心文化"框架下构建"德育心模式"：通过专家引领、不断完善课程设计，规范课程方案，构建出独具特色的中职学校学生人文素养教育和德育特色课程体系，推进学生"六心"培育工程，做到人文素养教育课程化，即以心理健康教育为路径的人文素养特色教育模式。以"校园心理剧"、两个特色学堂"儒雅男子学堂""淑雅女子学堂"和"社团活动"为教育载体，系统构建德育课程体系，实施以全面提升学生心理素质为目的的心理健康教育。

建筑职中"建心"文化课程框架

三、聚焦心灵成长，推开"心"之门

（一）校园心理剧——"心理干预"艺术化

学校遵循德育活动特色化的思路，从中职生心理发展需要的实际出发，开始在学校实施了以校园心理剧为特色的学校心理健康教育实践活动。校园心理剧，就是利用舞台艺术创设的生活情境，通过行为表达的方法与技术，重现生活情境中的心理活动与冲突，促进当事人、参与者认知领悟、情绪表达和行为改变的一种表达性心理干预活动。

近十年间，学校相继举办了六次心理剧现场会，设计了以"抚慰心灵""感恩心灵""激荡心灵"为主题的心灵成长系列和以"选择人生""建设人生""幸福人生"为主题的人生系列教育活动，师生共同创编、排练和演出了8个短剧，4个长剧，共12个剧本。目前正在准备"职业系列"之"我看职业——职业信念"的校园心理剧。

校园心理剧强调让学生从自我的视角对发生在自己身边的事情进行编演。通过学生自主创作、编导、排演、互动的过程，突显学生的心理问题，进而寻求解决问题的方式和方法。校园心理剧，创新了学校心理健康教育模式，开辟了另一条学生健康成长的阳光路径。

1. 在自编自导中重新认识自我

学校鼓励学生把自己的故事以及发生在自己身边的故事写出来。一次校园心理剧的编导演过程，就是学生自觉反思自我心理健康状况、自行接受心理健康教育的重要过程。

2. 在角色扮演中宣泄不良情绪

参加者通过角色扮演，可以从中体验到一些以前没有意识到的情感和态度，这些发生在学生自己身上的故事，使得演员更有切身感受，在演出时达到了真情流露的境界。学生在表演过程中达到了宣泄情绪、减轻压力、明辨是非的效果。

3. 在互动分享中产生情感共鸣

校园心理剧不仅仅要让编演者受益，还要让观看的人受益。学校充分发挥校园心理剧的共享功能，让全校师生共同分享心理剧，让更多的人获得启发和教育。台上台下都是舞台，学生不仅需要走进自己的心灵去感受自己、认识自己，更需要走进他人的心灵，去认识他人、共情他人、理解他人。

4. 在共同参与中畅通沟通渠道

父母对孩子心理品质的影响是不可替代的。在心理剧实践过程中，我们适当地让家长参与其中，互动交流、引发反思。通过校园心理剧这种生动形象的形式打动家长的心灵，促使他们关注孩子的心理发展，调整自己的教育观念和行为，为孩子营造和谐的成长环境。

5. 在编导演中提升艺术修养

建筑职中原创校园心理剧被央视报导

学校的校园心理剧是一个包含文学、表演、背景音乐、歌曲、舞蹈、心理技术等综合艺术表现形式的整合场，拥有强大的艺术魅力，因此效果也非常突出。艺术形式潜移默化地熏陶浸润学生的心灵，修正学生的品行，让学生分辨是非美丑，并择善而从之，达到行美心美的目的，收到了理想的教育效果。

（二）心理班会——心理建设常规化

通过实施教师心理健康教育能力的培训来提高教师的心灵管理和建设能力，通过心理班会课来促进心灵管理与建设的常规化。每月开展一次读书活动和教师沙龙活动，围绕"心灵管理和建设"这一目标，如"赏识，方能走进学生的心灵""面对早恋，我们怎么办？""掌握学生心理，增强班级凝聚力""心理班会课之我见"等问题自由地讨论交流。在心理班会课，主题活动的开展中，学生真实的表达自己的想法，思想品德向积极方向发展。

（三）个体辅导——心灵呵护个性化

学校设立了个体心理辅导室，为学生提供及时的心理健康服务。学校配齐配足了心理专业辅导教师，专门针对学生在成长和发展中出现的心理困惑、情绪波动、人际交往以及升学就业等问题进行分类指导。学校定期和不定期地开展团体心理辅导活动，同时对个案进行跟踪，及时消除轻微的心理障碍，心理问题严重的学生则转介到有关部门及时处理和治疗。

（四）社团活动——心灵成长多样化

中职生的特点是文化课程学习困难，但他们有强烈的自我表现欲，渴望展示自己。学校在"游艺修文"的课程文化指导下，先后成立了文学社、巧手坊、心理社、魔术社、跆拳道社、合唱团、双节棍、吉他弹唱、快板说唱、古筝社等10多个社团。其中微韵社团、筑梦舞蹈社团、生态教育"秘密花园"社团荣获成都市职业学校最强社团奖。根据男生、女生不同的生理、心理特点，建设了"淑雅女子学堂""儒雅男子学堂"两个特色课堂。通过活动课程，学生不断进行自我完善，发展自我意识、增强人际交往能力、培育健康的心理素质，增强职业竞争力，成就幸福人生。

（五）职场实践——生涯发展社会化

学校与校外企业合作，经常开展一些实训项目，并鼓励同学们积极参与到各种实践项目中去，训练岗位必需的操作技能，提高解决实际问题的能力，培养良好的思想品质和职业道德，通过实践学习，以增强学生的工作责任心、社会责任感，增强劳动观念、艰苦创业意识，促进良好职业情感和职业道德的形成和发展，为即将到来的顶岗实习打下坚实的基础。

建筑职中学生职业技能大赛

四、匠心锻造，特色鲜明

学校的心理健康教育特色鲜明，特别是校园心理剧作为学校心理健康教育的特色，丰富了心理健康教育的内容与形式，形成了学校独具特色的"心育"模式，开辟了一条学生健康成长之路，在国家、省、市、区形成了广泛而积极的影响。学校以校园心理剧为特色的心理健康教育多次吸引中央电视台等众多媒体关注，并在全国中小学心理健康教育研讨会、中国社会心理学会学术年会，四川省、成都市校园心理剧研讨会等活动上展示，被西南大学心理健康教育研究中心郭成教授称为"让学生心灵极具吸引力、震撼力和激发力的心灵净化和提升活动"。中国社会心理学会前任副理事长张大均教授更是用"生活、艺术、精彩、震撼"概括整剧，组委会为学校颁发了"突出贡献奖"。

以美育心，让尚美之花盛开

◇ 成都市蜀兴职业中学

成都市蜀兴职业中学是省级重点职业中学，市级文明单位，校风示范校。学校的办学理念是"尽心尽力，创造奇迹；蜀道难，也能上青天；君子不器"。学校心理健康教育工作就始终围绕这个理念，秉持教育思想"以人为本的无条件积极关注"，以"以美育心，成就另一种美丽人生"为心育工作理念，以丰富多彩、积极向上的校园文体活动为载体，激励学生超越自卑、找回自信；教育学生志存高远，迈向更高的境界，成为社会的栋梁之材。学校心理健康教育已成为学校教育教学改革的一大亮点，走出了一条创新之路。

学校先后获得了"成都市首批心理健康教育特色学校""成都市未成年人心理成长中心优秀示范点""成都市未成年人心理健康特色项目"等荣誉称号。

一、智库引领，科学发展

（一）智库建立，专家领航

学校专门设立了心理健康教育专家库，聘请了西南大学心理健康教育研究中心中国社会心理学会副会长郭成教授和刘衍玲教授、西南交通大学心理健康中心宁维卫教授、成都市教育科学研究院义春帆教授、成都市教育科学研究院德育心理研究中心曹璇主任等心理学教育学界资深专家作为中心的荣誉顾问，长期对中心工作进行悉心指导。

（二）区域教研，团队成长

中心坚持参加市、区级心理教研活动，并将此纳入学校中心教师继续教育课程体系，组织了形式多样、指导性强的区域研究培训活动，实现了教、培、研一体化。重点开展了如：心理活动课程建设、团体心理辅导、积极心理学进课堂以及学校心理危机干预等有组织、有质量的教研活动。

（三）课程建设，多元体系

中心积极探索和创新推进各项举措，逐步构建了四类课程体系。一是针对名师工作室专业心理教师的"表达性艺术心理辅导课"。二是针对班主任群体的"心理班会课"，引领广大班主任自觉运用心理学知识和技能，加强班级心理辅导。三是针对学生活动的心理综合实践活动课程（如校园心理剧、团体心理辅导活动、沙盘进课堂等）。四是编写青春期心理健康教育校本教材、中小学心理咨询个案集等。这四类课程构成了学校心理健康教育中心丰富的心理健康教育课程体系。

蜀兴职业中学心理健康教育中心

（四）课题研究，科学规范

学校心理健康教育中心先后参与了经中国科学院心理研究所心理健康促进研究中心承担的中国教育学会科研规划课题《学校心理教育体系的理论构建及心理技术在教育中的应用》《中职生性心理健康教育体系构建》等课题研究。近年来，中心在省经信厅、省市质监局、市经信委、市文明办、市卫计委、市司法局、市教育局和成华区卫计局、教育局的积极指导和大力支持下，以问题为导向，以探索"虚拟现实（VR）+"心理健康教育应用为契机，进一步开展了成都市教育科研名师专项课题《心理健康教育中的虚拟现实技术应用开发——以放松训练为例》（CY2018M25）的课题研究工作，构建了1套政产学研用多领域跨行业工作促进机制，打造了协同育人、新理念课堂两大平台，形成了区域级心理健康教育平台，完成编制地方标准《虚拟现实技术在心理健康教育领域应用指导规范》，联合VR企业开发了《"VR+放松训练"情绪调节系统》软件产品。

市级课题《心理健康教育中的虚拟现实技术应用开发——以放松训练为例》工作会

二、技术前沿，全面发展

学校持续开展常规项目，如个别咨询和团体咨询工作、预防未成年人校园欺凌、禁毒防艾、青春期人际交往等系列讲座活动、定期发行心理健康校报《宝间》、"绿岛书屋"征文、心理健康板报、心理健康手抄报展示等活动外，还积极创新未成年人心理健康教育工作，着力探索以表达性艺术心理辅导、青春期性健康教育、虚拟现实技术在心理健康教育中的创新应用等特色项目。

（一）艺术心理辅导

学校心理健康教育中心采用艺术心理辅导的形式，把最新的心理咨询技术，特别是当前国际上最流行最有效的沙盘游戏疗法、心理剧疗法、心理绘画疗法、舞动治疗、阅读心理疗法等运用到心理健康教育工作中，用艺术表达形式引导学生在艺术体验、欣赏、表达、创造的过程中表达自己的真实感受，宣泄自己内心的困扰，促进学生的自我察觉和健康成长，取得了良好的效果。

（二）青春期性教育

在提升未成年人人文素养的指导思想下，全面开展青春期性生理心理健康教育，是学校实施素质教育的重要途径。我们以"生命绿岛·心灵港湾"项目为抓手，将青春期教育及心理健康教育效果辐射家庭、社区，同时促进校与校之间交流学习和推广，使更多学生受益，帮助他们解决困惑，开发潜能。

（三）虚拟现实运用

21世纪，发达国家把虚拟现实（Virtual Reality，VR）作为抢占信息技术制高点的重要突破口。在国内，2016年被业界视为"VR元年"。《中小学心理健康教育指导纲要（2012年修订）》（教基一〔2012〕15号）要求："充分利用网络等现代信息技术手段，多种途径开展心理健康教育。"我们结合VR技术在学校心理健康教育工作需求，延伸从心理辅导到心理训练的心理健康教育理念。虚拟现实（VR）正在全球广泛使用，虚拟现实技术在我国青少年心理健康教育中的应用还是空白，因此，学校心理健康教育中心组建省、市、区三级专家团队，与企业进行深度合作，开展《虚拟现实在心理健康教育中应用的创新探索》项目研究。VR技术与心理健康教育的结合，让未成年人在科技的环境中健康快乐地成长。

三、区域推动，跨越发展

学校成了全区乃至全市心理健康教育的标杆单位。如学校心理健康教育中心被市精神文明办认定为"市未成年人心理成长中心示范点"；《虚拟现实（VR）技术在心理健康教育的应用示范项目》被市委宣传部、市精神文明办评为市"未成年人心理健康特色项目"。

心理健康教育被学生广为悦纳。学生心理健康意识普遍增强，教师也获得同步成长。近三年来，学校举办了6次市级以上较大规模的研讨会议，与来自西藏、杭州及省内超过350名教育同行交流经验；50多位教师参与相关教材编写和总结撰写论文，出版了《心灵物语——中小

蜀兴职业中学心理健康教育工作成果推广活动

学心理咨询个案集》《心灵之约——青春期健康教育》两部教材，6篇论文在全国核心刊物上发表。

学校将把成华区未成年人心理成长中心、成都市首批心理健康特色学校、成华区"生命绿岛·心灵港湾"青春期性健康教育中心、蜀韵艺术心理辅导中心、名师工作室等机构有效整合，按照"行政主导，专业引领，创新发展"的工作思路，坚持"面向全体，以积极心理学理论为指导，构建心理健康教育常规工作体系与心理问题应急处理机制相结合的心理维护体系，形成良好的区域发展态势，对深化中职学生心理健康教育工作起到重要作用。

"心育+"助力师生心理健康协同发展

◇ 成都市现代制造职业技术学校

成都市现代制造职业技术学校（原新都职业技术学校）位于明朝状元杨慎（升庵）故里——成都市新都区新都镇，是成都市新都区教育局直属的国家级重点中等职业学校。学校秉承"教学做合一，德才能相长""育人为先，能力为本、面向市场、强化就业、服务经济"的办学理念，以"让学生喜欢、让家长放心，让企业满意"为目标，着力打造"名师、实训、专业、文化"四大品牌，形成了培养模式新，办学机制活、产教结合好，职业文化浓的办学特色。

成都市现代制造职业技术学校校门

学校作为成都市首批中小学心理健康教育特色学校，落实立德树人根本任务，培养学生良好的心理素质，促进师生身心全面和谐发展。自2004年起，学校组建了以校长为龙头，专兼职心理健康教师为核心，由校长、主管副校长，心理健康教育中心主任，政教主任，团委书记，专业部主任，各专业部德育管理员，班主任，任课教师，班级心理委员组成的全体师生共同参与的心理健康教育预警监护工作网，分工负责、各司其职。

学校成立了心理健康教育中心，作为学校心理健康教育工作的责任部门，发挥专业管理功能，在各项心理健康教育规章制度指导下开展心理健康课程、心理咨询、团体辅导等工作。2018年，在校党委的指导下，学校心理健康教育中心对心理咨询室建设进行了重新规划，建成新心理健康教育中心，面积约为150平方米，预计投入108万元的心理健康教育中心二期建设已进入招标阶段，计划对中心环境、软硬件进行改造升级，并培训师资，打造数字化课程，提升学校心理健康教育品质。

一、形成"心育+"教育模式，打造健康平安校园

学校心理健康教育的最重要任务是面向全体师生，开展预防性、发展性的心理健康教育，构建师生心理健康协同发展体系。在常规工作基础上，学校将学科渗透的理念运用于心理健康教育，以"心育+"的教育模式，助力打造健康、平安校园。

（一）心育课程+：完善心理教育课程体系

学校从2004年起，将心理健康课纳入课表，每班第一学年不少于15课时，高三年级定期开展心理辅导课程，自2020年9月起，学校根据《中等职业学校思想政治课程标准（2020年版）》要求，将心理健康课调整为心理健康与职业生涯规划并在授课内容和学时上做出相应调整。

学校现有心理健康教师运用活动型的教学模式，开展珍爱生命、悦纳自我、人际交往、生涯规划、自主学习为主要内容的课程教学并形成了较为成熟的校本教案。在常规课程教学的基础上，不断完善心理健康课程实施体系，积极探索"心理+德育"的班主任心理班会课，"心理+活动"的团体心理游戏课，"心理+教师"的教师心理沙龙课，"心理+学科"的学科心理渗透课，不断寻求心理健康教学新途径、新方法。

在科研引领"心育+"课程建设的思路下，心理健康教育中心先后带领学校班主任老师、学科教师共同申报区课题

中职生职业生涯规划心理班会赛课活动

市级课题《中职学生网络学习动机激励策略研究》研讨会

《以团体心理辅导为主导的中小学德心结合教育方式研究》《团体辅导对提高中职学校班集体凝聚力实践研究》，市级课题《中职学生网络学习动机激励策略研究——以现代制造职校财会专业为例》，分别对心理班会课、心理游戏课、学科渗透课进行了系统研究，形成了体验式班会课教案集三本，团体辅导教案集一本，英语网络学习教案集一本并将研究成果通过心理班会赛课、心理游戏进班级等活动推广到全校师生。

（二）心理咨询+：形成"133心理干预体系"

在常规咨询的基础上，扩展咨询辅导的范围和层面，将心理问题预防干预体系扩展到每一个学生、每一个层次。学校每年利用专业心理软件，对全校千余名新生进行网络心理健康普查，全面了解学生整体心理状况，形成心理档案，及时发现可能存在的心理隐患，给予重点关注，并结合学生心理健康状况和学校实际，形成了"133心理干预体系"，即一次普查，三级心

理问题干预，三级心理危机干预。

三级心理问题干预：一级预防系统，既通过心理普查及时发现隐患做到重点关注，通过课堂教育、知识培训提升师生心理健康素养和意识，增强危机预警和识别能力，做到预防性干预；二级保健系统，通过丰富的心理健康活动，调节师生心理状态，提升心理品质；三级干预系统，有专业资格的老师通过开展日常心理咨询、团体辅导，对心理问题进行及时干预。三级心理危机干预：即将心理危机分为三个等级，一级心理危机状态，二级重度心理障碍、精神疾病，三级自杀及其他恶性事件，并分级配合学校各部门给予不同的干预方式和流程，做到及时、有序、有效、合规、合法。

教师心理健康教育培训活动

（三）心育师资+：实现师生心育全覆盖

构建师生心理健康协同发展体系，离不开全校师生的共同参与。论语有云：三人行必有我师，学校心理健康教育师资不仅局限于专职心理健康教师，还聘请了获得心理咨询师B证的兼职教师共同参与学生辅导，还通过构建心理健康渗透的"'心育+'课程"体系，带动并培养了一批具有心理健康教育能力的师资，让全校教师成为心理健康教育的参与者。加强朋辈辅导，成立学生心理健康协会，遴选、培训心理小老师——班级心理委员，协助中心开展班级心理团辅活动和各类心理健康教育活动，并通过"心灵驿站"广播、"心语心愿"报纸、学校公众号、云端互联客户端、《心理健康晴雨表》等开展心理健康知识宣传教育工作。全校教师和学生的共同参与，造就了学校全员心育师资的良好格局。

二、成果丰硕，区域领先

十几年来，学校一切工作以师生为本，从师生心理实际出发，构建了师生心理健康协同发展体系。学校师生、家长对心理健康教育工作满意度高，实现了和谐的师生关系、家校关系，从未因心理问题发生过任何重大恶性责任事件。学校先后被评为成都市心理健康教育实验学校、成都市心理健康教育特色学校。

（一）课程特色鲜明

心理健康课、心理班会课设计在省、市、区各项教学设计、课案评比和优质课评选活动中多次荣获一等奖、特等奖并受邀进行了公开课的交流，形成了职校特色校本课程。

（二）科研成果丰硕

学校先后有200余篇研究报告取得了省市区研究成果论文奖，市级课题《中职学生网络学习动机激励策略研究——以现代制造职校财会专业为例》，区级课题《团体辅导对提高中职学校班集体凝聚力实践研究》《新都区校园心理危机干预策略应用推广》和区级小专题《班级群体癔症发病诱因及对策研究》《物流企业中职毕业员工职业胜任特征分析》已圆满结题，区级课题《以团体心理辅导为主导的中小学德心结合教育方式研究》《中职学生英语学习动机激励策略研究》在研。

成都市现代制造职业技术学校心育活动

（三）队伍专业精进

学校着力打造了一支具有一定心理健康教育专业能力的教师队伍，专职心理健康教师中，1名受聘为成都市中职学校心理健康教育中心组成员、1名受聘为新都区心理健康教育中心组成员、2名受聘为成都市检察院心理辅导专家，1名获成都市优秀德育工作者荣誉称号、1名获新都区学科带头人荣誉称号、1名获新都区优秀青年教师荣誉称号，多名老师在区、市以视导课、教研课、优质课、视频课等形式参与经验交流，积极参与新都区中小学心理中心教研组区域辅导活动，在区域内起到了较好的示范引领作用。

用爱润心　以训修行　精粹成器

◇ 成都石化工业学校

成都石化工业学校位于成都北部素有"天府金盆""牡丹之乡"美誉的彭州市，是彭州市唯一一所省级重点公办中等职业学校。学校秉承"精粹成器 化石为玉"的办学理念，以"服务彰显特色，就业成就卓越"为宗旨，坚持"德育为先、技能为重、素质为本"的办学思路。

心理健康是身心健康的重要内容，是贯彻落实立德树人的必然要求。学校始终站在贯彻《中共中央国务院关于进一步加强和改进未成年人思想道德建设若干意见》《国家中长期教育改革和发展规划纲要》和教育部颁发的《关于加强中小学生心理健康教育的若干意见》（教基〔1999〕13号）等方针政策、落实立德树人根本任务、促进社会和谐稳定的高度，将心理健康教育作为一项基础性、战略性工作，纳入整个育人工作统筹谋划，秉持"润心、修行、成器"的心理健康教育育人理念，关注每一名学生的心理状况，帮助学生养成健全的人格。

一、管理有制度，文化有氛围

（一）健全体系，明确职责

学校的心理健康教育队伍在政教处的领导下，建立了团队干部、班主任以及心理辅导老师为骨干的心理健康教育教师队伍。形成了班主任、专业科、政教处、心理成长中心，到学校管理层五级心理健康监护网络。

学生心理成长中心专兼职辅导教师、班主任为成员的工作小组，主要负责心理健康教育活动的具体实施，均持证上岗。

成都石化工业学校教师心理健康教育专题培训

（二）科学规划，完善制度

学校一直将心理健康教育工作纳入学校总体发展规划，结合学校实际和学生特点，每年都制订了切实可行的心理健康工作计划，秉承"精粹成器 化石为玉"的办学理念，心理健康教育工作理念与办学思路紧密结合，通过各种途径积极开展心理健康教育，倡导"润心 修行 成器"的心理健康教育。润心修行，让中职学生在活动中体验，统合知、情、意、行，建立了一种体验式心理健康教育模式。

（三）搭建氛围，滋养心灵

学校打造了环境优美的心理中心，设置接待区、心理健康教育走廊、心理图书预览区、心理培训中心、沙盘室、个辅室、情绪调适室等区域。通过心理知识宣传、挂图、文化作品等营造浓郁的心理健康教育氛围。同时通过校园网络平台、微信平台定期推送心理健康教育新闻或心育知识宣传，普及心理健康基本知识，树立心理健康意识，优化心育人文环境，提升德育润泽温度，进一步提升学校心育工作的质量和内涵。

二、队伍有保障，科研有团队

（一）规范培训，整合力量

加强师资队伍建设是心理健康教育工作的关键：通过培训提升教师在教育教学工作中有效运用心理学知识的自觉性和专业性。

学校每年选派4~8人参加成都市教育局组织的心理健康辅导人员B、C级培训，保证所有担任班主任的老师都取得C级证书，持证上岗。

定期聘请心理健康教育专家来校做报告，增强心理健康教育的责任意识，建立全体教师共同参与的心理健康教育的工作机制。

成都石化工业学校心理中心

同时学校重视教师心理健康教育工作，把教师心理健康作为教师职业道德教育的一个方面，为教师学习心理健康教育知识提供必要的条件。

（二）建立心育委员和心育社团并落实工作内容

心育委员队伍是学校心理健康教育工作中一支不可或缺的生力军，坚持对心理委员开展常态化培训，明确自身职责。突出以实践为载体，注重心育委员实际工作能力的提升，要求心育委员在培训期间完成"四个一"：组织一次班级主题心理活动，开展一次班级心理危机培训工作，填写一张班级心理健康情况调查分析表，体验一次心理咨询。同时心育委员要观察班级情况并且及时反映，他们是心理工作人员和学生保持密切联系的纽带，有利于心育工作更好地实施和顺利发展。

成都石化工业学校学生心理辅导讲座

（三）加强学习，提升素养

学校根据中职学生心理健康教育需要，学校主动对接九三学社成都市委妇委会专家学者、成都12355青护中心、团市委等单位，邀请专家学者到校开展心理健康教育培训、讲座，针对中职学生年龄、状态和专业学习目标任务不同的特点，开展了不同的主题交流。涉及情绪管理、自信提升、人际交往等板块，帮助学生掌握心理自我认知、管理，有效预防心理问题的产生。

（四）建设课程，加强渗透

学校始终将心理健康教育纳入校本课程，通过举行听课、评课、说课、赛课等教研活动，加强心理健康教育课程研究，形成心理健康教育课程体系。课堂中，针对不同年级学生实际，开设心理健康教育特色课程，充分发挥学生的主动性、独立性和合作性，让兴趣引导学习，培养学生合作精神、创新精神的发展。

各学科针对自己本学科的教学内容和教学特点，充分挖掘课程内容中的心理教育因素，通过学科教学与心理教育相渗透、相结合，润物细无声地对学生进行心理健康教育。

（五）推进科研，强化研究

学校积极参加成都市、彭州市心理健康教育优质课竞赛活动。加强心理健康教育的科学研究。积极组织相关教师进行心理健康教育相关课题申报和优秀成果评选，开展多种形式的心理健康教育实践和教学研究活动，努力让心理健康教育成为学校的办学特色和科研特色。《中职学生留守儿童教育问题研究》课题荣获四川省二等奖，《中职学校"润心修行成器"特色心育课程建设实践研究》已正式通过彭州市教研室立项。近年来，学校参加成都市心理健康教育优秀成果评选一等奖1篇，二等奖1篇，三等奖13篇，成绩优异。

三、内容有体系，活动有特色

全校建立"五级心理辅导教育网络"，即班级、专业科，政教处、心理成长中心、学校管理层。各司其职，心理健康教育从顶层规划、分专业引领、班级具体实施，实现了心理健康教育无死角、全覆盖。

（一）推进心理辅导工作模式

采用专业心理管理软件对学生分阶段进行心理测试，如人际交往焦虑，考试焦虑等。建立动态心理健康管理档案，做好学生的心理跟踪调查，及时发现学生的心理困惑，采取专业手段预防或干涉。积极开展心理咨询，建立网上交流平台和实地交流信箱，给予学生充分的倾诉渠道，校内心理成长中心每周固定开放时间、固定辅导教师、固定开展咨询服务，积极关注学生心灵成长。

成都石化工业学校"一米阳光"学生心理社团

（二）创新社团互助活动

心理成长中心组建了"一米阳光"心理健康社团，成员从班级心育委员中选拔优秀成员，经系统专业的培训后上岗成为社团成员，组成服务团。服务团以"自助、助人、互助"为理念，开展学生朋辈心理辅导和服务工作，定期开展心理健康专题社团活动。

（三）开设主题拓展活动

学校组织心理健康专题活动，利用每年的"5·25心理健康日""10·10世界精神卫生日"及其他节点，围绕环境适应、自我认知、青春期心理、有效沟通、团队协作、升学应考等，运用学生自主活动、体验式团体活动等形式，开展心理健康教育拓展活动。

从2014年开始，学校把阳光课间体育锻炼与心理教育结合起来进行重点建设。其中第二部分为"阳光体育，健康生命"，让学生在运动流汗中释放压力，在《感恩的心》《国家》等音乐配合下完成不同的手语操，使学生在活动中感悟生命，提升境界，增强力量。

心理课程常态化开展教学工作，各班班主任通过日常的早训、主题班会开展团体心理健康知识普及，科任教师在教学过程中，发挥教育机制，做好学科渗透。

（四）营造家校共育氛围

充分发挥家长委员会、家校共建平台等作用，利用各种渠道和家长交流探讨，帮助学生家长树立先进的家庭教育理念，走出家庭教育的误区，改进与子女沟通的方法，确立合理的教养方式，营造良好的家庭文化氛围和家庭教育环境，形成家校教育的合力，共同促进学生全面发展和健康成长。

通过多种途径开展心理健康教育工作，学校逐步构建了全员、全域、全时段的心理健康教育网络，创设了健康积极的心育环境，全力培养学生良好的心理素质，促进学生身心和谐发展。

崇职心智慧　相遇曼陀罗

◇ 崇州市职业教育培训中心

崇州市职业教育培训中心是崇州市人民政府直属、成都市技师学院托管的崇州市唯一一所公办全日制国家重点中等职业学校。学校集学历教育、就业教育、创业培训、技能鉴定为一体，坚持"以市场为导向，以管理为基础，以技能为核心，以就业为生命"的办学理念，坚持"德育为先、素质为本"的育人宗旨，以"基础扎实、能力突出、素质良好、人格健全"为培养目标，通过"四线管理""三全模式""双轨并行""一个载体"的办学模式，深入开展行为规范、职业道德、企业文化教育。学校具有悠久的办学历史、丰富的人文思想和深厚的教育积淀，培养了大批的技能型人才，赢得了行业企业、学生家长及社会各界的充分肯定。

崇州市职业教育培训中心

一、制度规范，保障工作常态

在成都市教育局、崇州市教育局等各级领导的关心和大力支持下，学校坚持以积极心理为指导，成立了以校长刘万龙为组长的心理健康教育工作领导机构，全面提升学生心理健康水平、塑造健全人格、关注学生生涯发展的全人教育理念。2003年开始在高一年级开设心理健康课程；2010年学校成立了心理咨询室，2011年心理咨询室更名为青春地带，被授予崇州市首批青少年健康人格教育基地；2014年学校被评为成都市心理健康教育实验学校；2018年学校被评为成都市心理健康特色学校。2016年8月，学校正式挂牌成立了心理健康中心，成为一个独立的职能部门。学校以"荣格曼陀罗"为特色的心理健康教育工作，重点以"彩绘曼陀罗——静心释压、魔法曼陀罗——青春密语、团辅曼陀罗——凝心聚力、衍纸曼陀罗——心灵之境、甜美曼陀罗——微笑之源、悦动曼陀罗——拓展之旅"的心育活动体系建设。将"曼陀罗"心育特色融入学生学习生活中，融入学生自我成长中，融入学生自我效能提高中，心理健康教育常态化、心理拓展多样化、生涯辅导持续化，朋辈群体养成化，专题讲座丰富化，健康心理活动月持续化，家校共育长期化，课题专研深入化，十年磨砺，亮剑崇职，全面融入，温暖崇职。

二、搭建框架，构筑"曼陀罗"心育体系

心理健康中心由一个中心、两个专业机构组成。心理健康中心专兼职教师队伍有10人，其中专职教师4人，兼职教师6人，2人为国家二级咨询师，3人为国家三级咨询师，4人为中级心理拓展师，2名高级心理拓展师，2名初级心理沙盘治疗师；拥有3间个体心理咨询室、1间心理宣泄室、2间团辅室、1间心理书吧、2套专业心理沙盘、1套专业心理测评软件、1套沙盘测评系统软件、团辅桌椅、空调、团辅器材、书籍、沙具、一体机、按摩座椅等设施。学校不断完善心育制度体系，保障全方位育人。

三、常抓不懈，构筑"曼陀罗"心育模式

彩绘曼陀罗——静心释压：普及心理健康知识，提升学生心理素质，营造学校良好氛围。学校从2003年高一年级各班每周开设一节心理健康教育课，由专职心理教师授课，并统一征订高等教育出版社的心理健康教材，截至目前已经为18届学生普及了心理健康知识，掌握心理调节方法。将荣格曼陀罗绘画疗法融入心理辅导、班团活动中，对情绪调节、心理自愈、整合方面有一定效果。组织健康心理活动月、班级班会课，观看心理电影、心理趣味测试、心理剧、衍纸曼陀罗制作、心理拓展活动、心理讲座等，让学生的成长更加健康、快乐。充分利用校报、橱窗、广播、黑板报、展板、网络等多种形式，大力宣传心理健康知识。制作宣传展板68幅，媒体报道国家级9篇，省级14篇，成都市级7篇，崇州市级8篇，校级29篇。曼陀罗绘画疗法融入心理健康课程中，溶于学生活动中，让学生掌握并运用，通过多次绘画后，促进学生的混乱意识得到调和、梳理，增强内心秩序感，更加自信。

彩绘曼陀罗——静心释压

团辅曼陀罗——凝心聚力

甜美曼陀罗——微笑之源：坚持每月两次心理委员培训工作，每周收集并关注班级心理健康晴雨表，与班主任、心理老师搭建桥梁，及时发现异常现象及早实施干预。建立学校—心理健康中心—班级—心理委员四级危机干预体系，与心理健康中心定点联系，及时有效地发现并预

防危机产生，为学生的成长护航。

团辅曼陀罗——凝心聚力：学校开展千人共绘"曼陀罗"绘画及百人个体曼陀罗心理团辅活动，提升班级团体凝聚力，从中感受曼陀罗绘画心理治疗的艺术魅力。学校成立阳光心语社团，开设心理团体活动，心理拓展活动，促进团队之间的了解，班级学生之间的关系，增强学生的自信心和团队意识，超越自我。开展"提升协作力"心理拓展活动；手语操比赛；举办了"奔跑吧，崇职"心理拓展活动。

悦动曼陀罗——拓展之旅：学校专兼职教师将曼陀罗绘画提高专注力，情绪释压的特点，融入心理拓展中，根据中职生的心理特点，提高团队意识，增强心理素质。学校连续五年举办了班级心理拓展活动，并邀请家长加入。学校心理教师参加崇州市考前心理辅导，心理教师队伍还先后到成都市、崇州市30多所学校进行考前心理辅导，到崇州市各社区进行心理拓展活动。

衍纸曼陀罗——心灵之境：学校从2008年开始对新生进行心理健康普查工作，进行网络方面的心理健康知识普及及心理咨询工作。筛查出有心理问题学生进行面谈，针对危机干预学生进行定期关注和辅导。对于班级、学校情况具体分析与班主任、科任教师进行交流，把心育与德育相融合，与教学相渗透，与管理相结合。做好学生个体咨询，坚持每天开放心理咨询室、青春地带，并认真做好咨询辅导和记录，不断完善学校心理危机干预机制，将"三预机制""五早方针"落到实处。学校健康心理活动月连续五年进行了衍纸曼陀罗比赛，丰富了学生的课余生活，也促进了学生心理健康的发展。

魔法曼陀罗——青春密语：自2011年学校开始针对学生进行性教育，根据青春期的中职学生特点，开展了性教育课堂、恋爱课堂、家长课堂，心理教师团队先后参加了成都市卫计局、成都市疾控中心、成都市教育局的青春期、防艾、性教育等培训，并在崇州市教育局"让成长没有烦恼"青春期教育活动中担任骨干教师。分年级举办家长心理讲座或家长心理沙龙，对家长进行心理健康知识教育。心理健康中心对家长开放并接受家长咨询。学校专兼职心理教师参与心起航、职教之师等志愿者协会，成为崇州市教育局、妇联、团委等部门的志愿者，服务于乡镇社区，为家长、留守儿童、独居老人们送去心理方面的服务。针对家长在公众号推送家庭教育方面文章。在疫情期间，做好疫情后心理摸排以及心理防护工作、不断完善危机干预措施，坚持全校师生疫情心理知识的宣传普及工作，累计推文50余篇，心理健康中心、班主任以及团委学生会干部、各班级心理委员尽心地利用自己的

甜美曼陀罗——微笑之源

悦动曼陀罗——拓展之旅

衍纸曼陀罗——心灵之境

专业所长活跃在学校的微信公众号、网站、教师群、学生群、家长群里……

四、成果初显，用心营造"曼陀罗"心育氛围

学校心育与德育相互融合，构建大德育体系。成都市职业教育学会科研规划课题《农村中职特殊家庭学生心理健康问题及对策研究》已顺利结题；四川省职业教育与成人教育学会2019—2020年度科研课题《在学科教学中培养中职生积极心理品质的研究》已顺利结题，并获得省级课题二等奖。2018年编写了《中职生安全教育》，由成都西南交大出版社出版，获成都市2019年德育校园课程评选二等奖。近两年来，参加心理健康教育优秀研究成果获成都市一等奖2人，二等奖4人，三等奖9人；崇州市一等奖8人，二等奖2人，三等奖11人；心理主题班会课获崇州市一等奖2人；优秀指导教师奖成都市级1人，崇州市级4人。崇州市心理健康特色活动连续三年在学校举办，崇州市教育局各级领导及近千余名家长代表参加了成果展示活动。

悦动曼陀罗——拓展之旅

路漫漫其修远兮，崇职的曼陀罗心育特色之路在各级领导的关心下不断成长着，不断地学习精进的过程中，更好地为全体师生护航！

幸福职教　和谐校园

◇ 四川省大邑县职业高级中学

四川省大邑县职业高级中学是大邑县唯一一所公办职业学校，2011年被教育部评为国家级重点中等职业学校，2012年被评为四川省内务管理示范校，2019年被评为成都市心理健康教育特色学校，2020年被四川省心理学会评为十佳心育学校。学校开设有机械加工、计算机应用、电子与信息技术、高星级饭店运营与管理、汽车、学前教育、烹饪、服装制作与营销共8个专业。

四川省大邑县职业高级中学校园风貌

学校结合历史文脉子龙精神、工匠精神与学校教育发展实际，确立了幸福职业教育"1128"理念，确立了以1个核心价值观"幸福都是奋斗出来的"为引领，1个办学理念"修业为幸，积善成福"为根本，2个发展目标，即学校办学目标和人才目标，展开8条建设路径为导向，建立适合技术进步和生产方式变革以及社会公共服务需求的现代职业教育体系。8条路径分别为创新型管理建设、学习型队伍建设、探究型专业建设、励志型环境建设、渗透型德育教育、协同型平台建设、开放型国际交流、共享型信息建设。通过8条路径，实现为学生的幸福人生奠基，为教师的精彩人生增色。学校积极营造幸福职业教育校园文化，营造和谐的校园氛围。学校积极开展渗透型德育教育，初步形成了和谐心理、自信展示、阳光体育、快乐社团、奋发创业等五大德育特色，其中心理健康教育特色最为突出。

一、强化阵地建设，健全工作机制

学校积极推行师资队伍建设、心理中心建设、名师工作室建设等保障措施，为心理健康教育工作的顺利开展创造良好条件。

（一）着力打造心理中心

近年来，学校先后投入经费50余万升级改造心理中心，学校心理中心同时还是大邑县未成年人心理成长中心、大邑县中小学生心理发展中心，面向全县未成年人开展心理健康教育活动。心理中心建设标准达到《成都市中小学心理健康教育中心（辅导室）建设标准指南》（成教函〔2016〕1号）中县级心理中心要求。总面积超过300平方米，包括办公接待及心理测评室、个体心理辅导室、沙盘游戏室、团体辅导室、情绪调节室、身心放松室、档案室等7类功能室（区），各个功能区域分布合理，氛围温馨阳光。心理中心配备了心理健康知识书刊500多册，音像资料一套、心理健康知识挂图、电脑、打印机、电话、空调等基本办公用具；配备了心海测评软件、房树人心理测评软件、沙盘游戏、音乐放松、情绪调节、团体辅导、艺术心理辅导、心脑调谐仪等心理专业设备。心理中心开放时间，许多学生通过预约参与心理设备体验活动，接受心理咨询服务等。

坐落于大邑县职业高级中学的县级未成年人心理成长中心

（二）锻造心理师资队伍

学校重视心理教师专业发展，先后组织心理专兼职教师参加了多项专业提升培训，多人次参加沙盘游戏、心理拓展、家庭教育讲师、催眠疗法、格式塔疗法、童玉娟绘画疗法、心理危机干预等专题培训并取得相应证书。目前，学校有4名国家心理咨询师，心理学硕士3人，心理学本科1人；成都市特级教师1人，市优秀德育工作者1人，县名师1人；兼职心理教师4人，均持有B证，学校班主任100%取得心理健康教育C证。学校不定期开展心理专题讲座，对全校教师，特别是班主任队伍开展培训，让广大教师了解心理健康常识，能识别一般心理疾病症状，掌握简单的心理疏导方法，提高服务学生的能力。

（三）突出名师引领发展

鼓励教师领衔或加入名师工作室。王蓉琴领衔成都市王蓉琴心理健康教育名师工作室。王蓉琴工作室以输出性学习为主要培养方式，以构建难忘的研修活动为重点，以拜访名师、平台锻炼、写作提升、课题研究、思想凝练等为培养策略，深入聚焦课堂，注重科研，积淀内涵，关注成长。王蓉琴工作室涌现出了市学科带头人1人，市优秀青年教师1人，市优秀德育工作者3人，市优秀班主任2人，多人次获得区县级荣誉，王蓉琴老师也被评为正高级教师。突出名师引领发展，促进教师抱团发展，学校心理教师们在专业方面取得了长足发展，为更好地服务心理健康教育奠定了基础。

二、落实常规工作，提升整体实效

面向全体学生最大限度地普及心理健康知识，学校扎实推进心理健康教育常规工作，稳步提升学生心理调适能力，形成良好心理素养。

（一）校企合作开展心理调查

受疫情影响，学生的心理困扰急剧增多，学校及时采购大数据心理测评系统，联合企业全面实施学生心理测评，了解学生心理健康水平，明确学生心理健康教育中急需改进的工作，针对性地开展工作。通过大数据心理测评系统，学校对筛查出来预警级别较高的学生进行复核，联系班主任、家长共同改进教育方式方法，为学生心理困扰的消解提供参考，对需要转诊的学生及时提供专业心理机构信息、家庭监护指导等。大数据心理测评系统提高了心理测评的效率，更提高了心理健康教育工作的针对性和指向性。心理中心还运用多种心理设施为学生心理调适提供专业支持。

（二）课程保障心育实效

单周开展心理健康教育活动课，高三年级以讲座为主开展心理健康教育活动。心理健康教育活动课的教材选用高等教育出版社俞国良主编的《心理健康》，蒋乃平主编的《职业生涯规划》，教学依据《中等职业学校思想政治课程标准》《中等职业学校心理健康教学大纲》《中等职业学校职业生涯规划教学大纲》，同时结实学校实际开发学习心理辅导课程并实践。学校多次承办成都市中职心理健康教育研讨活动及高中教师心理健康教育继续教育菜单培训任务，通过教研、培训等方式提高教师教学能力。

（三）拓展促进团队建设

学校坚持对入学新生开展心理拓展活动，促进班级团队建设。心理拓展以心理游戏的方式引导参与者在游戏中体验感悟，在快乐中学习，快乐中成长。心理拓展开放包容的氛围、小组合作、交流分享、勇于闯关等环节都可以让学生的心理需要获得一定程度的满足。学校针对不同年级设计不同主题的心理拓展活动，利用班会课对学生开展心理拓展活动。通过班主任会、德育工作总结会、工会活动、党员活动等方式开展教师心理拓展体验活动，并要求班主任掌握一定数量的心理拓展游戏操作方法，根据班级学生实际开展心理拓展活动。

（四）朋辈互助播撒种子

学校每学期都开设了50多个学生社团，其中有学习心理辅导社团、绘画心理社团、小语听心社团等3个心理社团，心理社团每周定时定点开展活动。本着助人自助的理念，心理社团通过心理电影、专题讲座、活动体验等形式，帮助社团成员掌握心理调适的方法，并帮助身边的同学。每班设立心理委员两名，心理中心定期开展心理委员培训，提高他们服务同学的能力，提高识别心理困扰的简单方法。心理委员在心理中心的指导下开展朋辈心理互助活动。

（五）心理手语提升品质

组织全校学生学习心理手语舞《不要说自己没有用》《中国人》《成吉思汗》《孩子，不哭》等，大课间时心理手语舞与课间操交替开展。富有内涵的歌词与动感十足的韵律相结合，再加上学生肢体的运动，更能陶冶情操，促进学生身心健康。手语舞进大课间丰富了同学们的大课间活动形式，也让他们在音乐中律动，增添了许多乐趣，促进学生形成积极心理品质。

（六）考前辅导提供支持

心理中心为高三学生开展学习心理辅导、考前心理辅导，针对高考部、班主任及科任教师反馈的学生心理情况，结合学生心理调查，对高三年级学生开展专题讲座，及若干次学习心理辅导活动课。学习心理辅导、考前心理辅导为学生提供了心理支持，帮助他们积极应对考试焦虑，自信迎考。科学施策，学校申报市级课题《突发公共卫生事件下中职考生考试焦虑的心理辅导策略》深入探索考前心理辅导的策略，助力高考。

学校每天定时开放心理中心，心理志愿者协助心理教师接受心理体验预约、心理辅导预约等。4位专职心理教师除了对因心理疾病复学后的学生进行跟踪外，开展了许多心理辅导工作。受疫情影响，心理辅导尝试结合家庭教育的心理辅导工作模式。即对由家庭原因导致的心理困扰的个案，采用学生心理辅导与家长心理辅导相结合的探索。实践证明这是一个行之有效的方法，能很好地帮助学生消解心理困扰。

三、提高学生素养，聚焦问题解决

学校将学习心理辅导作为学校心理特色进行实践探索，初步形成了以学习情感、学习能力、学习策略、学习习惯、学习管理等辅导为主的学习心理辅导课程建设思路。

学习成绩的优劣直接影响学生的情绪、自我悦纳、人际交往、身体健康，甚至决定着学生一生的自信心与幸福感。近年来，国家大力推进职业教育，特别是2019年高职院校扩大招生100万，给许多中职生家庭带来了可以升大学的希望，品尝了中考失败的中职学生更希望用一场胜利来证明"我能行"。研究表明，造成优秀学生与学习困难学生之间差别的主要原因不在于先天遗传素质的差异，而在于采用怎样的方法、接受怎样的教育、如何有效地挖掘自身的潜能等。同时，优秀学生较学习能力差的学生更多地运用学习策略，解决学习问题。

心理学界的艾宾浩斯、桑代克、巴甫洛夫、斯金纳等心理学家对学习发生的机制、学习规律等进行了大量的理论研究。国内也有许多优秀的关于学习心理的研究成果可以帮助学生更好地学习。但实践中，学习心理辅导却相对薄弱。浙江省特级教师钟志农老师指出："儿童、青少年智能的发展训练明显地被淡化或弱化了，心育课程中最为多见的往往是自我意识、情绪调整、人际关系、青春期辅导等等，其实注意力、观察力、思维能力、想象力、记忆力等品质，以及学习方法、学习策略、学习自我监控等方面的认知能力是要靠训练来提升的。"一线的心理教师更多地在人际交往、情绪调节、自我意识等领域进行探索和实践，但很少针对智能展开训练，对学习心理辅导的关注较少。其主要原因是心理学理论、实验结果如何转化为可操作的心理健康教育活动课的教学内容有一定困难。所以学校以学习心理辅导为特色的实践活动是对心理健康教育内容的补充，更是帮助中职学生"学会学习"的积极探索实践。学校以学习心理辅导为主线，将心理健康教育活动课、名师工作室课程建设、心理拓展、心理社团活动、考前心理辅导、家长心理讲座、心理委员培养等有机结合起来。2017年起学校心理教师通过申报高中教师市级菜单培训，聚焦学习心理辅导，深入探索中职学生学习心理辅导的策略。

四、开展心理服务，发挥引领作用

学校注重以问题为导向，通过教育科研促进内涵发展，提升教师提出问题、研究问题、解决问题的能力。2019年中国心理学普及委员会课题《培养中职学生自信心的实践研究》顺利结题，成果获中国心理学普及委员会一等奖。2020年市级课题《名师工作室研修员学术影响力提升需要的激发研究》顺利结题，成果获市二等奖。2020年市级课题《突发公共卫生事件下中职考生考试焦虑的心理辅导策略研究》顺利结题，成果获市一等奖。

学校心理健康教育工作服务师生，也服务社会。学校心理教师受邀录制了16期家长课堂视频，通过大邑电视台面向全县家长播放，反响较好。学校先后多次为县内外中小学校如都江堰团结小学、泡桐树小学蜀都校区、大邑县晋原初中等学校开展考前心理辅导。此外，学校心理教师深入社会各领域开展心理服务，如承担中共大邑县委"两新"工委主办的"园区讲堂"专题讲座，深入社区开展老年心理辅导、隔代教育方法讲座，开展企业员工心理讲座和心理拓展活动；承担大邑县检察院涉案未成年人监护人"强制亲职教育"项目等。心理教师在对外辐射服务中，不断提升自己的综合能力，宣传了心理健康知识，宣传了大邑职教，为提升广大群众的心理健康水平做出了应有的贡献。近年来，学校心理健康教育工作接待了四川省古蔺职业中学、四川省旅游学校等兄弟学校，以及邑州监狱等单位来访交流。

学校心理健康教育工作在助人自助的理念下，积极推进心理健康教育工作，逐渐形成了特色。未来，学校将坚持以生为本，以问题为导向，用科学的态度，积极的行动，致力于中职学生的心理健康教育研究，深入探索中职生心理健康教育工作模式，进一步提炼中职学生心理健康教育特色成果，形成中职学生心理健康教育特色品牌；以科研课题引领学校心育工作走向科学化，帮助更多的中职学生快乐学习、快乐成长，努力实现"修业为幸，积善成福"的幸福职业教育理念。